U0129250

俄羅斯血娃

路　果著

文　學　叢　刊

文史哲出版社印行

國家圖書館出版品預行編目資料

俄羅斯血娃 / 路果著. --初版 -- 臺北市：文
史哲，民 104.02
　　頁；　公分（文學叢刊；345）
　　ISBN 978-986-314-245-4（平裝）

857.7　　　　　　　　　　　104001805

文　學　叢　刊　345

俄 羅 斯 血 娃

著　　　者：路　　　　　　　　果
出 版 者：文　史　哲　出　版　社
　　　　　http://www.lapen.com.tw
　　　　　e-mail：lapen@ms74.hinet.net
登記證字號：行政院新聞局版臺業字五三三七號
發 行 人：彭　　　正　　　雄
發 行 所：文　史　哲　出　版　社
印 刷 者：文　史　哲　出　版　社
臺北市羅斯福路一段七十二巷四號
郵政劃撥帳號：一六一八○一七五
電話 886-2-23511028 · 傳真 886-2-23965656

定價新臺幣四二○元

中華民國一○四年（2015）二月初版

推薦序一

　　俄羅斯是一個迷人的國家，也是一個偉大的民族。本書以超越時空的角度，深入探討俄羅斯文化與風土民情，再編織成為一部有趣的小說，實在難得，也看得出作者路果的才藝　路果將複雜的人、事、物間的相互關係作了有條不紊的梳理，前後貫穿的時空背景，左右橫移的環境交錯，從台灣出發到俄羅斯，再回到台灣結束任務，能夠讓讀者大腦飛翔；閉上眼睛，俄羅斯大地風貌一一展現在眼前。我願意鄭重推薦給喜歡思考和品味的讀者。看了這本書，等於一場的深度旅遊，實在可喜。

前台中市長　**胡志強**　2015.1.21

推薦序二

　　本書是作者當年在莫斯科大學作研究時的一篇介紹俄羅斯風土、人情的遊記，主要在探討俄羅斯的歷史、宗教與兼對現實社會的批判，迭經發展後又將一篇真假參半的故事涵蓋其中、貫穿始末，最後演變成現在的結構與樣貌。

　　基於原本目的，文章僅求敘事完整、淺顯易懂；爾後重新以小說形式謄寫，遣詞用字與對白則力求精煉，並擴充書中人物之心理發展，結合時事以達趣味性與知識性，且留出一些讀者玩味與想像的空間。

　　作者藉著沉重的歷史包袱以結合當代的時勢，難以避免的又涉及一點對政治和社會的批判。所幸，作者憑藉虛虛實實的筆觸，展現了充滿想像的思考能力，以雋永細膩的文字風格，深入揭開俄羅斯的璀璨文化與奇珍瑰寶，創造了本篇的可讀性。因而值得推薦！

前國防大學校長　夏瀛洲　2015.1.12

自 序

　　我在五十歲以前一直想寫本小說，但總是沒能完成；就和看書一樣，老是半途掩卷；也可能是工作的關係，常年不得閒。後來，總算退休了，打開抽屜將早前的一些零零碎碎的劄記與人生半輩子的閱歷整理出來，加油添醋的灌注至我在 2004 年於俄羅斯莫斯科大學進修時所寫的一篇“俄羅斯遊記”中；此期間前前後後、斷斷續續的鍵入至電腦裏；正所謂“袈裟未著愁事多、著了袈裟事更多”，爾後到天津南開大學讀完博士學位後，卻又花了好幾個年頭才終於將之泥塑成形。

　　有人說，「故事是人生的隱喻」；我認為，不但如此，有趣的故事更是可以使得人類想像力超越“一切可能”界面的極致。本書內容是一部深入俄羅斯文化與風土民情的既現代又超越時空的虛構故事，我試著將複雜的人、事、物間的相互關係作有條不紊的梳理；將其上下前後貫穿、環境左右挪移，能夠讓讀者大腦飛翔；閉上眼睛，俄羅斯大地風貌逐一一展現在眼前。

　　故事線頭從台北故宮博物院作為起始，將千年前古俄羅斯西伯利亞一位牧羊小童所雕刻層層套疊的木娃娃作為背景，牽引出一些歷史上的半真半假傳說，再載入至現代俄羅

斯的裡裡外外，並連結到台灣的一位關鍵者。接著，以台北
派出四位不同領域的專家到俄羅斯，藉著學術合作之名簽署
一件秘密軍購的協議，條件是協助俄羅斯東正教完成搜尋最
後五尊俄羅斯血娃的行動，以圖化解千百年來的詛咒。但俄
羅斯境內有諸多不同利益團體的相互糾葛，從而造成許多避
免不了的腥風血雨變化。

　　從台灣出發至俄羅斯，逐漸開始發展，再回來到台灣結
束工作……。但末尾又留下了未完成的任務，讓讀者繼續想
像與期待。喜歡思考和閱讀的讀者或許能從中得到一丁點兒
的回響，那就是我能感受得到的最大成就了。

背景說明

　　俄羅斯一直以來，始終是東西兩難的國家。俄羅斯自認為是歐化國家，歐洲卻認為俄羅斯是一個蠻族，有相當程度的抵制，常難以認同。但是，所有本書中關於俄羅斯風俗、文物、建築、城市的描述，均根據實情實物，確有其時代背景。

　　俄國正教會（Orthodox Church，正式名稱為 Orthodox Catholic Church，意為「正統公教會」），也稱為東正教會（Eastern Orthodox Church）或是正教，而本書則統一稱其為東正教。祂是基督教的主要宗派之一，與天主教及新教並列為基督教三大宗派，但信徒總人數少於天主教和新教，主要分佈在巴爾幹半島、東歐和西亞。

　　東突厥斯坦解放組織（ETLO）與車臣共和國分離組織在書中的角色扮演，有其各自的歷史文化背景與大時代的使命，本書絕無貶抑或汙衊之意。

　　本書中許多歷史人物與地名，在英文與俄文中有不同的名稱。目前在中文世界也尚無統一的譯名範本，因而作者選擇一般中文讀者較熟悉的譯名，若解讀不周，亦謹此致歉。除此，所有的人名或內容情節則為杜撰虛擬，為營造故事張力，多有所添鑿，如有雷同、純屬巧合，祈望諒察。

　　尤・奈斯博（Jo Nesbo 1960～）是目前最受矚目的北歐犯罪小說家，他說：「當代故事難以避免涉及政治和社會議題，讀者對於人的野心如何受到驅動很感興趣。」

俄羅斯血娃

目　　次

推薦序 ……………………………… 胡志強 …… 1

推薦序 ……………………………… 夏瀛洲 …… 2

自　序 ……………………………………………… 3

背景說明 …………………………………………… 5

序　幕 ……………………………………………… 11

書中主要人物 ……………………………………… 15

1.臺北外雙溪故宮博物院 ………………………… 17

2.遽獲的指示 ……………………………………… 34

3.擁擠的莫斯科市 ………………………………… 50

4.莫斯科大學廣袤的校園 ………………………… 62

5.禮花賓館大樓 …………………………………… 75

6.耶穌救世主大教堂 ……………………………… 92

7.地鐵站上的獨角獸咖啡屋 …………………… 105

8.俄羅斯科學院第三研究所 …………………… 120

9.蘇聯國民經濟成就展覽場 …………………… 130

10.蘇茲達里女修道院 …………………………… 139

11.古姆百貨大樓的會面 ………………………… 162

12.葉卡捷琳堡歷史博物館 ……………………………… 168

13.烏拉山重機械工廠 …………………………………… 181

14.滴血教堂內的聖母雕像 ……………………………… 187

15.特快車上的魚子醬 …………………………………… 204

16.涅瓦河畔基督復活教堂 ……………………………… 213

17.馬林斯基劇院的爆炸案 ……………………………… 229

18.東突和車臣與蛇鷹的三角關係 ……………………… 241

19.冬宮隱士盧博物館 …………………………………… 252

20.納瓦城外的瓜摩尼亞小鎮 …………………………… 268

21.新處女修道院 ………………………………………… 287

22.打開網中的結 ………………………………………… 298

23.故事拼圖收網了 ……………………………………… 313

24.證道與正道 …………………………………………… 325

尾　　聲 ………………………………………………… 339

附錄一：年表 …………………………………………… 342

附錄二：蘇聯建政以來侵占或侵入鄰近國家領土概要…… 349

附錄三：俄羅斯地圖 …………………………………… 350

莫斯科大學主樓

莫斯科富麗堂皇的地鐵車站

蘇茲達里鄉下小村莊

莫斯科新處女修道院

序 幕

　　這是深藏於俄羅斯古籍中的故事，共十二尊重新煉製的
"俄羅斯血娃"藏置地點，是在俄羅斯國境內四面八方各地
區的十二座教堂裡。據說，若能將其十二個點之間的位置在
地圖上連接，則會形成長短軸線不一、又很不規則的"大衛
之星"圖樣形狀。這是要祈求上帝將偉大的俄國土地依"大
衛之星"形狀向外擴張成包括內、外蒙古與中國新疆的廣大
疆域；而十二尊血娃確切的位置，係被繪製在一分為二的兩
張浸了油脂的羊皮紙上。

　　末代沙皇在一九一七年被布爾什維克黨人殺害之前，連
同當時大牧首一起對"血娃"發下了一個詛咒："俄帝國最
終將土崩瓦解"，在滿百年之際，詛咒即將應驗。俄國東正
教大牧首負有將失蹤很久的十二尊血娃全部找齊，藉以祈福
化解詛咒的責任。這是大牧首親奉耶穌基督賦予的畢生使
命，俄羅斯總統亦認為這是俄國民族精神至高無上的象徵，
也是每個神祕主義和宗教傳統內部都存在的祕密，一個重大
的奧祕。

　　以上文字列為俄羅斯國家"最高機密"檔案，也是俄國
東正教大牧首與耶穌基督的"誡律約定"。本屆大牧首米亞
斯尼科夫博士曾親自頒發一道敕令，要求所有俄羅斯教區的

主教、司祭、修士們都要聽命配合協尋這些失散的“血娃”，凡有不從者或協辦不力者，即撤銷其所有聖職。另外，大牧首也請全俄羅斯的歷史與藝術博物館清查館藏物件，協助找尋兩張血娃配置圖。

　　迄至目前為止，大牧首的使者羅賓洛夫教授和助理使者馬雷修士，已經尋獲上半張《血娃配置圖》，他們按圖索驥也找到其中的七尊。下半張另外五尊的配置圖，一時之間還苦無線索，但最近聽說，莫斯科大學裡有一位亞裔留學生，無意間在圖書館內的一本古籍書冊裡翻到夾藏著那下半張的配置圖。這上、下各半張配置圖的左右兩側，都有用古西伯利亞文註記著好大一段文字，還要找到懂這古文的專家來翻譯。

　　“蘇茲達里女修道院”瑪莉安院長是古西伯利亞文方面的專家，大牧首助理使者馬雷修士於月前曾經攜帶著上半張《血娃配置圖》到蘇茲達里登門造訪瑪莉安院長。所得的譯文如下：「重新煉製的其中五尊血娃，是十八世紀時的俄羅斯女皇“安娜·伊萬諾芙娜”用了第九世紀羅馬天主教女教宗“瓊安”留下來的處女寶血祭祀過的。那處女寶血僅有五滴，所以也只能滴灑至其中的五尊。必須要有位在復活節後一週出生、又是 AB 血型“RH”陰性的亞裔蒙古族成年男性，而他的母親是處女星座[1]，因為只有這個人對這五尊血娃才具有一種特殊的感應能力，在人的聲音可及之範圍內出現，這五尊血娃才會被感應，而個別現身。」

---

1 農曆 8 月 22 日～9 月 24 日之間出生者。

　　東正教大牧首透過多重管道考證得知，「這位亞裔蒙古族男子的前世，就是千年前製作俄羅斯原始套娃的那位牧羊小童。他的今世則是臺灣的一位教授。」

　　真實是很詭譎的，「你要如何真正知道何者為真？」人類問這個問題已經問了好幾千年了。科學就是在尋求解答過程中所發展出的一種答案。

書中主要人物

黎克文：中興大學工學院院長兼國科會科技指導小組委員

饒大輝：中科院航太所副所長兼清華大學教授

季　錚：國安局第一處副處長，中央警官學校刑事系，曾任
　　　　臺北市警局督察長

瑪莎米婭：莫斯科禮花賓館大樓專櫃小姐、林煜之女友、淡
　　　　江大學留學生

安東尚雷諾：法國達梭航太公司亞洲地區代理商、軍火掮客

路易卡瑞：法國警察國際事務局的國土安全官

伊帕季耶夫：烏拉山國立科技大學教授兼副學務長

巴爾夫斯基博士：俄羅斯科學院第三所所長

葉蓮娜：俄羅斯"外交事務發展協會"小組長，中俄混血

林　煜：莫斯科大學航太工程研究所碩士班臺灣研究生

小　劉：莫斯科大學華裔留學生

阿　南：小劉的同學

丁樹勳神父：天主教台中教區主教

臺北故宮博物院

周煥融（院長）、胡秀真（器物處處長）、洪紹寬（研究員兼翻譯員）

聖彼得堡冬宮

勃朗斯坦（隱士廬博物館副館長）、史汀（隱士廬博物館研究員）

臺北駐莫斯科文化貿易代表處

陳偉國（全權代表）、袁秀芬（一等秘書）、江逸平（聯絡組組長）、婁念濱（文化組專員）

中共外事辦

熊安華（駐莫斯科黨組書記）、張萬軍（駐莫斯科中俄文化交流中心主任，解放軍駐港部隊政治部副主任轉任）、小楊、小李、小廖（中俄文化交流中心全職特工）

俄羅斯警察總局特警隊

梅耶爾（莫斯科警局特警隊長）、柯佐夫（莫斯科警局特警隊組長）、達沃（莫斯科警局特警隊組長助理）、加諾夫斯基（聖彼得堡警局特警隊隊長）、傑瑞（航警駕駛員）

俄羅斯東正教

米亞斯尼科夫（東正教大牧首，神學博士）、羅賓洛夫教授（大牧首米亞斯尼科夫的使者、莫斯科大學教授）、艾瑞金（羅賓洛夫教授的助教、秘密身份為俄羅斯聯邦安全局莫斯科工作站保安官）

聖彼得堡基督復活教堂

馬雷修士（司祭兼圖書館館長、大牧首助理使者）、波良瓦修士（教堂輔祭）

蘇茲達里女修道院

瑪莉安修女（蘇茲達里女修道院院長）、茱麗亞（瑪莉安院長的研究生，雅庫茨克北方民族博物館研究員）

葉卡捷琳堡

妮娜（博物館館長）、戈勒安德羅修士（葉卡捷琳堡滴血教堂司祭）、亞賓修士（葉卡捷琳堡滴血教堂助祭）

蛇鷹黑幫組織

謝哈喬夫（副首腦）、岡薩雷斯（副執行秘書）、阿濟茲與皮列溫科（幫眾）

莫斯科新處女修道院

凱薩琳修女（院長）、昆可夫（老園丁）、彼得金（莫斯科新處女修道院老園丁之獨子、正就讀喀山大學）

車臣分離組織

莫西里尼（車臣分離組織派駐莫斯科的秘密代表）

東突厥斯坦解放組織俄羅斯灰狼家族

灰狼（俄羅斯家族的首領）、灰狼二號（神秘的搬運工）、灰狼三號（阿雷希）、灰狼四號（馬林斯基劇院爆破者）、灰狼五號（海格麗娜）、灰狼六號（黑狗）、灰狼七號（潛伏在新處女修道院的保安員）、灰狼九號（小飛機駕駛員米拉爾）、灰狼十一、十二號（新處女修道院外的小貨車正副駕駛員）

1. 臺北外雙溪故宮博物院

"包裹在謎中之謎的一個謎，俄羅斯一向難以預測"
邱吉爾之言。

　　臺北外雙溪故宮博物院是《古代中國藝術史》與《漢學》研究的重鎮，所擁有的將近七十萬件冊文物爲世界上最負盛名的古代中國藝術品珍藏寶庫，名列全球最受歡迎藝術博物館第七位。每天的開放時間，都是熙來攘往的參觀人潮，不管是晴天或雨天。最多見到的面孔大都是華人，而且一看就知道是來自海峽對岸中國大陸的觀光客，還有一些是專門來參觀的藝術文化愛好者與學生團體，歷年來參觀人數已超過四百五十餘萬人次。

　　民國一〇三年（二〇一四）五月份這一天，卻有兩位俄國人從俄羅斯專程來到臺灣，直驅外雙溪故宮博物院拜會。他們日前在俄羅斯時就已經以網路與院長秘書協調好會面時間與來訪目的，來到故宮就被引導到行政區的院長室拜訪院長。院長周煥融博士年約五十多歲，畢業自臺灣師範大學中國文學系，在英國牛津大學獲得考古學碩、博士學位，最近才親自帶著一批故宮裡的國寶到西歐幾個國家巡迴展出，受到熱烈歡迎與好評。

「院長您好，我們是俄羅斯"冬宮國立隱士廬博物館"的副館長勃朗斯坦與研究員史汀。」兩位訪客先以英語作自我介紹。副館長年約四十歲出頭，一看就是一位非常博學的學者；研究員史汀比較年輕些，外表長得帥氣又斯文。

「幸會，非常歡迎您們的來訪，我是院長周煥融，這位是本院的器物處處長胡秀真博士與研究員兼翻譯洪紹寬。大家請坐！」周院長也同時以華語介紹了陪在一旁的故宮官員。這位研究員洪紹寬是一位矮矮胖胖的中年人，因曾在俄羅斯留過學，嫻熟俄語和英語，才請他臨時來兼做翻譯；他自己常說，「要多學語言，語言可以幫你打開更多的窗。」故宮的正式編制包括了器物處、文獻處、書畫處、秘書室、公關室和安全室，三處三室，並沒有正式翻譯員的編制。

「感謝院長能夠撥冗接見我們，我們隱士廬博物館館長有一封親筆信要我呈交給您。」勃朗斯坦從隨身攜帶的公事包中取出一封信函遞交給周煥融院長。信函裡辭意懇切，主要的大意是希望邀請臺北故宮博物院的一些寶物也能到聖彼得堡"冬宮國立隱士廬博物館"展出。

「謝謝貴館的盛情邀約，最近幾個月我們剛好沒有其他的重要展覽活動，可以來儘量做安排，但還是要先向我們的權責長官報告後，才能正式回復貴館，至於其他細節等定案後，另外再來研討。」

周院長非常熱衷於推動中華文化，凡是有世界上各個國家、地區來函邀展，只要時間配合得上，他都很支持。

勃朗斯坦很高興得到周院長這種積極的回應，馬上很感激的說道：「當然，當然，我們有足夠的時間來敬候佳音。」

「我想先瞭解一下，貴館有沒有特別要指定的一些展出物件？或是其他的事情？」周院長希望能先有個譜，好事前多作準備。

「對了，我們只有兩個卑微的請求，」勃朗斯坦很謙虛的說道：「第一個，那就是可否帶來一件原來是我們俄國的古物在這次活動中展出？」

「嗯？您們俄國的古物？」周煥融有點好奇了，他在故宮博物院從助理研究員做起，將近卅年的時間才當到院長，對院裡的珍藏大概都有很深刻的印象，怎麼有俄國的古物在故宮？他回過頭看看器物處長胡秀真，「胡處長妳知道我們保存有俄國人的古物嗎？」

胡處長和周院長大約都是同一個時期通過國家級的考選到故宮服務，但她一直都在器物處工作，不管是始於十世紀中期以來中國歷代統治者的珍藏，或是部分接收自第二次世界大戰結束日本歸還的文物，或是向西方世界徵集在八國聯軍時代以來所掠奪的清廷寶物，胡處長都有一本帳牢牢地記在她的腦海中。

而且，胡處長事前知道俄國人要來拜訪，其中一定是會有些事情與俄羅斯有關，她事前就預先作了些準備功課，聽到周院長的詢問，她稍微思索了一下，然後說道：「據《明史》記載：永樂八年（西元一四一〇年）明成祖朱隸令宦官石葉遠赴西伯利亞及其沿海探險，無意間得到一把俄羅斯古琴"巴拉拉卡琴"，渾身透析出鮮艷血色，玲瓏可愛，聲音別透，質地貴重。石葉特將這把琴帶回北京進獻永樂皇帝。」

胡處長頓了一下，接著說道：「後來，內宮《起居注》

上也記載著：永樂皇帝將這把古琴轉賜給他最疼愛的小女兒「常寧公主」，作為她十五歲的生日禮物，珍藏於宮中。但幾經動亂後就一直流離失所，直到民國抗日戰爭時，才據說在重慶南山雲岫樓出現過，最後由本館所珍藏，現存放在我們後山洞窟內的庫房。」

　　胡秀真停了一會兒，又再說道：「值得一提的是，那位明代的常寧公主的前世，就是千年前西伯利亞牧羊小童失蹤的妹妹。據說，明代的一本《明史紀事本末》中曾略有記載。不過，也有許多學者不予採信，認為是稗官野史、傳言蜚語，然至今還真假難斷。」

　　前身是成立於中國大陸北京紫禁城外廷的古物陳列所，一九二五年十月在內廷另外組織了故宮博物院，後來因抗日戰爭爆發，輾轉遷移至南京和重慶等地，古物陳列所則於第二次世界大戰後裁撤，併入國立中央博物院籌備處。隨後，第二次國共內戰的爆發再度導致局勢動盪，一九四八年十一月包括國立北平故宮博物院在內的六個機構決定遷往臺灣，幾經改組易名，最終由國立北平故宮博物院和國立中央博物院合併為現行的組織「國立故宮博物院」，一九六五年十一月十二日在臺北現址復院開幕。

　　國立故宮博物院的永久性典藏，主要是繼承原先國立北平故宮博物院、國立中央博物院籌備處和國立北平圖書館等機構的來自：紫禁城、盛京行宮、承德避暑山莊、北京頤和園、靜宜園和國子監等處皇家舊藏的精華；這也是中華文化發展歷程的一個縮影。

　　周院長聽了胡處長剛才的一番解說後，心想原來還有這

麼一段曲折的典故，逐面對勃朗斯坦求證道：「呃，親愛的副館長，是那把"巴拉拉卡古琴"嗎？」

勃朗斯坦副館長微笑的點點頭，「是的，院長。胡處長說得對，就是我們的"巴拉拉卡古琴"。」

「很抱歉我不知道本院還有這麼一段秘辛，現在我和您同時知道了這麼有價值的歷史故事，我願意深入瞭解後，再儘量滿足您的要求。」周院長畢竟是閱歷豐富的學者，說話都保持謹慎與彈性，不會一次將話說絕。他也要再深入瞭解這段典故，為什麼俄國佬會專程到臺灣來指名要將這件"俄羅斯古琴"帶回到俄國展出？！其中必有一些重要的秘密。

器物處處長胡秀真悄悄的使了個眼色給周院長，然後對著客人說道：「勃朗斯坦先生，恕我直言，這把俄羅斯"巴拉拉卡古琴"的來歷，除了我剛才所說的以外，對貴國來講一定還有更重要的意義，您是否可以也透露一些，以便於我們在呈報《展出計畫》時，可以從旁向長官報告，多增加些說服力，也同時增加我們的見聞。」

隱士廬博物館副館長勃朗斯坦與研究員史汀相互看了看，勃朗斯坦很短暫的思考…也只停頓了一下，就說道：「說來話長，若是對推動展出的工作能有幫助，我也樂意就我所知的，與各位分享我們俄羅斯"巴拉拉卡古琴"的傳奇故事。」

院長秘書端進來五杯剛泡好的文山包種茶，配上故宮院內四樓"三希堂"端下來的臺式小點心，周煥融院長很客氣地朝著大家說道：「來，我們一邊喝點臺灣好茶，一邊慢慢聊吧！」包種茶的清香氣味飄逸在每個人的鼻尖，光聞聞就

夠誘人了。「沒有喝過文山包種茶的人，不能自稱在臺灣嘗遍過各種美味。」周煥融院長對這款茶葉情有獨鍾，是他心目中最高品位的臺灣茶。

　　勃朗斯坦副館長淺酌一口潤潤喉後，感覺果然不錯，便又開始娓娓道來：「要談到“巴拉拉卡古琴”就要從最初的“俄羅斯套娃”開始…，」他環顧著幾位“聽眾”，臉上表露著一股愉悅的神情，再繼續接著講下去。他也在聖彼德堡大學歷史系兼課，自然具備了好為人師的性格。

　　「“俄羅斯套娃”是俄羅斯特產木製玩具，一般由多個一樣圖案的空心木娃娃一個套一個組成，最多可達十多個，通常為圓柱形，底部平坦可以直立。最普通的圖案是一個穿著俄羅斯民族服裝的小姑娘，名字叫做“瑪特約什卡”（Matryoshka），這也成為這種娃娃的通稱。但後來也有用童話中的人物形象做的，近些年來，發展到共黨領袖也成為套娃的形象。」勃朗斯坦又再淺酌一口茶，既然要講，也不會顧慮什麼政治禁忌，反正又不在俄羅斯國內。

　　勃朗斯坦副館長的故事中還有故事，「一千多年前，在西伯利亞的大草原上，一個蒙古族的牧羊小男孩與妹妹走失，自此以後就再也沒見到妹妹了。小男孩非常想念妹妹，每年就作一個小女娃形象的木頭娃娃當作是自己的妹妹，第二年就作一個更大的娃娃將小的套起來，年復一年，做了十二個年頭，套娃已經都快套不下去了。於是，他又花了三年時間學著作了一把琴，就是“巴拉拉卡琴”，藉著從手指間將這把琴的幽美琴聲彈了出來，以抒發他思念妹妹的情懷。」

　　勃朗斯坦停頓一下，看看自己的手指後再說道：「後來，

每當他思念妹妹時，就將十二個套娃全部打開來，一字排列在草地上，自己再對著她們彈著巴拉拉卡琴，訴說思念之情。」器物處長胡秀真聽到這，眼眶都有點泛紅，忍不住偷偷地拿了一張面紙輕拭淚痕，說道：「唉，真感人啊！為什麼我就沒有這樣多情浪漫的哥哥？！」

　　洪紹寬聽著聽著也想起了年輕時，自己那個淘氣又可愛的小妹妹。勃朗斯坦笑了笑，說道：「後來的"俄羅斯娃娃"都是以木頭製作的，也通常是一個可以由中間轉開的最大娃娃，裡面依序包含數個娃娃，有五層、七層、十層或更多。娃娃外形一致，也有全不相同。」

　　勃朗斯坦從眾所周知的常識談起，「"俄羅斯娃娃"又名"許願娃娃"，主要是一直轉一直轉，轉到最小的那個娃娃，之後向她許願，並警告她，如果願望沒有實現，妳就別想重見天日，接著再把她放回。如此一來，那娃娃為了想再見到外頭世界，就會協助許願人將願望實現。」他也夾雜著吐露出一般比較不為人知的一段秘辛，「據古老的西伯利亞傳說，"俄羅斯娃娃"若沾上人類處女座"RH"血型的處女鮮血三滴，每到午夜就會現出人形真身。若幫你完成一個願望，你除了要在三天之內轉開那個最小娃娃見到陽光，另還必須付出一定的代價，所謂的後謝"三大袋人類少女的鮮血"，否則會遭逢厄運。」

　　繼續再喝了一口茶後，勃朗斯坦又繼續的說道：「剛才那一段，仍未經證實，所以純屬茶餘飯後的趣聞。下面我所要再說的，是在史冊上有記載，但也許是沒有正式的考證過，有可能是真的，也有可能是以訛傳訛，大家聽聽參考就好。」

　　周煥融院長很專心的聆聽著，他沒有開口來打斷任何一句話。勃朗斯坦於是興致勃勃地再說道：「第九世紀羅馬天主教女教宗瓊安（Johannes VIII, 850 B.C.）死後，她的兒子後來成為奧斯提亞主教，將她母親保存下來早年的處女血…（女教宗瓊安是處女座又是罕見 AB 型的 Rh 陰性之血液，這是近代科學家才研究發現到的）將之一起埋葬在其教堂的石棺裡。十八世紀時，狂熱的俄羅斯女皇"安娜‧伊萬諾芙娜"差遣烏克蘭主教前往羅馬，打開墓穴取出了保管良好的那小罐處女血，帶回俄國用來將重新製作的純金套娃以這處女血滴灑祭祀，她想祈願能長生不老。」

　　胡秀真處長也聽得很入神，歷史上很多的神話與傳聞故事，就是因為半真半假的才能引人入勝、流傳千古。

　　「重點來了，以下的事情是列為俄國的"國家機密"，在座貴院三位同仁要答應我保守這個秘密，出了這個門後切勿再談起。」勃朗斯坦此刻很鄭重的提出要求。

　　「除了『阿門』之外，我們不會讓任何有關這秘密的話離開我們的嘴巴。」周院長代表大家提出保證。通常，在政府機關長久工作過的人都會簽署保密切結，也具有這種職業道德，對敏感的事不該說的絕不會說。

　　「我們"安娜‧伊萬諾芙娜女皇"重新製作的"俄羅斯血娃"共有大小十二尊，編號分別自最大的"第一"至最小的"第十二"，放置在俄羅斯國境內的上下前後、左右四方各地區的教堂裡，若將其十二個點之間的位置在地圖上連接，就成為長短軸線不一、又不規則的"大衛之星"圖樣形狀。不規則的"大衛之星"是要寄望上帝將偉大的俄國土地

繼續向外擴張成包括內、外蒙古與中國新疆的廣大疆域；而十二尊血娃確切的位置，係被繪製在一分為二的兩張失蹤很久、浸了油脂的羊皮紙上。」勃朗斯坦非常誠懇地述說了這個被列為俄國“國家機密”的傳聞。

　　一般不明究理的人很難想像出勃朗斯坦所說的這段祕辛，他強調著：「這就是一座扭曲的“大衛之星”圖樣形狀。據古老的傳說，這是一個很巧妙地安排。」

　　周院長和胡處長雖然是半信半疑，不過這畢竟是屬於俄國人的祕密，外國人無權置喙她的真假，但俄國人傳統以來對於中國領土之覬覦，早就其來有自。勃朗斯坦卻以為現在的臺灣是自外於中國大陸的，所以他不經意的說出俄國人自古以來的狼子野心。

　　「現在承接剛才那西伯利亞牧羊小童的故事，…那小童長大後製作的那把“巴拉拉卡琴”就成為了召喚這十二尊木娃的法器。在十五世紀初年，一股韃靼人再次入侵西伯利亞大部分的土地，這把琴和十二尊木娃就此通通失去蹤影。」勃朗斯坦有點神情嚴肅的說著。

　　「後來，十二尊木娃陸續被俄國僧侶發現，轉而收藏在民間幾座教堂內。羅曼諾夫沙皇時代又將其收集至皇宮內，再至“安娜・伊萬諾芙娜女皇”登基後，她將十二尊木娃燒毀再重新以純金的質材製作，並將第九世紀羅馬天主教女教宗瓊安遺留下來的五滴寶血加以浸潤，故其中只有五尊才稱得上是“俄羅斯血娃”。但那把“巴拉拉卡琴”目前還沒有確實的消息。有傳言，那古琴也因年代久遠，木質恐怕早已腐朽，現在被收藏在臺灣的故宮博物院內的那把，也恐怕並

非最初的那一把了。」勃朗斯坦一口氣不停地說到這裡，看了看桌上他那杯快喝乾了的茶杯，胡秀真處長機靈的注意到，趕緊端起一旁的茶壺又往他茶杯裡注滿一股新茶水。

　　「所以，今天來到臺灣是因為奉我們俄羅斯東正教大牧首的指示，要請求貴院將我們這一把俄羅斯〝巴拉拉卡古琴〞送回到俄國展出，因是之故，我必須開誠佈公、毫不保留的將原因表明出來，雙方取得互信才是成事的基礎。」勃朗斯坦的神情更漸趨嚴肅。洪紹寬一旁很忠實的將勃朗斯坦說的俄文一字一句的翻譯成中文。

　　周煥融院長本人此刻才知道，這位俄羅斯〝隱士盧博物館〞副館長是銜俄國大牧首之命而來，執行只有俄國東正教大牧首等少數人才知悉的那十二尊〝俄羅斯血娃〞和〝巴拉拉卡古琴〞的國家機密。因此，大牧首指示〝冬宮隱士盧博物館〞藉著邀請〝臺北故宮博物院〞來聖彼得堡展出之際，特別要求將這尊收藏在臺北故宮的〝巴拉拉卡古琴〞，一併運來聖彼得堡展出，也是為求證是否傳言為真實，若為真實，則準備以重大軍購利益交換而贖回。俄羅斯早就掌握了台海兩岸之間的歷史矛盾糾葛，從中有許多可以談判利用的條件，藉來謀取俄羅斯最大的國家利益。

　　「說到這裡，容許我不得不介紹我們〝冬宮隱士盧博物館〞的沿革和館藏內容。」勃朗斯坦看看大家都很被他的故事所吸引，於是也順便將他們博物館作個廣告推銷，臉上的神請也開始有些緩和。

　　「我們的全銜是〝國立隱士盧博物館〞…，」當勃朗斯坦甫行介紹該館的正式名銜時，故宮的兼任翻譯員洪紹寬忍

不住會心的一笑，不禁小聲的說出來，「原來不只是我們臺灣要強調"國立"，就連俄羅斯也很在意這個"國立"兩個字。」

雖然很小聲，周煥融院長還是聽到了，臉色故意一板，「那不然呢？否則"名不正"豈不"言不順"，又要惹一些口水？」翻譯員洪紹寬趕緊收起笑臉，又開始起一本正經。

勃朗斯坦倒不知道這個"國立"兩個字在臺灣故宮出國巡迴展時，曾引起過一次朝野口水戰。他遂又接著講：「十八世紀時，歷任沙皇在冬宮裡先後完成所有宮殿多次的改建。直至一九二二年，蘇聯共產黨將"拉摩特宮"和"大隱士盧宮"合併成立了藝術博物館，也就是"國立隱士盧博物館"。今天，每個觀光客都可以購票參觀以前沙皇時代皇家典禮的大廳，更可以欣賞在那裡展出的許多無價寶貝。」勃朗斯坦講得頭頭是道，也深以此館為傲。

「隱士盧博物館以西歐藝術品聞名，包括早期的十三世紀義大利作品、法國印象主義和現代畫作，但其他領域的收藏也舉足輕重，」勃朗斯坦副館長雖然還很年輕，但在他的博物館專業方面知識的確是淵博又深入。一收一發之間，足見他的穩健練達。

藝術在俄羅斯一向與政治息息相關，「本館最值得稱頌的是擁有世界上數一數二的黃金展覽，我們館內收藏的畫作、雕刻、古董和古文物的收藏，更一直是聖彼得堡和俄羅斯權力的象徵，它們的框架和裝飾大多都是純金鑲製的。」

「藝術就是力量，這次能有幸受到貴館邀請，我們雙方合作推展一次空前的藝術交流，相信必能增添彼此的光彩。」

周煥融院長聽完勃朗斯坦副館長的介紹後，誠心誠意的感動了，補充作了保證。

院長秘書又進來為他們的茶壺加注熱水，在冷氣房裡茶涼得也快，但是這次會面的氣氛卻一直保持的很熱絡，雙方都有極高度的配合意願，顯然是一次成功又愉快的拜會與交談。雙方期待著未來可預見的豐碩成果。

勃朗斯坦有點希望能先看看那把"巴拉拉卡古琴"，是否就是傳說中的那一把，免得白忙一場。而且年代這麼久遠，古琴是否能保持原樣還不一定，但這究竟很不禮貌，有點會強人所難。勃朗斯坦就隱忍不發，現在能與世界排名第四的"臺北故宮博物院"舉辦一次聯展，也是俄國藝術界的一椿盛事，在未正式定案前，一切仍按法定程序進行，不要橫生枝節、徒生困擾。

周煥融院長也何豈精明，那把"古琴"不管是否真的還收藏在本院洞窟內的庫房，在未經權責長官核准前，自己不要隨意作主展示給外國人，以免踰越本份失了國格。於是，馬上再切入另一個話題問道，「那麼，剛才閣下的第二項要求呢？」

「感謝周院長的慷慨，能夠繼續佔用您的寶貴時間。」勃朗斯坦很高興周院長還記得他有第二個請求。於是，又開始了他的話題，「我們俄國東正教大牧首現在負有責任：將失蹤很久的十二尊血娃全部找齊，藉以祈福化解末代沙皇在一九一七年被布爾什維克黨人殺害之前，連同當時大牧首一起對"血娃"所發下的詛咒，這是大牧首親奉耶穌基督賦予的畢生使命。俄羅斯總統也認為這是俄國民族精神至高無上

的象徵。」

周煥融院長此刻也感受到斯拉夫民族豐富又多彩的傳奇歷史，也竟是如此的神秘。勃朗斯坦副館長嚐了一口鳳梨酥後，又接著說道，「下面的話…說來可能會令人感到太過玄奇，」

他再喝一口茶，將那口鳳梨酥嚥了下去，「剛才曾提到，那張《血娃配置圖》被一分為二後，上半截圖記載的七尊"血娃"，這一年中我們都陸續找齊全了，並放置在莫斯科一處大教堂的地下室裡，」

同行的史汀研究員靜靜地聽著勃朗斯坦講著，「下半截的圖，我們概略已有了個眉目。我現在要說的是，我們必須找到一位復活節後一週內出生、血液 AB 型為 "Rh" 陰性的亞裔蒙古族，母親是處女星座的成年男性，具有這樣條件的人並不太多，我們從電腦檔案搜尋比對，經過幾個禮拜終於發現到臺灣有一位很符合這個條件的人，」

「照您說的，光是具備 AB 型 "Rh" 陰性血液的亞裔蒙古族這條件的人，大約比例就是萬分之三而已，再加上自己在復活節後一週內出生，而母親是處女星座的成年男性，更是少之又少，幾乎絕無僅有了，真的好玄啊！？」胡秀真處長好奇的問道，胡秀真除了古文物的專長外，她平常也對人類物種的進化有高度興趣，因而她本能地發出好奇的反應。

周煥融院長卻是對俄羅斯擁有這麼強大的全世界電腦軟體人才資料庫，感到很不可思議，他心想，「連我們在臺灣都逃不過他們的掌控，難道真有個無所不在的天眼？」

勃朗斯坦突然感到自己話講得有點太多，可是必須要表

達自己的真誠，才能換得別人的信任，於是繼續接著講，「但是，科技並不能完全解決人的問題，最後還是得靠人來解決所有的問題！」

「那麼，這個人是誰啊？」就連洪紹寬也在問。洪紹寬他知道據「尼西亞會議」[1]規定，每年春分後第一次月圓後的第一個星期日為復活節，因東正教沿用儒略曆，故其復活節日期較天主教和新教所採用的格列曆（即公曆）推算至今約晚十三天。故一般來講，復活節時刻大約都是在國曆的四月份左右。

「好的，不管是你們所提問的或是心中所想的，還有我斷斷續續、拉理拉雜的一大串故事，讓我最後一次說個明白，」勃朗斯坦副館長正襟危坐要做個歸納後的總結，「這個傳奇故事如開枝散葉般，一發即不可收拾，現在總算要到收尾的時候。剛才，胡處長問了為什麼是這樣一個條件的男性？那是因為千年前的那位牧羊小童就是蒙古人，他的出身與血型都被我們幾大歷史博物館經過長時期考證過，有文獻上記載他確實是舊曆八月底至九月時出生的，後來從他遺留下的毛髮中經過 DNA 化驗，也證實是 AB 型 "RH" 陰性血液，母親是處女星座的。」

胡秀真處長聽完，愣自想了一下，仍是半信半疑。她轉頭看看洪紹寬，似乎在求教於他。

洪紹寬是俄羅斯聖彼得堡大學古文物學博士，他知道俄國最早出現的印刷日曆都帶有宗教的色彩，日曆上可以看到

---

1 基督教會史上在小亞西亞北部的尼西亞城召開的兩次世界性主教會議。

有關聖徒們生平的生活情況記載，也可以見到禱文和訓誡。
這些日曆的首頁為九月一日，因為那時古俄羅斯新的一年是
從九月份開始的。後來彼得大帝即位，俄羅斯全面西化，新
的一年才統一從一月一日開始。於是，洪紹寬補充說道：「若
能能證實那牧羊小童後來被冊封為聖徒，這些說法就可以採
信。」

　　「對的，那牧羊小童在十五世紀時，被當時的俄國正教
會大牧首正式追敕為聖徒約翰。這在我們的正教史上有明確
的記載，但確切的版本就不得而知了。」勃朗斯坦馬上解釋，
但一說到這裡，不知是為轉移話題還是想到什麼，卻突然提
出一個要求，「可不可以換一杯臺灣的珍珠奶茶？檸檬口味
的。」

　　胡秀真處長聽了覺得有點訝異，「臺灣珍珠奶茶有這麼
大的魔力，難道真得風行到全世界了？」勃朗斯坦哈哈笑了
一聲，「請恕我無禮，因為我聽說貴院的三希堂有很好的服
務，你們的文山包種茶對我來講，香氣過於逼人，我想換換
臺灣許多不同的在地口味。」

　　俄國人還真的很直來直往，不像中國人太講究含蓄和內
斂，少了點真誠味，這也代表他們來之前確也深入研究過臺
北故宮，包括它的賣場服務。

　　「好的，只要我們這裡有的，您儘管開口，我們都以客
為尊。但恐怕有點不道地。」周院長也笑笑，立刻請女秘書
通知四樓的三希堂準備。

　　「我還是接續剛才要作的結論，」勃朗斯坦很滿意現場
的氣氛和節奏能夠被自己掌握住，他也就不再故意賣關子了。

　　「我們查到的這個人，是貴國的一位大學教授，此刻的身分是國立中興大學工學院的院長黎克文，美國芝加哥大學物理學博士。他的出生日期、血型正好符合我們尋覓的條件。我們特別核對了他的教育背景和家庭關係，他的父親是蒙古人，原是前國民黨在大陸時期的蒙藏委員會高官，一九四九年隨國民黨政府來到臺灣後，娶了一位臺灣女子為妻，這女子的生日也正巧是處女星座的。他真得是再符合不過了！」勃朗斯坦公佈了他們找的這位具有蒙古人血統的人，是臺灣中興大學工學院院長黎克文教授。

　　「我代表我們隱士廬博物院誠摯的邀請貴院來我方展出，無時間限制，只要貴院準備好，隨時都歡迎。展出的物件中，只要有我國早年流失在貴國的那把“巴拉拉卡古琴”，請務必能來參展，其餘的以貴院方便行事，我們都願配合。」勃朗斯坦指明只要能有“巴拉拉卡古琴”來展出，其他的都任由故宮博物院作主。

　　坐在一旁未發一語的史汀研究員，隨即從隨身攜帶的公事包裡取出一式兩份的備忘錄，內容大致上就是伯朗斯坦剛才所講的話，早就預做準備綜合彙整成的一份中俄文對照的備忘錄。

　　勃朗斯坦當場就在兩份備忘錄中簽字，然後由史汀轉交給胡秀真處長，胡處長很快地瀏覽一遍，沒有表示什麼意見就再轉給周煥融院長過目，周院長比較仔細地看完後，說道：「勃朗斯坦先生，我們就根據這份備忘錄裡的內容，你們就儘快地發來邀請函，期望我們合作愉快，工作順利。至於巴拉拉卡古琴是否就是貴國當年流失的那一把，我們還要再求

證以後，才能明確的答覆貴方。」周院長加了一個但書後隨即在備忘錄裡簽完字，雙方各執一份，相互握手道謝。

「我們還有一個不太禮貌的請求，我們希望那位中興大學工學院院長黎克文能夠同行，或是先期與貴院派人來我們俄羅斯探勘展出場地，以便請他招喚剩餘未出現的血娃。」勃朗斯坦後續再補充，但不列入備忘錄中的文字部分，這是純粹受邀以私人身分來俄羅斯。

周院長聽聞後，「哈哈，這個我就不敢打包票了，但我會向有關單位報告這回事，可能還需要再協調，我會努力的。」

2. 遽獲的指示

這是一架正在天上飛行的飛機，人不可能憑空消失。

八月份的台中市仍是溽暑逼人，台中市區國光路兩旁的
路樹，到了晚上點綴得是金碧輝煌，這一整條路上被霓虹燈、
聖誕燈裝飾著的行道樹，五彩繽紛；許多經過的路人、車輛，
都會忍不住的多注目留連一番。但地面道路上卻又在縱向開
挖，整條路上三分之一都是安全圍籬，人車爭道影響交通，
閃爍的警示燈和兩旁行道樹上的聖誕燈互相輝映。

中興大學校園靠近國光路旁的工學院大樓研究室裡，院
長黎克文教授正隔著玻璃窗往外注視著路上這夜晚閃爍的霓
虹燈。不久，他轉過身將剛才下課時助教遞給他的一封雙掛
號信從口袋裡拿了出來。這是一封署名"仰德山莊"寄發的
公文信函，黎克文教授又重新再看過一遍後，隨即拿起桌上
的校內電話打給院裡另外一位資深教授，請他幫忙將手邊近
期要出版的《興大工程學刊》，代他作最後的審校，當然特
別囑咐這一期就不要將他掛上審稿人的名字內了，免得遭人
物議攻訐。同時，又撥給校部秘書室打個招呼，幫他填個假
單。

黎克文因前個月始接獲國科會委託他一項工作，準備到

莫斯科大學簽署一個國際合作研究案,現在已由國安局轉來
這份公函,要他和另外幾個人組成一個代表小組,即刻起程
遠赴俄羅斯處理這件專案。黎克文不但是負責中興大學工學
院院長的行政職,還身兼教職,也是國科會的科技小組指導
委員,現在須先將手邊的課程調整開,以免耽誤到學生的課
業。

　　當天深夜,黎克文回到宿舍匆匆收拾好簡單的隨身行
李,打個越洋電話給還在澳洲渡假的太太與女兒,告訴她們,
「學校派我到俄羅斯出半個多月的差,」本來,太太與女兒
要趕回來過結婚廿週年的紀念日,電話中黎克文就告訴已經
去玩了一個多月的母女倆人,「妳們再多玩幾天吧!反正是
暑假期間,開學還早得很。」

　　平常,黎太太在家裡的陽臺上弄個小院子養花蒔草,樂
在其中。這一個多月她渡假期間,黎克文下課後回到家第一
件事情就是幫著澆澆水、除除草,免得太太回來又是抱怨有
"葉落無聲花自殘"的場景感覺。

　　第二天清晨三點,黎克文開著車載著簡單的行李,一路
來到了新竹清華大學的校門口。他在清華大學也有兼課,亮
了一下通行證,校警很快地讓他進去,自己找了個停車位停
放好車子。

　　就在校門口旁停放著國安局派來的一輛旅行車,車上下
來一位穿著深咖啡色青年裝的年輕人,走過來向著黎克文打
個招呼,「您是中興大學黎院長吧?早安,我是國安局的王
連絡官,奉命送兩位到桃園機場。」

　　另一位已經坐在車內的中年人,約四十歲出頭,他是中

科院航太所副所長饒大輝，又兼清華大學航太工程系的教授，這幾年常與黎克文有科研上的互動來往，握個手後就幫忙將行李提上車，「克文兄，您好！路上辛苦了。」

「謝謝了，大輝！我們有好一陣子沒見面了。」黎克文即躍進車內，他比饒大輝年長約五、六歲，也是本次國際合作研究案的共同參與人。

車子在高速公路往桃園機場奔馳時，車內一片寂靜，兩個人都在閉目小憩，誰都不想多開口。一則是白天上了一天的課，此刻已有些疲憊了，再則是本合作研究案牽扯國家機密，在還沒弄清楚情況前，切勿多言。而且，兩個人都是中年人了，所謂「中年」，大約一般界定於卅五至五十五歲之間。兩人見了面，都有點歲月不饒人的感慨。

高速公路兩旁臨近各交流道的路樹上，五顏六色的燈火仍是不歇息的在閃爍著。每逢市區裡有舉辦節慶活動或是選舉將屆，臨時搭建的廣告牌樓則更是絢麗多彩。

與此同時，位在臺北外雙溪的國安局局本部，局長二樓辦公室內也是燈火通明，王局長正在他的辦公室親自交代任務給準備到俄羅斯出差的第一處副處長季錚。季錚年約五十歲，畢業自中央警官學校本科及政治大學法律研究所，曾經擔任過臺北市警察局的督察長，前兩年被王局長從警政署延攬到國安局服務至今。

「季副處長，這次的任務你都清楚了嗎？還有，那兩位教授都接到了沒？」

「是的，局座，我都會按照您的指示，那兩位教授也快到桃園機場了，沒問題的！」季錚副處長充滿自信的回答，

看了下手腕上配戴了廿年的"鐵達時"手錶。

　　王局長擔任國安局長一職也有四年多的時間，深受層峰信任與器重。他看了下還是漆黑的窗外，然後又做了最後的提示，「希望你更要保持謹慎，兩項任務是互為關連、相輔相成的，要隨時回報。我們駐莫斯科代表處絕對會全力配合支援，不能出任何差錯！」

　　「謝謝局座的指導提醒，請放心，若沒其他交代我這就告辭了。」季錚微微地向王局長鞠了個躬，準備告離。

　　「好的，祝你一路順風！圓滿達成任務！」王局長也站了起來，舉手拍拍季錚的肩膀。

　　受領任務完畢的季錚，立即帶著他的一隻黑色公事包和擱在門口的隨身行李箱，跳上已在樓下待命的休旅車，迅速開出仰德山莊，不久就轉上了高速公路駛往桃園國際機場。

　　三個月前，臺北故宮博物院接受俄羅斯聖彼得堡"冬宮隱士盧博物館"邀展，故宮呈報的《出展計畫案》，行政院也知會了國安局。所以，國安局王局長亦得知此次出展的內容。月前，最高當局在一次國安會議裡，特別單獨召見王局長和故宮博物院周院長與國防部長舉行一個小型秘密會議，當局希望能藉此故宮國寶出展的機會，要求俄羅斯開放幾項重要尖端軍購項目給臺灣，以此作為交換展出與協尋"血娃"的條件。最後，由國安會秘書長親自召開的協調會裡，分配了他們各自的任務，也才促成此次至俄羅斯的聯合任務。最特別的是，還指名中興大學工學院的黎克文院長一定要隨行，並且硬是按上由中興大學代表臺灣方面簽約的名義。

　　但，季錚心裡也一直在琢磨著，「我們國安局主要掌管

境內的國家安全事務，這次事件很明顯的是國防軍購事務，雖扯得上一點干係，但很多都需要外交部折衝，或是軍購局主控，硬是要我們國安局插上一手，我在想，究竟還有什麼其他考量的？」

清晨的桃園國際航空站大廈裡，一眼望去已經是萬頭鑽動，臺灣旅客是很重視旅遊的，雖然近幾年來的經濟發展略呈停滯狀態，又連續發生幾次的機瘟事件，但是出國旅遊的熱情卻未稍減，臺灣旅行社一如雨後春筍般的一家接一家蓬勃發展起來。尤其是兩岸直航以來，大陸觀光客更是如潮水般的湧入臺灣，來往交流與觀光越發頻繁。

黎克文和饒大輝已在早晨六點多趕到機場大廈，當他們在指定櫃台報到辦理出關手續時，因外交部也已先傳來指令，所以很快的被幾位境管局與航警官員引導迅速出關，然後在一間特殊的貴賓室中休息候機。同時，過來兩位機場工作人員接下他們的大行李箱，幫著去辦理托運。這間貴賓休息室平常不對外開放，除了有國際級的重要貴賓或是國內高級政要接、送機，才會開放使用。饒大輝知道，「社會是有等級的，很多事不能如人願，別抱怨也別羨慕。」

季錚和另一位故宮博物院的研究員洪紹寬也隨後進到那間機場貴賓室，季錚看了下手錶，剛好六點四十分，兩位教授黎克文和饒大輝剛好已經坐在裡面，大家都很準時抵達會合。

季錚首先簡單的自我介紹，「我是國安局第一處副處長季錚，負責這次參訪考察的領隊任務，也就是中興大學與莫斯科大學合作的一項學術研究計畫，以及協助尋找一批俄國

古文物。」

　　然後，季錚又介紹了故宮博物院的研究員洪紹寬，再從一隻黑色的皮箱中交給大家每人一紙公文信封。

　　「我們這次每個人的任務要則與個人護照，都分別在這個信封裡面，請自行利用時間詳細閱讀吧！」季錚聲音小的就剛好僅讓他們聽得見。那兩位境管局與航警局官員則在貴賓室外面守候著。

　　故宮博物院研究員洪紹寬微笑著環顧大家，他是聖彼得堡大學古文物所博士，留著一小撮山羊鬍，戴著一副金邊近視眼鏡，穿著灰色中山裝，顯得有些嚴肅。他於今年五月份時，在外雙溪故宮博物院裡陪著院長周煥融與來邀訪的俄羅斯聖彼得堡"隱士廬博物館"副館長勃朗斯坦見過面。如今，故宮受邀到聖彼得堡巡展的計畫已剛被當局核准，這次是奉周院長之命先期前往莫斯科與聖彼得堡實地探勘，完成出展規劃與準備。

　　「季先生，我可不可以請教一些問題？」饒大輝教授目前也是中科院航太所副所長，雖然較早之前已經大致清楚這次的狀況，但目前他很想知道這次行程的詳細內容。

　　在三個禮拜前，清華大學劉校長就曾約饒大輝教授到校長室當面告訴他，「饒教授，國科會有一個研究計畫，是準備與俄羅斯莫斯科大學合作發展的，機密等級相當高。因為您是在中科院航太所工作，具有相關的專業…跟這研究案有關，又曾經在俄國留過學，所以當局委請您一起過去以備諮詢。」

　　校長開門見山就直接的說明事由，也不等饒大輝反應，

接著又繼續說道：「詳細的計畫內容，我也不十分清楚，只知道是和中興大學工學院黎克文院長以及政府的兩位相關官員一起前往處理；大概過幾天後，就會有國安局的秘函通知，接到通知可能就得出發！相關的簽證手續，外交部會先行處理。」

饒大輝很納悶的搖搖頭，看著校長座位那張大沙發後的世界輿圖，心裡想著，「俄羅斯？有十多年沒再回去過了，能再重遊故地也是美事一椿吧！」又用手掠掠中分的頭髮。

從那次與校長見面後，饒大輝就再沒更進一步的任何有關這個研究計畫方面的資訊了。本想打電話問問老朋友黎克文院長，但想到事關國家機密，就暫時將一些疑問埋在心裡。所以，當現在見到主其事的政府官員，饒大輝首先就想問個清楚，不然怎麼打電話告訴老婆和兒子，是為了什麼事情要臨時到俄國出差？尤其是他老婆規定他每天下課後，一定得回家吃晚飯，雖然，「她的廚藝一流，但只有我欣賞。」

「您是饒教授吧？」任務的領隊－國安局第一處副處長季錚很客氣的詢問，「還有黎院長，很抱歉，在這之前，一直沒和兩位說明詳細的情形。我們局裡在交付任務時，已經囑咐一定要當面向兩位報告。」

季錚同時和兩位教授禮貌的握握手。在一旁的洪紹寬也趨前過來一起和大家再握了個手。

「這次的團員就是我們這四位，」季錚看看左手腕上老式的"鐵達時"手錶後，接著開始說明行程，「我們是搭華航 CI-603 班機，七點卅五分起飛，抵達香港赤臘角機場後，隨即再轉搭俄羅斯航空直飛莫斯科。」

　　洪紹寬的菸癮實在讓他忍不住了，自從這幾年和老婆離婚以後，他的菸癮又越發更大了。他記得離婚前與老婆關係最壞的時候，兩個人不但分床、分房，甚至在一個屋簷底下一個早出晚歸、一個晚出早歸，經常好幾個禮拜都沒見過面，更甭說講句話了。他特別去就教過專業醫生，那位著名的醫生說：「較年長的夫妻分房是一種新型態的遠距婚姻，與雙方缺少性生活毫無關聯。」最後，終於雙方達成協議離婚，相互獲得解脫，他抽菸就再也沒有人嘮叨了。好在兩個孩子都已大學畢業，各自獨立在外工作，也不用擔心孩子的生活。但他常告誡兩個孩子，「有錢人終成眷屬，沒錢人一生痛苦。」

　　洪紹寬記得有一天午夜醒來，他突然問自己，辛苦了大半輩子，究竟是為了什麼？真的，人生過了大半，究竟為了什麼而活？事業發展不如預期，在故宮博物院當了十多年的研究員，看不到前景。「年華易逝啊！」他越來越沮喪，凡事都提不起勁。但這次奉派到這個任務，讓他重新又感染到新的活力，因周院長曾在出發前，告訴他有一個副處長或是處長職位將出缺，請他稍安勿躁，若能成功達成任務回臺灣，則就建議當局發布他接任。周院長留下一句話，「不要覺得是生活虧欠了你，其實是要檢討自己努力夠不夠。」

　　洪紹寬向季錚眨了一眼，就當作是已獲得允許，隨將位置挪到靠近牆角的那張沙發上，拿出他慣抽的金盒裝"555"，點上菸深深的吸一大口後，緩緩的噴出一道淡藍色的煙圈。菸草煙霧中含有的多種化合物，它們對黏膜都具刺激作用。菸草煙霧刺激黏液的分泌，還延緩支氣管纖毛層的活動，這些剛好抑制了洪紹寬有點焦躁的情緒。

　　季錚微笑的繼續說道,「事實上,這次的研究計畫內容,我僅瞭解其中的一小部分。主要的是,請黎院長確認後,代表中興大學與莫斯科大學完成簽署。但實際上是國科會所主導的與俄國科學院的合作案…。還有,就是我們故宮博物院與聖彼得堡隱士盧博物館的一件聯展案。」

　　黎克文也是很好奇的仔細聽著,當他抬頭看看牆上的掛鐘已是七點廿分了,「離剛才說的起飛時間只剩十五分鐘,時間哪夠說得清楚呢?」黎克文心裡這麼想著。

　　「沒關係,我們到達莫斯科時,另外會有時間到駐莫斯科代表處再來詳細說明。」季錚也曉得時間不很夠,而且現在說也不太恰當。

　　登機口在不遠處的 "A10" 登機門,故當他們從貴賓室出來,不一分鐘就從踏上空橋進入商務艙裡。飛機準時離地,很快的衝上三萬呎的高空,沒入雲霧中。

　　他們順利抵達香港赤臘角機場時,臺北中華旅行社的張副理正站在轉機口等候著;他也真有門路,竟能有辦法直接進到航站內的轉機口等他們。

　　國安局特派員季錚領頭出了機艙,四個人魚貫穿過空橋。季錚與張副理打個招呼就隨著張副理到航站裡的一間小休息室裡稍作休息。

　　小休息室有一間小小吧檯,一位年輕的女服務生,操著香港腔的華語問道,「各位貴賓,請用茶?咖啡?還是其他飲料?」洪紹寬自顧自的先坐在一旁的角落裡解決他的菸癮,季錚要了咖啡,其他兩位都是點茶。

　　張副理伸出右手,現出一隻燦亮的 "百達翡麗" 腕錶,

慢條斯理的說道：「還有四十分鐘才起飛。」

　　大家隨著望向他手指著落地窗外的停機坪，停著一排的客機。一架「俄羅斯航空」"Boing-767-300 型"的客機正在裝載著轉機旅客的大件行李，張副理開始很熱情的介紹這架俄航班機，「待會兒就是搭乘那一架俄航的飛機。她的經濟艙只有二百零七個座位，比起其他航空公司同級機型卻有二百五十九個座位，因此俄航的座位寬度與椅距都比其他飛往俄羅斯的航空班機寬敞，機上每個座位配備有九吋的螢幕，播放著最新的俄國影片與流行音樂。」張副理就像是這架班機的機長，如數家珍似的介紹著機上配備，尤其是他的特別關照，也將他們原來的經濟艙座位升等為商務艙，自然顯得很得意。

　　黎克文抿嘴低頭喫了一口茶，腦中卻不時的浮現出許多的問號，「看來，這次參與的合作研究計畫，可能其中還大有蹊蹺。究竟是如何？…到時再說吧！」

　　洪紹寬坐在季錚的旁邊，在這狹小的房間裡季錚被他身上的香菸味道燻得有點受不了，但是又不便說什麼，反正就又要再上飛機，暫且忍耐一下吧。

　　季錚從他隨身攜帶的黑色手提箱中拿出一件公文封，交給張副理，「局裡請您幫忙兌換的美金，這裡共是一萬元。」

　　張副理將裝有美金的公文封收下後，也從西裝上衣口袋拿出兩個皮夾，鼓鼓的，「這是已為你們換好的現鈔，共是廿萬盧布，其餘的是通用旅行支票。」

　　季錚接下那兩隻皮夾，塞進手提箱內，「謝謝你們在這裡的協助！」饒大輝站起來進去盥洗室洗個手，也是想避開

那嗆鼻的菸味。

　　航線是由香港起飛，飛越廣州上空逕往正北航行。俄航女空服員年齡均稍大，起飛前對商務艙中的旅客殷勤的每位送上一杯純果汁，同時遞上一捲濕紙巾。黎克文坐在 2A 靠窗戶的位置上，本想打個盹，但是隨後進來到經濟艙裡的旅客，高聲喊叫著，不時夾雜著俄語與粵語，特別是一群從香港登機上來的香港客更是吵雜不已。

　　「這些香港佬，真是很吵呢！」黎克文想叫空服員過來，坐在一旁的饒大輝看出黎克文想說什麼，「黎兄，算了吧，等下他們累了大概就會休息了。」

　　果然不多久，在商務艙後排那群吵雜的香港旅客們都開始閉目養神了。參雜在其中的一對年輕男女，看外貌像是新疆維吾爾族人，他們始終都是安靜的掛著耳機聽著音樂，也互不交談。

　　坐在季錚右後方的一位中年男性外籍旅客像是歐洲人，拿著一本英文雜誌《TIME》，安靜地放在胸前，既未翻閱也未拿開，從一上飛機，季錚就注意到這位老外了，除了他的舉動有點奇怪外，就是感到很眼熟不知道是在哪裡見過。

　　黎克文摘掉眼鏡，想打個盹，但是此刻卻又毫無睡意，臨窗看著機外飛掠過的白雲，機腹下像是積木般的灰濛濛城市，錯落在細細環繞的水帶之間。

　　不一會兒，黎克文的思緒回到上一個月在國科會開會時，主任委員就談到國防部曾經委託國科會要全力支援發展尖端軍事科技，或是自力研發或是尋求國外先進國家合作。層峰也隨即有指示，由國科會主導、國防部和國安局配合。

到現在為止，整個事端才開始在黎克文腦海中漸漸鋪陳出來些眉目。但他想，為何還有故宮博物院的研究員也跟著一起來呢？

機艙裡坐在一旁的饒大輝和洪紹寬都已蓋上毛毯，進入夢鄉了。季錚則戴著老花眼鏡專注地看著機上提供的《星島日報》與《南華早報》。

班機飛越武漢、開封等大陸地區上空後，再轉往西北方向經臨太原、銀川、戈壁沙漠、新疆，進入哈薩克領空。

黎克文想緩和一下心情，遂將頭倚靠在窗子的透明玻璃上向外張望，從三萬呎高空俯瞰西伯利亞大森林，鬱鬱蒼蒼、一望無際。他記得某次看 "Discovery" 頻道介紹說：西元一九八二年，探索西伯利亞遙遠森林的蘇聯地質學家，發現一個舊禮儀教派家庭，他們自沙皇時代就躲藏隱居至今，渾然不知沙皇的隕落和蘇聯的興起，這就是浩瀚無邊的西伯利亞大地。

在機艙上的電腦銀幕也可以清楚看到進入俄國領空的飛行航線，一路上是飛越新西伯利亞（Novosibirsk）、愕木斯克（Omsk）、白俄姆（Perm），再橫越烏拉山脈（Urals）。這條路線也是十三世紀上半葉蒙古人西征的路線。

除了用餐時間，大部分的旅客都在休憩，只有黎克文和季錚兩人，一直都是睜著眼的。黎克文平常睡眠時間就很少，每天大概只睡個三、四個小時，他始終認為，「**生時何需久睡？死後自會長眠。**」季錚雖然是在不停地翻閱手上的一疊報紙，但眼睛看的和心裡想的完全不是一回事，很心不在焉。

飛行途中都還算平穩，饒大輝與洪紹寬一直沉睡著，好

像陷入冬眠般；當飛臨烏拉山脈上空時，因為氣流不太穩定
的關係，機身開始有點顛簸搖晃，懸掛著的氧氣面罩都差點
自動抖落，安全帶警示燈也亮起，機長警告遇上一股亂流，
女空服員跌跌撞撞地前後走動幫著檢查旅客們繫上安全帶，
他倆才恢復清醒。

　　「發生了什麼事兒？」洪紹寬大夢初醒似的。

　　坐在前一排的黎克文回過頭，朝他們嘟嘟嘴，意思是沒
事。不一會，班機通過了這段亂流，又保持著平穩姿態繼續
飛向莫斯科。最近連續發生的機瘟事件，使得很多旅客搭機
時，都會提心吊膽，黎克文也不例外。

　　季錚剛瞇了下眼，這時也醒來，下意識地轉頭看看右後
方的那位老外，位置上卻空無一人。季錚再四處張望一下，
並沒有那位老外的身影，「可能上廁所了，」他心裡這麼想
著。

　　又等了一段時間，還是沒見那位老外出現，季錚不禁感
到有點奇怪了，自然產生了職業上的警覺心。立即向前一排
的黎克文小聲問道，「黎院長，您有沒有注意到我右後方座
位上的那位老外，出去多久了？」

　　「嗯？是誰？」黎克文是位學者，他倒沒有季錚那種身
為情治人員的專業警覺。他發出的疑問聲就代表著他根本沒
有注意到。

　　「哦，沒注意到就算了。」這些學院派的先生們能管好
自己的事情就不錯了，季錚心裡想著。

　　但是，這是一架正在天上飛行的飛機，人不可能憑空消
失，除非他打開機門跳出窗外或是私自調換座位。無論如何，

季錚他要搞清楚狀況。馬上按下了頭頂上呼叫服務的鈴，一位女空服員一會兒就出現在他眼前。

「先生，很樂意為您服務！」女空服員以流利的英語微笑的對著季錚說道。

「那裡的一位先生，有很長一段時間不在位置上，妳們要不要找找看，是不是發生什麼事了？」季錚手指著右後方的那個空座位。

頭等艙和商務艙的女空服員當然須瞭解頭等艙十位旅客和商務艙裡廿六位旅客每一位的動向，這位女空服員剛才也注意到這位旅客有一段時間不在座位上，因自己忙著端飲料還來不及查看。現在既然有其他旅客反映了，她馬上打開手中的筆記電腦上《座艙清單》，立刻查出這位不見蹤影的商務艙旅客是法國籍的安東尚雷諾先生，她隨即就拿起艙內通話器向座艙長報告。不一會兒，機上擴音器響起：「各位旅客請注意，座艙長報告，請各位旅客立即回到各自的座位上，為了安全，我們現在要清查人數，謝謝大家的配合。」座艙長連續以英語、華語和俄語各自播報一遍。

很快地，經濟艙有兩、三位私自調換到後排靠窗戶位置的旅客還算守規矩的就移回到自己的座位。那位剛去盥洗間的維吾爾族男旅客也回到座位上。

季錚左看右看，仍不見那位法國人安東尚雷諾。座艙長和空服員此時也站在那個空位旁守候著。等到確定每位旅客都回到自己的座位後，座艙長帶著兩位空服員開始清查每一間盥洗室，先檢查頭等艙唯一的一間後，確認沒人，再經過商務艙（商務艙沒有盥洗室）到經濟艙，每間都仔細打開看

過。

　　果然，經濟艙裡靠機尾的其中一間被反鎖著，座艙長一直敲著門都沒有反應。空服員馬上遞來一把緊急開啟門鎖的工具給座艙長，「嘎！」的一聲，門應聲而開，赫然看到那位法國佬安東尚雷諾垂坐在馬桶蓋上，已呈現昏迷狀態。

　　座艙長神情還算鎮靜地伸手探了下安東尚雷諾的鼻息後，馬上拿起播音器廣播，用俄語和英語，「各位旅客，請問在場的有醫生朋友嗎？我們現在需要緊急協助，在機尾的盥洗間。」

　　旅客們聽到廣播，馬上引起一股騷動，但很快地經濟艙的中段有一位俄國男性旅客站起來，快步走到機尾的盥洗間前，他是位醫生；那位剛從盥洗間回來就座的新疆維吾爾族男士也站起來往後看了看。

　　這位俄國醫生馬上趨前至安東尚雷諾身邊蹲下去，輕扣其右手腕，查看脈搏數，過一會兒後，他請旁邊的空服員一起幫著將安東尚雷諾扶平側躺到一邊的空位上。俄國醫生左手不停地輕拍安東的肩膀，並一邊用右手指壓揉安東臉上人中部位，以俄語喊著，「哈囉！先生，醒醒！先生，醒醒！」安東抽動了一下，似乎有些反應。

　　俄國醫生很快地和空服員相互交換了一下意見，因為空服員都受過基本的急救訓練，「他的呼吸和脈搏都還算正常，恐怕是輕微中風，」俄國醫生剛好是一位心臟內科的醫生，他立即從上衣口袋拿出平時就隨身備用的一小瓶沉香油，滴了幾滴到安東的舌尖上。

　　「我還得要檢查他是否有外傷？」那位醫生很有經驗，

又將安東的外衣褪去，很快地用肉眼檢視一遍，前後身體並沒有明顯的出血性傷口，只有左肋骨部位有點瘀青，大概是剛才不小心碰到椅子扶手。這時，安東已睜開了雙眼，但還不能講話。

座艙長已在一旁準備好一副擔架，俄國醫生吩咐空服員，「現在可以把他抬到擔架上休息一下，已暫時沒有危險，請通知機場準備救護車。」

季錚也站在一旁關心，真是還好他發現了異狀，很機警地及早通知空服員才沒延誤救援時間。這時，季錚兀地想了起來，這位安東尚雷諾先生是法國達梭公司派駐在亞洲地區代表組的成員之一，曾看過他的情資報告，在軍火界是位很活躍的人，但風評不是很好。

「但他到莫斯科來是有何事呢？該不會…」季錚心裡開始琢磨起來，一連串的事件導致黎克文、安東尚雷諾和他們幾個人在這個意外的交叉口相逢。

洪紹寬現在也毫無睡意，想想沒事，就從上衣口袋掏出了一部"I-Pad"，他在出發前，故宮博物院周煥融院長親自一再交代的一些重點事項，他全部都記錄在這部小平版電腦中，現在拿出來仔細回顧一遍：「一、"巴拉拉卡古琴"是連結所有套娃的關鍵。二、這是我們四百多年前明代流傳下來的寶物，來自西伯利亞。三、聖彼得堡隱士盧博物館的展出環境與規格。四、莫斯科歷史博物館內容也值得參考。」

3. 擁擠的莫斯科市

如果我想讓什麼停止或消失，它就會發生。

　　傍晚時，班機抵達了離莫斯科市約廿多公里處的空中大門"謝列梅捷沃"（SHEREMETEVO-2）國際機場。飛機在航站停機坪停妥後，旅客都被暫時留滯在原座位上，優先由衝上來的醫護人員將躺在擔架上的安東尚雷諾和他的隨身旅行箱抬下去，救護車閃爍著警示紅燈，響起蜂鳴器，呼嘯著從航站大樓旁的緊急通道駛往離航站最近的醫院。這時，座艙長才開放其餘旅客魚貫下機進入到航站大廈裡。

　　這座首都機場興建於一九六五年，由前蘇聯著名建築師葉利金設計，擁有八層樓的機場建築，但現在與世界最新的一流機場比較起來，就顯得規模較小，設施已不夠現代化。尤其是機場的通關作業非常的沒有效率，冷漠的表情全寫在海關人員的臉上；好多外籍旅遊團體的簽證都一直被反覆檢查確認，旅客們被攔在關卡上前進速度實在緩慢，幾乎都動彈不得。

　　饒大輝跟在三個人的後面，看著這棟他十幾年前在莫斯科大學讀博士班時，就曾經進出好幾次過的航站，忍不住搖搖頭。一九九一年蘇聯解體，現在許多國際政治分析家都一

致認爲促成其解體的兩項因素爲：政治體制的民主化和蘇維埃聯盟因共產主義經濟體制破產而解體，這兩者互爲因果。

「廿多年了都還沒有改得過來，共產制度留下來的後遺症，嚴重的阻滯了共產主義信徒的進步，影響實在太大了。難怪共產主義已要被掃進歷史的拉圾堆中了。」饒大輝心裡想著。

季錚一馬當先的帶著他們邁向關口，雖然拿著俄羅斯文化部的公函，但因臺灣與俄羅斯沒有正式邦交，還是要靠點私人關係來處理這些瑣碎事項。黎克文就看到季錚拿出了一個可能早就準備好的小信封袋，塞到坐在最旁邊一個看來應該是主管的官員手裡，果然，「當“錢”站出來說話時，所有的真理都沉默了。」不一會兒，海關官員就向他們四人招招手，示意快速通過，「歡迎來到莫斯科。」還不忘拋下一句歡迎詞。

「本身就是執法的人，也最懂得門道了；一切都可以“錢”來解決，特別是有“人”的因素參雜在內時。」黎克文不禁會心的發出一個微笑。

臺北駐莫斯科代表處聯絡組江逸平組長來接機，在入出境大廳門口已等了好一會兒，見到他們走出來，江組長笑容滿面地迎向前說道，「各位親愛的長官辛苦了，歡迎大家來到莫斯科。」

他們共乘一部九人座的休旅車，很快的從機場大廈出去轉個彎就駛上了高速公路。起初的車速倒是很快，但是一上到高速公路前往市區的方向，他們馬上陷入擁擠的車陣長龍中。在六線道的車陣中，只要有一丁點的空隙，就立即會硬

塞進來一部車，速度之快、動作之俐落，著實令人心驚肉跳又讚嘆。

　　黎克文心想著，上次他到北京大學演講時，北京市區的交通狀況，各環狀道路雖然交織密如網，但車輛幾乎是一米一米的挪動，莫斯科街頭所見到的交通景象與之相比，更是不遑多讓。

　　「現在是尖峰時刻嗎？好像一切都沒有在動。」洪紹寬有些埋怨擁擠的車陣，因他一直都沒機會抽口菸。季錚淡淡的回應，「"埋怨"就像騎木馬，讓你有事可做，但卻不會前進…。」

　　他們好不容易進入到莫斯科市區環道內，黎克文是第一次到莫斯科，映入眼簾的多是高大整齊又新舊並陳的建築，特別是洋蔥頂的東正教教堂，幾乎每隔幾條街就能看到一棟雄偉壯觀的昂然矗立。江組長在一旁說道：「要認識俄羅斯這個國家，教堂是很重要的切入點，因為俄羅斯人大部份的生活就是跟著教會一起作息。」

　　俄國的東正教屬基督教的一支，經由拜占庭傳入，結合俄羅斯本地的風俗民情，興欣蓬勃，對俄國歷史的發展有很深遠之影響。黎克文想到一位華人作家余秋雨曾在一本書裡寫過一句話，「城市的外觀只是軀體，文明才是靈魂；一座典雅的城市，不只需要具備有形的歷史遺物、現代設施，還要有不斷的創新能力。」莫斯科這個城市的風貌似乎開始打動了黎克文的心。

　　其他幾個人都坐在車裡看著窗外莫斯科市郊的街景，不發一語。饒大輝不禁回想著莫斯科市早前的舊街景，好像沒

有什麼太大的變化。江組長見大家不說話，就又再次打破沉默，主動介紹莫斯科市的概況，說道：「莫斯科城市佈局呈環形輻射狀，花園環形路以內是第一環，花園環型路至環城鐵路之間為第二環，環城鐵路至環城公路之間為第三環。」

　　江組長在莫斯科工作也有相當長的時間，對狀況掌握得很清楚，他繼續介紹著說：「第一環內是中心區，以"克里姆林宮"與"紅場"為中心。有不少人認為莫斯科是第三個羅馬，許多的建築風格都承襲拜占庭、羅馬與希臘式的傳統。」

　　黎克文雖然沒有來過莫斯科，但他對歐洲歷史很有興趣，他很清楚一四五三年土耳其消滅拜占庭帝國，君士坦丁堡成為第二個羅馬的這段典故。

　　他們一行到達了「臺北莫斯科代表處」，初來乍到的官方團體，一定得先拜會駐節的代表，尤其是他們負有特殊任務的，更早就安排好了拜會行程。

　　代表處位於"Tverskaya"街上一間類似委託行專賣店的房子，很普通又不顯眼的牆上懸掛著「臺北莫斯科經濟文化協調委員會駐莫斯科代表處」的正式招牌，聯絡組的官員在門口迎接他們進去。屋子的主人陳偉國代表則在接待室親自歡迎他們，陳代表是土生土長的臺灣人，資深職業外交官。

　　旋即由代表處秘書組作了一個十分鐘的簡報，袁秀芬秘書是位年約卅多歲的輕熟女，面容姣好、舉止穩健，看來就是很有經驗的外交人員。她在簡報中舉出一些數據資料，以說明代表處近來的工作實況，「俄羅斯的台商與臺灣留學生總計才百餘位，台俄雙方經貿每年十六億美元，僅佔臺灣對外經貿四千九百六十五億美元的 0.31%。」僅從這些數據中

觀察，台俄雙方的貿易量占外貿總量的比例，實在微不足道，
也同時瞭解到在無正式邦交國的駐外單位工作之艱難，台俄
之間的貿易更有很大的拓展發揮空間。

黎克文心中盤算，「我們這次任務若能成功，台俄雙方
貿易額馬上會有數百倍之增長，對於鞏固所剩無幾的外交邦
誼是何等重要啊！」他沒有說出來，因計畫還是極機密，千
萬不能多說話。

簡報過後，陳代表僅留下袁秘書和江組長，其他幾位代
表處的工作人員暫時請他們離席。接著，留下來的人在專屬
小會議室裡就緒後，逐召開本次的任務會議。季錚先從置於
腳旁的皮箱裡抽出一份檔案資料，「這就是此次《研究計畫》
的綱要。」季錚開始將這次到俄羅斯的來意與目的作個較為
詳細的說明：

「我們由中興大學黎克文院長代表我方，莫斯科大學派
出一位教授代表俄羅斯方面，這幾天內就會在俄羅斯科學院
第三研究所完成簽署。至於計畫內容，雙方有關單位已先行
交換過電子檔案草本，我們只要確認後，完成正式《協議書》
的簽署，就算達成第一項的任務了。」

黎克文和饒大輝很專心的聽取季錚的說明報告，因他們
倆事前在國安會針對這個計畫的秘密會議中也聽過專案說
明，心裡都已有數，現在則是要親臨前線上場執行簽署任務
了。

「再來第二項任務，這就困難度比較高；我們是以協助
俄國東正教及莫斯科大學找尋一批 "俄羅斯血娃" 的名義，
來掩護我們真正的工作。當然，有時需一起行動，有時得兵

分多路、分頭同時進行。我會適時分配任務，也要請代表處這裡全力協助支援。…」季錚停頓一下，又開始接著說道：「本案的保密等級為"極機密"，請千萬謹言慎行，決不能洩漏給我們當場以外的無關人員，尤其是新聞媒體，這攸關國家安全。」

大家都安靜的等待季錚接下來的說明，「據信，黎克文教授是尋找這批"俄羅斯血娃"的關鍵者，這是三個月前俄羅斯"隱士盧博物館"副館長到我們臺灣故宮博物院邀展時，所透露的一件玄疑傳奇故事…，人間正道是滄桑，很有趣味性，但真實性還未經驗證過。」

黎克文被說成是傳奇故事中的主角，自己都感到有點惶恐不安。日前他在臺灣時，故宮博物院周院長親自來台中拜會他，就親口轉告他這段怪誕不經的故事，令他始終如墜五里霧中，至今都半信半疑。

國安局季錚副處長的說明結束後，轉過頭看著陳代表又說道：「我謹轉達臺北的指示，這段期間，陳代表暫時就不能休假了，層峰交代您要就近督促管制本案的進程。」

陳代表點點頭，「知道，受領指示了。也請轉告當局，逕請放心！」洪紹寬看這般模樣，一副好像古時候封疆大吏受領欽差大臣的聖旨似的，有點像是今之古人、古事今演，很滑稽，但這就是中國自古以來的官場文化。

袁秀芬秘書接過季錚遞過來的文件後，逐妮爾說道：「季先生，大致上都沒有問題，我們江組長會全程陪同，有什麼需要就敬請您交代便罷。」季錚聽到後笑著點個頭，再轉身拍拍江組長的肩膀，意思是要麻煩您一陣子了。

　　會晤結束時，陳代表站起來對著大家說道：「現在時間雖然晚了些，但我們已在莫斯科市區的“老北京大酒樓”準備了一點水酒為各位洗塵，若不嫌棄，我們就一起前往吧。」

　　季錚是老行家，他明白一切還是要和平常的接待程式相同，免得失禮也會啓外人疑竇；陳代表是位很細心周到的人，這些小節都不會忽略。袁秘書隨即通知代表處的其他幾位重要官員，搭另外一部廂型車一起前往參加接風宴。

　　“老北京大酒樓”位在莫斯科市區西郊列寧大街的“禮花賓館大樓”，離臺北莫斯科代表處不算遠，是一家華僑開的中國餐館。而禮花賓館大樓是一棟卅多層的高大建築，屢經維修整新，至今雖有近四十年的屋齡，還不顯得很老態龍鍾。

　　陳代表偕季錚他們一行分乘兩部廂型車，經過十幾條街道口後，直接就駛入到該餐館的專屬停車場。酒樓位於「禮花賓館大樓」的地下一樓，江組長老馬識途地在前面引導至其中一間預訂好的包廂依序就座。

　　在同一棟「禮花賓館大樓」的第廿三層，是中國大陸黨中央外事辦設置的「中俄文化交流中心」；辦公室內有三個人，

　　「張主任，您請看著這裡！」一位穿著套頭長袖衣衫的年輕人小楊正注視著桌上一台電腦上的螢幕，並同時對坐在最裡面著深色西裝約四十歲上下的中年人說，「這是即時現場立馬傳來的畫面。臺北代表處又在宴請客人了，難得的是他們的陳代表和幾位組長級的人員都一起現身，另外有四位未曾見過的客人，可能是剛從臺灣過來的重要人員。」

　　電腦銀幕上的畫面是透過一台隱藏式的數位攝影機，連線即時傳輸。鏡頭畫面上是禮花賓館大樓地下一樓「老北京大酒店」的全景。每一位進出的客人面貌都清楚顯示在銀幕上，而且還被錄影著。另一隻鏡頭則是對著賓館大樓的正門。

　　一位穿著唐裝的中年人坐在那位張主任對面的椅子上，正抽著「中華牌」香菸，「張主任，你們這套系統功能挺靠譜的嘛！」一邊吐出一層層的煙圈。

　　「嗯，對工作的幫助確實很到位！任式是誰到過這棟大樓，我們都能掌握住。」張主任顯得有點得意的對著這位中年人說，「書記同志，這也是外交部重視我們的工作，前一陣子才撥發過來最新的數碼器材。」

　　這位書記名叫熊安華，是中共黨中央外事辦駐莫斯科的黨組書記，才從北京述職回來到莫斯科。張萬軍原是中共駐香港解放軍的政治部副主任，退伍轉業至中共駐外辦擔任中俄文化交流中心主任，上崗工作迄今已兩年多了。熊安華書記是張萬軍主任的直屬上級領導。

　　張萬軍隨即轉過身，對著正在監視銀幕的年輕人說道：「小楊，繼續盯著，隨後查查看那四個臺灣人是何來頭？來這裡有什麼目的？我陪書記同志馬上去醫院接出我們的法國朋友，從香港來的安東尚雷諾。」

　　熊書記對法國軍火商安東尚雷諾相當讚賞，認為能多結交一些歐洲客商也能增加招商引資的績效，於是得意地說道：「這次，安東尚雷諾利用在香港飛來的班機上偽裝心臟病突發，真是高招，除了我們交給他使用的“第二本護照”以外，他也藉著救護車送醫瞞過了俄國海關之安檢與審驗，

那他在俄羅斯境管局的"不受歡迎"的境管黑名單就安然順利矇混入境了。」

張主任也笑笑回應著，「更妙的是，他早就買通了一位俄國醫生，在香港跟著他一起上同班飛機，然後合著演出那齣戲。」同時，張主任抓起桌上電話，很快的按了幾個鍵，然後就用俄語對著電話筒那邊交代了幾句話。

他們兩人從廿三層樓高搭電梯下去，那部老電梯速度相當緩慢，每幾層就有進出的住戶或是來洽商的客戶，到達一樓大堂約花了五分多鐘。停在禮花賓館前門的一部黑色俄國"嘎斯24型"轎車剛好同步抵達，俄國籍的一位年輕司機接到張主任電話後，時間拿捏得恰恰好。旋即張主任與熊書記他們坐上車子駛出禮花賓館大樓，不久就塞入擁擠的莫斯科環城道的車陣中。

莫斯科的天氣變化多端，明明剛出著大太陽，一會兒就下起急驟大雨，莫斯科人說這是所謂的"蘑菇雨"；地下一樓的老北京大酒樓包廂裡，並未感受到外面天氣的變化。臺北駐莫斯科代表處的陳偉國代表等幾位官員及臺灣來的客人國安局季錚副處長等一行四人，已分賓主就好座位。

陳代表見大家都就定位後，先開始說明此地的情況，「季副處長、各位貴賓，歡迎大家來到莫斯科。我們這個大樓，事實上是莫斯科市情況最為複雜的地方之一，樓上有卅二層、地下有五層，不但有商務旅館、百貨大賣場、酒樓、夜總會，還有世界上許多國家包括東非、韓國、歐盟和中國大陸等國家與地區的文經商貿交流中心或是辦事處。」

陳代表應該是這家酒樓的常客，對這裡的狀況如數家珍

般地介紹著，「但越是如此，就越有機會；正是龍蛇混雜的
地方，除了一些小蝦小蟹會出沒，大咖的也都偶而會到此尋
找情資、交換情報。所以，我邀請大家來的目的，也就是"引
蛇出洞"…」最後一句話他講得很小聲，他也以眼神給大家
示意，意思是"隔牆有耳"。季錚和黎克文等人一時之間還
不十分明白陳代表說話的究竟意涵。

　　「各位請放心，這個大樓的治安與秩序絕對是莫斯科市
最好的地方之一，除了"紅場"以外。」陳代表又繼續補充
道，「大家坐了快一天的飛機，辛苦了，放開懷好好喝幾杯
俄國伏特加吧！」

　　筵席隨後就開始，陳代表舉起酒杯先敬季錚等臺灣來的
客人，一杯"伏特加"一飲而盡。除了黎克文外，其他都跟
著乾杯，黎克文平時就不太喝酒，尤其是烈酒。這次來俄羅
斯，他就自我要求一定要堅守原則，保持清醒，免得傷胃傷
肝「有庸俗的嘴，才有猥瑣的胃。」這是他的座右銘。

　　饒大輝有一段時間沒有喝酒了，舉起杯來就乾，很有酒
膽也很有酒量。但是，洪紹寬就好像不太敢沾杯，勉強地乾
了第一杯後就拼命的夾著馬鈴薯當菜吃。季錚身為來客的領
隊，很豪邁也是來者不拒，碰杯就乾。

　　酒過三巡後，陳代表見幾位喝酒的人開始有點微醺了，
他看看手錶後提議換喝俄國啤酒，因為伏特加是以馬鈴薯蒸
餾的還是比較烈，於是按鈴呼叫服務人員進來換酒和酒杯。

　　包廂門被推開，一位六十歲左右的華人走了進來，後面
跟著一位服務員提了一手啤酒，服務員動作俐落地將啤酒都
開啟好，倒滿在剛換上來的七、八個啤酒杯裡待命。

「讓我來請各位鄉親喝啤酒！」這位六十餘歲的華人是這家餐廳的老闆，姓劉，經營了快卅年，個性豪爽、酒量超凡，記憶力又特別好，每一位來消費過的客人，劉老闆都和他們喝過酒，也都記得很清楚，絕不會認錯人，他高興地發表他的論點：「上帝造酒，給男人喝是交際應酬的潤滑劑，給女人喝是讓她放得輕鬆。」劉老闆他已坐到陳代表旁邊，陳代表微笑地站起來，介紹他給大家認識。

這時，包廂門又被打開了。只見兩位俄國人笑著走了進來，和陳代表打招呼，「陳代表您好，很抱歉我們來晚了些！」

陳偉國代表抬起頭一看，很快地就站起來伸出手，「哦，是羅賓洛夫教授啊！不晚！不晚！」羅賓洛夫教授事先就聲明過，因他晚上還必須要處理一點公務，所以會晚一點到。一位服務員跟在他們後面也走了進來，很機伶地連忙拿了兩把椅子，袁秘書示意：「一把放置在季先生旁邊、一把放置在黎先生旁邊，」兩位俄國人分別就椅子坐了下來。

劉老闆見又有客人進來，他認得是莫斯科大學羅賓洛夫教授，因為劉老闆的兒子現就讀莫斯科大學三年級，所以他也認識一些莫大的教授們，「哈囉！教授您好，歡迎光臨！對不起，大家請繼續慢慢用，我再到另外幾桌敬酒！」劉老闆的兒子最不喜歡他老爸和學校裡的教授們在一起喝酒，劉老闆可不願意讓兒子不高興，他和羅賓洛夫握個手後，就順勢退出這房間，再到別的包廂交際周旋去了。

陳偉國代表臨出發到酒樓之前，也特地囑咐袁秘書邀請羅賓洛夫一起來參加晚宴，因為這次的任務中莫斯科大學有一部份的項目，是由羅賓洛夫擔任學校方面的負責人員，在

正式簽署之前，兩方人員預先見面交流，多一些溝通總是有利未來發展的。況且，他知道羅賓洛夫教授不但是和黎克文曾經在美國芝加哥大學一起攻讀博士的同學，他又是俄國東正教大牧首的使者，負責俄羅斯一些古物的蒐集工作，在大牧首跟前是炙手可熱的紅人。

「跟我來的這位年輕人是我的助理，他叫艾瑞金，懂得一些華語。有必要時，他也會樂於幫一些忙。」羅賓洛夫介紹跟他一起進來的青年。艾瑞金自己給自己鼓個掌，意思是和大家致意。眼尖的季錚一眼就看出艾瑞金的腰間有點鼓出，那是別了一把手槍，「教授的助理幹嘛要帶槍？」季錚心裡覺得有點奇怪…。

「我們所有臺灣人一起舉杯，敬羅賓洛夫教授和他的助理艾瑞金，這些天我們都要仰賴他們的支持與協助。」陳代表禮貌的致詞後，邀大家舉杯。接著，大家又都繼續杯觥交錯，水乳交融了半個小時後，賓主盡歡的結束宴會。

4.莫斯科大學廣袤的校園

"莫斯科"的真正意思,就是源自斯拉夫語"潮濕"的意思。

莫斯科河北岸,白雲聚暖,麻雀山拔地而起,惹來清風拂面輕柔;高聳的新型建築群在附近矮小的舊公寓集居之區,顯得矯矯不群。

晚宴結束後,陳代表帶著袁秘書等人先行回代表處辦公室。另外,江組長陪著黎克文、季錚等一行沿著列寧大街直趨莫斯科市麻雀山上的莫斯科大學,他們被安排在學校裡專門招待貴賓與外籍教師的「熱樓」六樓住宿。

從外觀看莫斯科大學真是雄偉,巴羅克式建築風格,古色古香。莫斯科大學的前身是莫斯科學院,成立於一六八〇年的彼得大帝時期,迄今有廿個學院,僅教職員就有八千人,在世界上的學術地位相當崇高。

一行人雖由學校總務處派的一位行政職員帶領著進校門,但還是先要通過門警的盤查,進大樓也要通過第二道的查證,出入管制非常嚴格,縱使對師生員工造成諸多不便,但也是在"911"後不得不嚴格執行的反恐安檢措施之一,希望能確保校園師生的安全。

　　通過旋轉大木門進到樓內，內部的擺設很具歷史感，木質傢俱都很典雅卻略顯陳舊，然而比一般大飯店簡潔多了。近年加裝有六座昇降電梯，也有網路連接線與 WI-FI，為得能趕上現代化的腳步，學校面面俱到的求取進步。

　　莫斯科緯度高，日落的晚，大家都有些疲乏了，多想早點歇息。羅賓洛夫教授和江組長陪著他們四位安頓好住處後，江組長就先告辭離開，返回代表處。羅賓洛夫因和黎克文是在美國芝加哥大學一起攻讀博士的同學，所以一直陪到最後要熄燈之時，還意猶未盡的聊些寫畢業論文的往事。

　　但是，黎克文心中另外有事，來到莫斯科大學後的第一件事情就是想馬上去找自己的學生林煜。林煜他自中興大學工學院畢業後，通過留學考試，申請到莫斯科大學航太工程研究所攻讀碩士中，當年是黎克文寫的推薦信，同時也介紹羅賓洛夫擔任林煜的指導教授。

　　前些時候，黎克文於台中接到林煜從莫斯科打回來的電話中說，有件很重要的文件要立即帶回臺灣。林煜本想郵寄回來，但突然就和他失去聯絡了。這些事，黎克文還沒有透露給季錚，因他不知道事件和這次的任務有沒有關聯？沒必要節外生枝。

　　來到莫斯科後，黎克文試著聯絡林煜，電話一直進入語音信箱，始終接不通，傳簡訊或是 Line 也沒回。目前，來到莫斯科大學，黎克文不得不決定要親自到他住的宿舍跑一趟找到他。剛好，羅賓洛夫教授也可以陪著一起。

　　黎克文跟季錚說，「我一時還不想睡，想和羅賓洛夫教授到學生宿舍找一位臺灣的同學林煜，我以前的學生。」

　　季錚是這幾個人的領隊，有點不放心黎克文這麼晚還要在校園裡找人，可是有羅賓洛夫教授陪著，應該很安全的。「對，這裡是我的學校，環境我很熟，我願意陪黎教授到處走走，不會有狀況。」羅賓洛夫很樂意的回應，也掛了保證。季錚猶豫一下後，也就沒再說什麼。

　　「我們這就走吧，一會兒就回來。」黎克文催促著，披了件外套就和羅賓洛夫起身坐電梯下樓。黎克文原來也想請饒大輝跟著一起出來，但饒大輝可能在晚宴上不習慣當地的口味，腸胃有點不太舒服，進來後就一直抱著馬桶不放。

　　羅賓洛夫指導林煜寫畢業論文已有三個多月了，「林煜快畢業了，我一直都能管制到他的進度，可是最近這兩個多禮拜，都沒見到林煜來面見討論。」羅賓洛夫邊走邊和黎克文說著林煜最近的情況，但也有點不好意思和黎克文交代，被推薦擔任指導教授似乎對學生有點失察，有損指導老師的威望。

　　羅賓洛夫教授目前是俄國東正教大牧首米亞斯尼科夫的使者，也是執行者，他已隱約約地感覺到林煜可能被捲入到這次的整起事件中。其實，他的助理艾瑞金則是俄羅斯聯邦安全局派來保護他的貼身保鑣，也是大牧首米亞斯尼科夫堅決要求俄羅斯當局這麼作的。據獲得的情資顯示，羅賓洛夫瞭解，當下有好幾股勢力在覬覦這批“血娃”古物，他們各懷鬼胎、各有所圖。

　　一樓進出口旋轉大木門旁的會客室牆壁上，懸有各樓層的指示牌，以俄文與英文併同書寫著各個單位名稱與位置。

　　熱樓的三樓是外籍留學生的宿舍，但有一道單獨的通道

口，爲了維護學生的安全，定有嚴格的管制規定。"晚上廿二時以後，早晨六時以前，非本校住宿學生不得入內，否則報警處理"，牆上高掛著《學生作息規定》的看板。

黎克文和羅賓洛夫停在門口，看看錶已是晚上廿三時廿五分了，門口櫃台內坐了一位校警正在打盹。但他下意識的感覺到有個人影在跟前晃動，立即自動睜開了雙眼。

「現在這麼晚了，有什麼要緊的事情嗎？」校警揉揉眼睛，有點不太高興的問道。「對不起，先生，我們可不可以向您打聽一位臺灣來的學生？林煜同學。」羅賓洛夫客氣地以俄語向著這位值班校警詢問道。

這位校警本來想要發脾氣，但他看到掛在羅賓洛夫前胸上的教員證，是本校的教授，所以臉色也不敢擺得太難看。

黎克文很識趣的馬上遞出一張廿元盧布放在櫃臺上，這是他在航站向季錚學來的小技巧，「先生，這給您買包菸，我們有很要緊的事情。請幫幫忙！」

校警似乎理所當然地收下那廿元盧布後，看看通道裡面，此刻並沒有學生在活動，「你說的人是…？」羅賓洛夫再次回答：「一位臺灣來的學生，他叫林煜！」

「嗯？林煜？…我不認識，我聽說這陣子，有幾位臺灣留學生晚上都聚集在核工大樓，好像是趕寫論文吧，你們可以去那邊找找看！說不定有你們想找的人。或著是明天一早舍監會在這，他和學生比較熟，你們可再試試，問問她看看。」

「謝謝，打擾了。」黎克文和羅賓洛夫知道這位校警所知有限，而且這麼晚了，礙於校規不要太爲難這位校警，不如先到"核子工程館"看看再說吧。於是向校警說了一聲

後，隨即他倆轉身走出了大廳，按電梯下樓，摸黑走進到校區裡頭。

　　碩大的校區裡，一時之間還真找不到方向，微弱的路燈隔上二、三十公尺才有一盞，昏黃的燈光僅能照得到路面，遠一點的建築物就看不太清楚門廳上懸掛著的是什麼名牌。

　　羅賓洛夫領著黎克文仔細地穿過幾棟大樓，有的樓層裡透著光，像是有教職員仍在工作或是學生在看書，但有的就關上了燈火。走了約二十多分鐘，終於看到了核工大樓，大約有三層樓高的巴羅克式古建築，可是整個樓館內卻是漆黑一片，黎克文站在門口上上下下打量半天，怎麼看來裡面都是空無一人，現在已將近午夜十二點了。

　　「還是非得隔日白天上課時才會有人。」羅賓洛夫以他自己在這裡教過課的經驗說道。但他有點納悶，為何那校警說常有學生聚集在這裡趕寫論文呢？他自己怎麼都沒有注意到呢？！

　　黎克文沒說什麼，看看離這棟大樓最近的建築物都大約在三、五十公尺以外之遠處，只得悻悻然地和羅賓洛夫又返回原路，走在路上感到昏暗的路燈更加的昏暗。

　　他倆回到熱樓住處時，洪紹寬才沐浴梳洗完畢進來，季錚也剛以手機發短訊回報國安局，這是他們國安人員每天的例行工作，他回報的內容寫得是：「我們已按行程抵達莫斯科，並與陳代表會晤，爾後依計畫行動，有狀況隨時回報。」

　　看到黎克文他倆進來，洪紹寬問道：「還好吧？找到人了嗎？」

　　「走了一大圈！沒找到人，算是散散步吧。」黎克文也

不太願意講太多，反正一無所獲，等明天白天再說。羅賓洛夫看他們都該要休息，也就微笑的告辭了，他住在隔壁一棟大樓的資深教員宿舍，有時候沒課或沒事就會回家住，平常都住在這兒。

一夜無語，早晨起來窗外地上甚為潮濕，饒大輝因曾在莫斯科留過學，很能體會莫斯科的天候，「"莫斯科"的真正意思，就是源自斯拉夫語"潮濕"的意思。所以，這個潮溼現象，要見怪不怪，就是這裡的自然景色。」他主動地向黎克文和季錚解釋莫斯科的天候現象。

早晨這個時候校區內的飛禽很多，在院子裡各個角落聚集有不同的禽鳥類，大概都是些燕子、鴿子以及有如老母雞般大小的烏鴉。牠們相互爭鳴與覓食，根本不把人類放在眼裡。學校的教職員和學生們都常戲說，「莫斯科大學的鳥都是鳥眼看人低。」

季錚他們沿著校區旁的林間大道前往主樓，有許多高大建築物都藏身在茂密的白樺林中，不是白天真的很難發現林中還別有洞天。這座莫斯科大學的主樓是莫斯科號稱"七姐妹"的七座史達林式建築之一；主樓旁邊還有很多棵蘋果樹，自成一塊果園，是校園情侶經常留連的地方。清晨的校園學生不多，看的到的大都是一些早起運動的教職員和住在附近的居民。

主樓地下室就是學校的聯合大餐廳，饒大輝以老校友過來人的身份在旁協助季錚等人點菜。早餐是純俄國式的，有鮭魚、馬鈴薯、生菜沙拉、多種的純麥麵包、糕點與乳酪等。採自助式選菜，除主食較貴外，其餘的點心、飲料等都很價

廉物美。餐廳高眺典雅,用餐時的心情都會大不同;像季錚的心情就還不錯,特別對著大家說,「出門在外,大家都要特別睡好、吃好。」昨晚吃壞肚子的饒大輝,經過一晚的休息,已恢復很多,但也只能吃些較清淡些的玉米粥。

學生來用餐的人數開始漸漸地多了起來,黎克文就很專心的留意著,看著有少數幾位華人學生進來,但從衣著和動作來看,一時之間還不太容易分辨出是大陸人或臺灣人。現在兩岸之間的華人在穿著和生活習慣上,已經越來越相同了。

「同學們,大家早!請問有沒有從臺灣來的同學?」黎克文放下碗筷,走到這幾位華人學生前面用華語問道。

其中,有兩位男學生抬起頭,看了黎克文一眼,其中一位有點緊張地也以華語回答說:「我是的!有什麼事情嗎?」

「我要找一位臺灣同學,讀核子工程研究所的林煜。有認識他的嗎?」黎克文面帶微笑地問道。

一般來講,在國外留學的本國學生都會參加「臺灣留學生會」的組織,通常會相互認識,好有個照應。這位臺灣學生一聽說是找林煜,有點遲疑地回答,「我們…認識他啊!」

「知不知道他住哪棟宿舍?我是他在臺灣中興大學的老師,剛從臺灣過來。」黎克文很高興有些眉目了,於是又接著問道:「最近有沒有見到過他?」

「上個禮拜,我們是常在核工大樓一起找資料,最近這幾天…倒是沒見到過他。他好像住在…熱樓的三樓,到底是哪一間可能就要問舍監了。」其中那位臺灣同學小聲地回答著。

「好的,謝謝你們!耽誤你們用餐了。」黎克文真的很

謝謝他們，總算是有一點眉目，沒有壞消息就是好消息。

「既然都是在熱樓，同一棟大樓就好找，不然整個校區走路繞一圈，不怕要三、四個小時。」黎克文坐回到原座位後，心裡踏實多了。洪紹寬看看他，什麼也沒問，繼續啃他的酸黃瓜。

那兩位剛被黎克文問過話的臺灣留學生，用完餐後走在往教室的路上，忐忑不安地不時回頭看看有沒有不尋常的人跟在後面，看來看去都是一些同學們走在附近。

「阿南，我們到底應不應該報告校方啊？」兩人中的一位悄悄說道，

被叫做阿南的學生又回頭張望了一下，「小劉，你忘了那紙條上寫的嗎？」

那紙條還在阿南的口袋裡，上面是用英文歪歪扭扭寫的，「林煜目前陪我們尋找資料，切勿聲張，否則他就回不來了！」小劉一個字一個字將它唸出來。

「我看事情不單純，可能是遭到綁架，都已經一個禮拜了。」阿南深鎖著眉頭，有些擔憂。他平常也喜歡看些偵探推理小說，三不五時地就會有些奇怪的想法出現在腦袋裡。

「剛才在餐廳裡問我們話的人，聽他說是從臺灣中興大學來的教授，不然我們回去還是將實際情況告訴他？讓他們來處理。」小劉想想，還是應該要將實情講出來，不然可能真得會出大麻煩。

「也好！他們應該是特意來找林煜的，或許能有好的結果。」阿南也有同感，於是，阿南與小劉即刻掉轉頭，再回往餐廳快步走去，想能再遇見黎克文教授。

不一會兒，他倆又進入餐廳時，黎克文等四人卻已經離開不見蹤影了。

「他們應該走到熱樓了，」因為，剛才曾向他們說過，林煜的宿舍在熱樓的三樓。

果然，當他們再衝到熱樓三樓時，黎克文和饒大輝二人也剛走進來正和女舍監說著話。黎克文在詢問的臺灣同學林煜，女舍監印象中也好像有好幾天沒見到他了，一時之間，女舍監還不知道該如何回答黎克文當下的詢問。

黎克文很快地就看到那兩位學生又折回來出現在眼前，立刻直覺反應到他倆可能有新的線索或是有想講或沒講的話，要再告訴自己。

「兩位同學，想起來發現到什麼了嗎？」黎克文含笑地問道。

「是的，先生，我是小劉，他是阿南，」學生還是很有禮貌的先自我介紹。

女舍監看看他們都是臺灣人，就坐回到她的小房間，意思就是你們先自己談談，待會兒再來問我吧！

「哦，我是林煜的大學老師黎克文教授，中興大學工學院院長，你可以放心地將你所知道的事情告訴我，我們會儘量的想辦法來解決問題。」黎克文又再自我介紹一遍，表示自己的誠意，但心中也同時泛起了一股不祥的感覺。

那位叫做阿南的同學從口袋裡掏出一張揉得有些發皺的紙條，打開後遞給黎克文，裡面內容是用英文手寫的，"林煜目前陪我們尋找資料，切勿聲張，否則他就回不來了！"

黎克文看完後，立刻再問道：「多久前？有沒有向校方

反映？」

阿南和小劉對望一眼後說道，「大概一個禮拜了，起初我們不太在意，後來才覺得事情有些嚴重。但還都沒向學校反映。」

這時，坐在旁邊小房間裡的女舍監好像開始對他們的談話產生了興趣，站起來靠在門邊注視著他們，大概也是聽得懂些華語。

黎克文很警覺的向兩位學生嘟嘟嘴，「來，跟我們到外頭再講。」他們四人走出大樓後，黎克文回過頭繼續問道，「在這之前，林煜有沒有出現過一些不尋常的舉動？或是有和校外人士接觸？」

「這個，…我們就不是很清楚了。」小劉回答著。小劉是"老北京大酒樓"劉老闆的寶貝兒子，有時候課餘之際也會在酒樓幫忙，但是他就是不願意傳承老爸的衣缽，寧願偶而打個零工。不過，他將老爸常對他講過的話，念念不忘地牢記在心，「所謂"長大"就是你不知道那是什麼事，而"成熟"就是你知道後，故意說不知道。」這會兒，他確是真的不知道。

「真是沒有注意到呢！」阿南也接著幫腔。

「事情尚在撲朔迷離時，最好不要聲張，以免橫生枝節，越搞越棘手。」黎克文想了想後，又再跟阿南和小劉小聲叮嚀著，饒大輝在一旁也點點頭。

「這是我的名片，上面有我的電話和電子信箱，發現到新狀況隨時可以傳"Line"給我或是發簡訊，保持連絡，好嗎？」黎克文遞上名片給兩位同學。

「好的，我們也要趕去上課了！老師再見！」兩位同學上午第一堂都有課要上，即向黎克文和饒大輝告辭，轉頭前往他們的教室，一會兒就消失在走廊盡頭。黎克文和饒大輝也轉身走向校門口，黎克文一邊走一邊在想著，「那兩位同學好像欲言又止，似乎有些事情被保留著，沒有說得很完全。」

於是，黎克文和饒大輝說道：「我們還是將狀況先向代表處反應，較為妥當些！」季錚和洪紹寬兩人此刻也正好在學校教學主樓前的大噴水池旁等著，他們已約好早上八點廿分在此會合，一起等代表處派車來接。

羅賓洛夫教授今天上午也有兩堂課，不便過來陪他們，昨晚離開前，已先和黎克文說明過。黎克文也將昨晚和今晨探詢林煜的經過告訴了季錚和洪紹寬，希望大家出些主意。季錚聽完後，「嗯，我們還是要請代表處出面。這位留學生林煜是這次任務的關係人之一，他莫名其妙失去聯絡，很顯然就會影響到我們此行的任務，而且我們留學生的人身安全也是非常重要。我要馬上回報給局裡頭。」

代表處派來的 VW 福斯轎車很準時的開抵主樓前的大噴水池旁，江組長跳下車迎接他們一行人上車後，立即開往莫斯科市區。

「各位，昨晚休息得還好吧？」江組長很輕鬆的寒暄著，

季錚硬是擠出一個笑容，他知道江組長是故意要打開話題，於是就接著開始說道，「都還好，但是我們才獲知一項不太尋常的消息，我們有一位臺灣留學生失聯了。他是核子工程研究所的應屆畢業生林煜。」

於是，季錚請黎克文將林煜失去聯絡一個多禮拜的消息

告訴了江組長，黎克文也特別強調林煜是他以前中興大學的學生，也是羅賓洛夫教授現在研究所的指導學生，即將畢業。

江組長聽後皺著眉頭說道：「我們臺北代表處是要隨時掌握到臺灣留學生在此地的生活情況，每個月都會有定時綜合回報每一位留學生的大概情形，您說的同學林煜，這我得趕緊仔細查察看！」

最近期間，應屆畢業生都正在埋頭趕寫畢業論文，經常三天兩頭不見人影，到處找資料，或是做田野調查，所以有時候幾天沒見著他們，老師和同學們也不會感到特別奇怪。

江組長隨即以手機傳簡訊回代表處，請文教組連絡莫斯科警方。季錚也以"Line"將狀況回報到臺北局本部。

不久，當他們一行抵達「禮花賓館大樓」剛停好車一現身時，就被大樓正門上的隱形即時影像的攝像機拍個正著，影像立即被傳輸到館內廿三層的"中俄文化交流中心"的錄像機內。

江組長的手機響起，是代表處回電，「據莫斯科警方說，林煜同學前兩天曾經在聖彼德堡一所教堂的圖書館出現過，但這兩天，還沒有新的發現。」

「莫斯科警方的效率真高，馬上就掌握到林煜的行蹤。知道他人在聖彼得堡，有個搜尋的方向，總是令人鼓舞的消息。」饒大輝禁不住讚嘆起俄國警方的辦事效率，但也對俄國警方無所不在的監控系統與靈敏的情蒐手段，感到不寒而慄。

「剛才，局裡也傳來最新的指示，那位留學生林煜因牽扯到這次的任務，我們要想辦法儘快將他找到。另外，局裡

情資中心的資料顯示，林煜的俄籍女友叫做瑪莎米婭，正巧的就是在這棟禮花賓館大樓的五樓當專櫃小姐。」季錚拿著他的手機內容對著黎克文和洪紹寬說道。

「這樣吧，麻煩黎院長和洪先生即刻到禮花賓館找到瑪莎米婭，看她知不知道林煜的下落，…並且有無最新的情況。」季錚當機立斷，馬上分配任務，請黎克文繼續找他的學生林煜，就從他女友方面作為一個切入點，「如果，林煜真的捲入到這事件裡面，恐怕俄羅斯已經沒有他可以容身之地了。」季錚開始有點耽心。

另外，季錚和饒大輝已約了俄羅斯科學院的兩位研究員見面，再次磋商《協議書》的內容，必須分工合作，現在大家要各忙各的，尤其是先期的準備工作。

5.禮花賓館大樓

關於戰爭，最不能理解的事是，它居然可以被理解。

　　黎克文和洪紹寬今天再次來到「禮花賓館大樓」，他們知道有一些事情一定都是在這裡發生的，林煜的女友就在這裡的某個專櫃工作，來這裡看看準會發現到一些線索。

　　黎克文和洪紹寬進來大樓後，首先看到一個大壁鐘高掛在大樓進門的牆上，時間剛好是十點整；一尊石雕像豎立在走道中間，洪紹寬繞過去看了那尊石雕像一會兒，很眼熟，它不是法國或義大利常見的希臘神話裡的人物，但就是一時之間想不起來這人是誰。

　　大樓第五層是俄羅斯特產品的販售店，剛開門營業的各個專櫃上，展售著琳瑯滿目的商品，都整齊有序地陳列著，看得出社會主義與資本主義在此交會的影子。特別是專賣俄羅斯娃娃的專櫃區，占了整個店面的四分之一，各式各樣千奇百怪的俄羅斯娃娃都星羅棋布地在此專櫃區展示著。

　　兩位俄國女店員站在櫃檯裡，正在擦拭展示櫃裡的一些展示品，平常上午剛開門營業，一般都很少會有客人，所以一時之間並未查覺到黎克文他們進來。

　　「早安，兩位姑娘！」洪紹寬突如其來的出現並以俄語

問候她們，著實令她們嚇了一跳，難得這麼早就有客人上門了。

「請問這裡有一位叫做瑪莎米婭的姑娘嗎？」洪紹寬再繼續用俄語發問。

其中一位年輕貌美、皮膚白皙的女子抬起頭來看看他們，「我是瑪莎米婭，兩位早安！」這位女店員露出笑容，操著一口流利的華語，但有點臺灣腔調，她就是瑪莎米婭。

剛才不久前，黎克文就接到季錚轉來臺北國安局查到林煜行蹤的電話，也告知林煜在莫斯科有一個俄國女朋友叫瑪莎米婭。當黎克文聽到這女孩就是她時，微微眼睛一亮，就那麼巧，要找的人即在眼前，而且懂得華語容易溝通。

黎克文帶點興奮表情，改以華語交談，「那好，我們是林煜在臺灣的好朋友，他介紹了妳，我們想帶幾個娃娃回去送給朋友…。但想請妳先推薦一下哪些比較適合。」黎克文暫時並沒有直接透露真正的來意，故意先繞個彎試探看看。

「我很樂意為你們服務，兩位先生。」瑪莎米婭先是有點奇怪這兩位客人怎麼指名要找她？但聽說他們是林煜介紹的好朋友要購買娃娃，就微笑地開始說明俄羅斯娃娃的種類和與眾不同的特點。

「俄羅斯娃娃為木製娃娃，通常是一個可以由中間轉開的最大娃娃，裡面依序包含數個娃娃，有五層、七層、十層或更多，娃娃外形一致，也有全不相同。」瑪莎米婭很專業，娓娓說起話來輕巧地都不打舌。

「俄羅斯娃娃又名許願娃娃，主要是能一直轉一直轉，轉到最小的那個娃娃，之後向她許願，並警告她，如果願望

沒有實現，妳就別想重見天日，接著再把她放回。如此一來，這娃娃為了想再見到外頭世界，就會協助許願人將願望實現。」瑪莎米婭不但講得很生動，也併用手勢來加強語氣。

洪紹寬曾在聖彼得堡大學讀過幾年研究所，專門研究古文物，所以也很熟悉俄羅斯娃娃的種種傳說。

「俄羅斯娃娃若沾上人類處女座 "AB 血型" 又是 "RH 陰性" 的鮮血三滴，每到午夜就會現出人形真身。若幫你完成一個願望，你除了要在三天之內轉開那個最小娃娃見到陽光，另還必須付出一定的代價—"一筆可觀的代價"，否則就會遭逢厄運。」瑪莎米婭一口氣將這些民間傳說加油添醋般的介紹給兩位客人。

黎克文也概略瞭解俄羅斯娃娃的典故，但她講得這些條件什麼的，剛好都是他自己具備的，今天在莫斯科原產地展售店親眼目睹，又藉由專業講解，不管是真是假，諸多巧合加在一起印象就更加深刻了，尤其她就是林煜的女朋友。

姑且不論是傳說或是神話，談話該回到正題上了，於是黎克文開門見山的說道：「瑪莎米婭小姐，想請問妳最近有看到過林煜或是連絡過他麼？」

「啊？」瑪莎米婭剛才聽到林煜兩個字時，曾有些驚訝，但因先要談生意，則暫時擱下疑問，現在被問到最近有沒有見過他，心裡開始掀起了一陣翻騰。

「我們是林煜家裡的好朋友，也是他的老師。我是臺灣中興大學工學院院長黎克文教授，請妳可以放心的告訴我們。」黎克文連忙再一次補充，並且掏出一張名片。

瑪莎米婭一聽是林煜家裡的好朋友，雖有點遲疑，但又

聽得黎克文這麼誠懇的口氣，看了看黎克文的名片，就不再懷疑有他，她是一位單純善良的俄國姑娘。

「好的，請稍等一下，」因為就在此時，店裡走進來一對年約卅多歲像是維吾爾族的男女顧客，正走向自己的櫃台邊，瑪莎米婭趕緊轉頭去請另外一位女店員上前去幫忙招呼。黎克文不經意的瞥了那對進來的客人一眼，怎麼覺得那男的有點眼熟，又再轉過頭望了一眼，不曉得是在哪裡見過面，念頭一閃即過，因自己還有事情未問完，暫且也就沒將那男子的來路放在心上。

瑪莎米婭回過頭來，又開始對著黎克文和洪紹寬說道，「我在臺灣淡江大學讀中文系時就認識林煜了，…後來，林煜要來莫斯科讀研究所，我剛好也畢業，就一起跟著回來俄國了。」

悅耳的聲調和散發著令人著迷的白俄少女青春活力，瑪莎米婭讓人感覺到她的甜美風采和健康活力，尤其是婀娜多姿的身材，緊身的束腰，讓人覺得俄羅斯少女都不必呼吸。

「大約七、八天前，林煜打來一通電話後就失去聯絡了。」說到這裡，瑪莎米婭眼眶有點泛紅。黎克文和洪紹寬都沒有說話，等著瑪莎米婭繼續說。

「林煜曾交給我一張地圖和一個造型很特殊的套娃，雖然我自己就在販售套娃，我依然是非常喜歡他送給我的，」瑪莎米婭取出一張面紙輕拭眼角的淚痕。

「他上禮拜打來最後一通電話說，他在聖彼得堡尋找另外一樣重要東西，叫我千萬不要講，但，都一個多禮拜了，一直都沒有任何音訊，他的手機也關機，真令我著急的很！」

瑪莎米婭又取出一張面紙再次輕拭眼角。

　　黎克文聽她講到一個段落時，開口問道：「對不起，我打個岔，可以嗎？」

　　「沒關係！您請說，」瑪莎米婭很懂得禮貌地回答。

　　「妳剛說的，林煜才曾交給妳一張地圖和一尊造型很特殊的套娃，可以讓我們看看嗎？」黎克文對林煜送交的那些物件很好奇，想看看是不是會有巧合？

　　「哦…，可是我現在沒有放在身邊，我都放置在家裡面呢。」瑪莎米婭回答時有點遲疑不安。

　　「那麼，妳方便明天上班時將那些帶過來嗎？」黎克文有點不好意思開這個口，沒想到，瑪莎米婭倒是很大方，「如果你們急著想看，我今天下班後，你們可以到我家來看看。」

　　但是，畢竟人家是位年輕小姑娘，兩個陌生的大男人怎好隨便就到她家裡去？黎克文有點顧慮，但念頭一轉，也或著可以到離她家旁的地方見面可能比較方便，於是說道：「這樣好了，等妳下班後，我們約在你家附近的餐廳或是咖啡屋見個面，妳再拿給我們看看並一起用個晚餐或是喝個咖啡。」

　　瑪莎米婭想了一會兒說道，「這樣也可以，…我家在凱利寧大街一一三五號四樓和我媽媽住在一起，樓下對面就是一家“獨角獸咖啡屋”，晚上下班後我們八點鐘在那邊見面，可以嗎？」

　　「好的，我們就這樣設定了。」黎克文和洪紹寬都一起微笑點點頭，兩人心想，「這位小姑娘真是又善良又大方。」

　　「對了，你們可以搭乘我們莫斯科地鐵“一號紅線”，在“列寧圖書館站”下車從四號出口走上來，就是凱利寧大

街，再往前走一百多米就可看到"獨角獸咖啡屋"了。我會先訂位，你們如果先到，就請等我一下。」瑪莎米婭想到可以介紹他們搭乘莫斯科地鐵前往，一來是便捷，再且能夠欣賞華麗典雅的莫斯科地鐵站入口處及等候大廳的裝飾，最後，瑪莎米婭不忘再說道：「地鐵站一直是我們俄羅斯人的驕傲呢！」

在一旁的洪紹寬想著有機會可以去搭乘睽違很久的莫斯科地鐵，亦是覺得很高興，而且還能避開莫斯科市地面道路上那混亂、擁塞的車陣。

這時，在隔壁專櫃上的那對維吾爾族的男女，低著頭一直在看著櫃子裡的一些套娃等特賣品，黎克文感覺到那兩人似乎在刻意聽取他們和瑪莎米婭之間的談話，那男的耳朵上還塞了一隻無線電的耳機，像是助聽器或是"藍芽"什麼的，這讓黎克文亦發感到有些懷疑。

他們約定好晚上在"獨角獸咖啡館"碰面的時間後，黎克文和洪紹寬就先行告辭離開，他們下午的時間還要再趕往莫斯科河畔的"耶穌救世主大教堂"，去辦另外一個重要的事情。黎克文希望能掌握住時間，於晚上八點鐘再趕到凱利寧大街看那尊林煜交給瑪莎米婭的"娃娃"和地圖。

就當他們兩人離開下樓坐進計程車裡時，黎克文忽然想了起來，剛才在大樓購物店那對維吾爾族男女是在香港飛來莫斯科同個航班的旅客，他記得是坐在一群香港客位置附近。「天下事無巧不成書啊！難怪看來有點面熟。」黎克文兀自想到這件事，不禁覺得其中必然有些個古怪的名堂，但就還說不上來會是什麼？

剛才進來選購俄羅斯套娃的那對維吾爾族男女，此時提著一對套娃也跟著走出去進了電梯，他們並沒有往下，卻按到往上第廿三層的電鈕。

禮花賓館大樓第廿三層的「中俄文化交流中心」內，那位專門監看攝影機銀幕的工作人員小楊，對著大樓來來往往進出的人，並沒有太在意；因有監視器同步錄影，需要時可以隨時倒帶重新搜索。

但是，前幾天管理員不知是為何故搬來一尊一個人高的"石雕像"放在大樓進出口上，又剛好擋住出入口大半的視線。平常沒有重要任務時，監控工作都只是應付了事，睜一隻眼、閉一隻眼而已。反正這棟大樓裡進出的大部分人，小楊大約都認識，除了來酒樓吃飯的外來生客。

小楊聽到有人在敲辦公室的門，放下剛泡好的一杯"西湖龍井"起身開門。中共駐外人員在情報蒐整工作上，其實都很出色，小楊也是受過長期專業訓練的，但他的工作心態現在看起來卻有點鬆懈。

打開辦公室大門，那對從電梯走出來的維吾爾男女站在門口，提著一對包裝好的禮盒。

「先生您好，」臉上蒙著一塊黑紗的女子開口，說的是華語。

「請進，有什麼事？」小楊轉身帶他倆進到辦公室一個會客間。

進到會客間的男女坐下來，朝著辦公室四周環顧一遍，「就您一位在這裡？」女子問道。

辦公室裡現在只有小楊一個人在，其他幾位…交流中心

張主任陪著駐外辦黨組熊書記和安東尚雷諾到俄羅斯科學院，去洽辦一件很重要的事情。當然，小楊沒有直說，他也坐下來回話：「是的，現在只有我一人。」

「那位法國人安東尚雷諾放在這裡有一樣東西，是吧？」男子亦是以華語繼續問道。

「咦？你們是什麼人？請問貴姓大名？」小楊感到奇怪，怎麼有外人知道安東尚雷諾和他寄存的東西。

「我們是誰不重要，重要的是你要保命！」男子迅速地從提著的禮盒裡掏出一把法國 "貝瑞塔 92G" 手槍，槍口指著小楊。小楊還來不及反應，但認得這款型式的手槍。

被人用槍指著，小楊心裡馬上泛起不舒服的感覺，「有話好說，先生，…我真的不知道有誰放在這裡…你要的東西。」小楊很快地站起來舉起雙手，他暫時還沒弄清楚狀況，不敢輕舉亂動。

女子迅速走到屏風後主任的辦公桌，掀開抽屜櫃從第一層翻起，很熟練的手法，沒一分鐘就翻完了四個抽屜櫃。沒有找到她想要的東西。她再向辦公室四周張望一圈，看到牆角有一個上了鎖的置物櫃。

男的也看到那隻置物櫃，他顯得有點不耐煩，「趕緊將那隻鎖打開！除非你想嚐嚐中槍的滋味。」

「那是主任專用的櫃子，我沒鑰匙。」小楊想拖時間，以拖待變。

「你不打開，我相信你在世界上最後看到的顏色就是 "紅色"！」那男的似乎被激怒了，毫不留情即朝小楊的小腿摳下了板機，裝了滅音器的槍口僅輕微的發出一聲「噗！」

只見紅色鮮血馬上從小楊的左小腿噴了出來。地面上立刻染紅了一塊。

「下一個彈孔會在你的腦袋。」男子面無表情，槍口往上指著小楊的頭。小楊已經痛的蹲了下來。

「我⋯我記起來了⋯馬上拿鑰匙，別再開槍了⋯」小楊一隻手摀著中彈的左小腿，另一隻手趕緊掏出褲子口袋的一串鑰匙。那不值得拿命來保。

女子接過來鑰匙，到櫃子前看了看，很快地選了其中一支插入鑰匙孔。櫃子打開後，裡面有一些公文夾和幾個不同顏色的盒子。

「看看那個紅色的盒子，」男的示意那位女子將那個紅盒子拿出來，女子才剛開看到裡面放置了一份摺疊好的圖紙，就聽到牆上的警鈴一陣狂響，原來是那個保險櫃子裡有一個內置的警鈴傳遞系統，不知道的人打開以後不會順手關掉，三秒鐘內警鈴就會自動大作。那男女倆人都被這突如其來的警報聲嚇了一跳，女子反應很快地迅速將紅盒子裝入皮包內，男子也立即對著牆上的警鈴連開三、四槍，直到它不再狂響為止。

男子轉頭狠瞪了小楊一眼，可能動起了殺機。但那女子馬上拉了男子一把，「不要了，趕緊走嘞！」

這對男女已拿到他們要的東西，男的抬頭看了下桌上的監視器銀幕，又舉起槍朝著主機連開了兩槍，「噗！噗！」，主機馬上冒起一陣黑煙，竄出了電線燒焦的味道，銀幕旋也即轉成閃爍不停的影像。他倆轉身離開，臨出門女子還很有禮貌的跟小楊說一聲：「對不起，弄髒了你的褲子和鞋子，

很失禮了！」

　　小楊他看到自己汩汩不停的鮮血已將褲管和白球鞋染得鮮紅，皮肉疼痛還能忍，但那雙球鞋是他才從"淘寶網"郵購到"喬丹第六代"的球鞋，每天都穿著炫耀，心更痛。但還是得趕緊包紮傷口，免得失血過多。

　　剛走進電梯裡的男子舉起槍，又對著電梯外走廊上天花板的自動警報器瞄準，又是「噗！」的一聲，子彈擊中了警報器，煞時整棟大樓的火警自動警報器鈴聲大作。警報一響起，自動灑水器向四周自動噴灑水柱，馬上引起各樓層一股騷動，整棟大樓即刻引起一陣慌亂，有的人不知所措、有的人奪門而出衝到太平梯、有的人倉皇搶搭電梯，牆上的自動照明設備也立即自行啟動。

　　天花板上自動灑水器水如下雨般地將小楊淋了半響他才回過神，見到這對男女瘟神已離開辦公室了，也顧不得淋了一身濕，馬上撐起身，跳著到辦公桌前抓起電話。

　　禮花賓館大樓一樓管理室的電話響起，管理員正莫名其妙忙著要查看大樓裡是怎麼回事？一邊拿起電話急著答話，「管理室，快說！」

　　「我是廿三樓，有人搶劫！…是一對維吾爾族男女，現正下樓，…他們有槍！火警也是他們搞得！」小楊斷斷續續又很急促的以俄語通報。小楊掛上電話，馬上又再撥主任的號碼，報告辦公室被侵入，法國人安東尙雷諾一件非常重要的物品被搶走了。

　　管理員看著大樓的火警警報響徹雲霄，剛抓起電話要通報警方，那頭卻是廿三樓報搶劫的電話，嚇了一跳，一時之

間也不知所措的慌了手腳。

　　這棟大樓是商住多用途的大樓，平常一天內約有數百人進進出出，六個人員用電梯和兩個貨物用電梯，上下頻繁得很。

　　管理員想到不管是真是假，無論如何還是先報火警比較重要，再看著有從電梯、手扶梯，還有徒步從太平梯衝出來的人群，各國人種都有，哪分辨得出剛才報來的涉案男女，況且還說有槍，「別疑神疑鬼的自找麻煩了！」管理員心想。

　　小楊打電話給張萬軍主任回報剛才發生的狀況後，趕緊去查看被那個男的開了兩槍打壞的監視器主機，看來短時間內是無法修復，現已不能與監視器連線，再加上自動警報器的狂鳴，更造成大樓內的混亂，那對維吾爾男女是混在人群中出去的？還是從地下道其他出入口出去？就不得而知了。

　　很快地，禮花賓館大樓底下門口車道上就湧進來了大小不一的消防車、救護車與警車，蜂鳴器低盪嘶叫聲與閃爍不停的警用紅藍色閃光燈，將周邊的氣氛弄得緊張萬分。但警方與消防員們很快地就查清楚狀況，火警是人為的搞鬼，不是真的發生火災，僅虛驚一場。

　　剛才，大樓裡面許多的職工人員與外來訪客，聽到警方立即宣佈，「解除危機狀況」的廣播後，也都陸陸續續又返回到各自的崗位，包括從五樓走安全梯下來的瑪莎米婭。一時之間，電梯被暫停運作，要等到重新安全檢查沒問題後才可以恢復載客。一大群人又要再走樓梯回到各樓層上班。瑪莎米婭她倒很開心地跟在一起氣喘吁吁的胖妹同伴說，「沒事就好，當作是一次運動減肥操吧！」

　　中俄文化交流中心張萬軍主任接獲小楊的電話，急忙驅車回返禮花大樓，途中也將狀況回報給正在俄國外交部開會的熊安華書記。

　　「究竟是哪一路人馬來惹的亂子？！」熊書記質問著張主任。

　　「他們很像是新疆維吾爾族人，我在猜測…會不會是"東突組織"派來的人？」張主任兀自研判。因為，據前次與俄羅斯聯邦安全局交換情報所得到的訊息，有好些個"東突厥斯坦解放組織"（ETLO）的份子已潛入到莫斯科地區，企圖籌措經費，藉以添購高科技尖端武器，支援大陸新疆分離份子的獨立組織。

　　俄羅斯聯邦安全局針對流亡海外的世界維吾爾會議（WUC）批評中國，「政治壓迫、文化同化、經濟剝削、生態破壞、種族歧視等政策，已逐漸把東突厥斯坦變成一個定時炸彈。」他們並沒有另外的評論，只要不擾亂到俄國的社會治安和國家安全，通常他們都置身事外，但也會做些必要的監控。

　　張萬軍主任踏進到辦公室時，樓底下的混亂狀況已恢復平靜，警消單位獲知確實狀況後，已將人員與裝備撤離歸建，而管理員並沒有將搶案轉報，因他怕說不清楚，反而增加很多的麻煩。萬幸的是沒有搞成爆炸案，否則傷亡人員就多了。

　　「報告主任，…」小楊自己已將腿傷簡單包紮好，血也止住了，一拐一拐的還站得不是很穩。他向快步走進辦公室裡的張萬軍將剛才所發生的狀況，一五一十的說了一遍。

　　「你的腿還不要緊吧？」張萬軍看了看小楊的腿傷，「這

些暴恐份子難道都摸清楚我們了嗎？」張萬軍很懷疑是否有自己人洩漏情資。

「他們就只是拿走了安東尚雷諾留下的那份東西嗎？」張萬軍頭上冒著冷汗看著被打開的置物櫃，親自仔細的查看清點著。「是的！其他的都沒動。」小楊很肯定的回答。

這時，辦公室裡另兩位外出辦事的職員小廖與小李也聞訊趕了回來。

「這裡的狀況我已向熊書記匯報過了，小廖你也發封密電給我們大使館，請他們支援安全人員，並且將"東突組織"最近的情資傳來一份。」

張萬軍交代好後，還是有些不放心，「小李，你帶小楊還到對面診所再去消毒重新包紮一下吧！」小楊硬撐著，「不礙事的，」小李看看後，「走唄！別撐能了吧！」就攙扶著小楊起身出門坐電梯下樓，再去對面診所給醫生檢查一遍。

不一會兒，辦公室的傳真機接獲中國大使館傳來一份資料，是轉自"BBC"傳來前一陣子的一篇報導。小廖立即拿給張萬軍過目，「"東突厥斯坦解放組織"（ETLO）宣稱：將開始用一切手段向中國政府發動武裝戰爭。這是中國西部新疆的分離組織又次公開宣佈採用武裝鬥爭形式爭取獨立。」"東突"為中共的稱呼，亦有人稱為"疆獨"。

張萬軍看完這一小篇報導資料，遂再和小廖討論分析，「東突資訊中心總部設在德國慕尼克，前次他們也傳了一捲錄影帶到北京，影片上三名蒙面人手持自動步槍，以"東突"分離組織的月牙星旗為背景，用維吾爾語宣讀一份聲明。聲

明號召維吾爾族人抵制新疆維吾爾族自治區的各項活動，並
表示將利用一切手段向中國政府發動武裝戰爭。」

　　張萬軍看過這份報導後，覺得這些情資的可信度都非常
高。但他心裡有點抱怨，為什麼北京沒能即時傳到各外館，
好及早採取防範措施。「反恐戰爭不是兒戲，恐怖份子手段
何其兇殘，一旦疏忽，很多無辜的人民必都遭殃！」

　　「我馬上要到法國大使館一趟。」張萬軍他要去見安東
尚雷諾，研究如何處理遭東突恐怖分子劫走的失物，這事是
非同小可的，也須前往致個歉。因為他知道這件失物，是安
東尚雷諾要交給俄羅斯東正教大牧首米亞斯尼科夫主教，有
半張"俄羅斯血娃"的《藏置圖》，這也可能牽扯到臺灣和
俄羅斯當局，「暗地裡不知在搞些什麼偷偷摸摸的勾當？」
他也必須要查清楚。

　　法國大使館位在莫斯科「衛國戰爭勝利公園」外的大馬
路上，對面有一座小的「凱旋門」，很諷刺的是為紀念當年
擊敗拿破崙的精神象徵。公園內戰爭博物館前的紀念塔高一
百四十公尺，係緬懷第二次世界大戰與德軍鏖戰一千四百天
的慘烈史蹟，塔上面刻有十三個英雄城市的名稱。

　　早在三個月前，法國大使館就已預定好要在這一週舉辦
一連串的慶祝酒會，先是為了緬懷法國歷史上最偉大的皇帝
拿破崙登基與制定《拿破崙法典》的紀念活動；再接著舉辦
"法國獨立一百卅周年"的慶祝活動。駐俄國的各國外交官
員也都很配合法國大使的熱情邀約，畢竟禮尚往來的國際禮
儀，是外交上的必要文化。

　　今天，法國大使館邀集了一些友邦的官員與代表出席特

別舉辦的《拿破崙論壇》。俄國外交部僅派了科長級的官員出席，因為他們對拿破崙入侵俄國，始終當作是民族間的深仇大恨般的看待。另外，莫斯科大學的國際關係學院院長也蒞臨參加論壇，他準備好發表一篇批判當年「法俄戰爭」的文章，他認為關於"戰爭"，最不能理解的事是，它居然可以被理解。

　　陸續進場簽到的客人，很快地就將狹小的入口處擠得滿滿的，法國大使館新聞組和文化組的工作人員忙得一邊簽收祝賀花籃、又一邊引導受邀來賓入內就位。

　　法國工業部的一位退休處長，正和大使館的總領事與軍火商安東尚雷諾在報到處旁的穿堂一直不斷地竊竊私語，偶而對著經過的各國大使館的代表與客人點頭致意。

　　穿堂兩邊牆上掛的都是嶄新的從巴黎羅浮宮裡借來展出的油畫複製品，走道邊也擺滿了鮮花賀籃。穿堂正中間有一尊石膏像，這尊石膏像雕塑的是傳奇的九世紀維京君王"羅立克"（Ruik），平常也真的很少見到以他作模特兒的石膏雕像。這是瑞典駐俄羅斯大使特地送給法國大使館國慶的禮物，"羅立克是傳奇的九世紀維京君王，受邀統治斯拉夫人"其中影射的涵義，只有瑞典人和法國人心知肚明。俄國人着實被暗地裡打了一記悶棍。

　　張萬軍亮了下識別證進入到法國大使館，要再進入辦公區就要先通報了。這次活動他並沒有在受邀的名單內，他需在接待室等候，法國大使館的安全管制措施相當嚴密。張萬軍沒有邀請卡，就必須辦理會客，等候引導。

　　兩位法國人很快地從內廳走了出來，其中一位老遠就用

中文打招呼，「嗨，張主任！」

「您好，尚雷諾先生。」張萬軍笑著往前迎了上去，走出來的是安東尚雷諾和大使館的一位專員，尚雷諾剛在報到處接獲通報，就馬上主動走出來迎接。

「來來來！先到接待室喝杯咖啡。」安東尚雷諾拉著張萬軍的手就往接待室走，看起來就像是多年老朋友見面時的那麼親切、熱絡。另一位專員就又去忙別的事了。

張萬軍的臉被擺滿鮮花賀籃的架子稍稍遮住了，但暗藏在接待室對面牆上的微型攝影鏡頭，仍然將來往進出人員的身影全部錄製在監控電腦內，包含講話的聲音。

「我知道，我寄放在您那裏的東西被人劫走了。」安東尚雷諾還沒等張萬軍開口，他就先講出這件事。

「是的，發生這種遭人侵門踏戶的事件，我們感到非常慚愧和遺憾，沒能將您託付的物品看管好，我們簡直無地自容。」張萬軍確實感覺到有些自責，理虧之下只有道歉吧。安東尚雷諾苦笑的說道：「張主任，這也不能全怪您，應該是有人不小心走漏了風聲。不過，沒關係⋯」他正有下文要繼續講時，一位法國女侍從接待室裡的小吧臺端著一個托盤放著兩杯二合一的即溶咖啡，送到他們倆的位置旁，用優雅的法語說道，「兩位尊敬的先生，謝謝您的賞光，請慢慢飲用。」安東尚雷諾立刻從口袋掏出一枚硬幣輕輕放在托盤上，然後和那女子笑笑，「謝謝妳！美麗的小姐。」

張萬軍心想，「遭劫走的物品好像是一張藏寶圖？難道真的不重要嗎？」張萬軍來到莫斯科工作了也有五年之久，上級領導對他的能力從無置疑過，但這次出的事情實在匪夷

所思，不但對安東尚雷諾無可交代，更讓中國大使館的對外工作產生了一些不良影響，很失了些國家的顏面。張萬軍一向的信念是，「為了國家，我願意付出一切！」

安東尚雷諾若無其事地喝了一口他的咖啡，然後才平緩地說道：「真的是沒關係！這是我故意佈的局，萬軍兄，好在你們那位同仁僅受到一點輕傷，否則我倒就會感到很愧疚了。」聽他這麼說，張萬軍卻感到有點侷促不安。

「您聽我說，我是故意洩漏了一點風聲，好能引蛇出洞，釣出大魚。至於那張配置圖，是我動過手腳的複印件，其中有真有假，也就是誘餌。」安東尚雷諾繼續解釋清楚，好讓張萬軍放下一顆吊懸的心。

不過，張萬軍還是放不下，又再問道：「我想聽你告訴我，到底該怎麼做？」

「我們靜觀其變吧，至少我已經控制了大概的方向。這件事的未來發展，還是由你來決定！」安東尚雷諾似乎胸有成竹，一副老神在在的模樣。

6. 耶穌救世主大教堂

　　願你生活在地獄中，因為那正是我要送你前去的地方。你的歸宿！

　　轟立在莫斯科河畔的"耶穌救世主大教堂"（Khram Khrista Spasitelya）主要是為了紀念一八一二年俄國對法國拿破崙戰爭的勝利；由於具有重要的歷史意義，故建築風格十分豪華壯麗，它與氣勢磅礴的克里姆林宮相互輝映。教堂奠基於一八三九年，至一八八○年間才完工，一八八九年在隆重的慶祝典禮中正式啟用。但曾在一九三一年被史達林拆燬，直到一九九○年重建，二○○○年接受祝禱後，重新對外開放。

　　耶穌救世主大教堂此後成為俄羅斯乃至世界上最大的東正教教堂之一，並成為全俄羅斯東正教普世大牧首的主教座堂。教堂內部富麗堂皇的大型壁畫與聖像均由當代著名的畫家所完成，通常來此參觀的遊客都會被其裝飾、壁畫與肅穆的氣氛所震懾。

　　下午一點鐘左右，單獨有一位遊客一直佇足在"米迦勒大天使"聖像前，從進來教堂到這裡後，就一動也不動的在祂之前，似在沉思或也是在等什麼人。他雖然是俄國人卻看

來不像是當地人，穿著一襲厚重的深灰色大衣，整排釦子都扣得著實緊密，戴著一頂寬邊布織帽，雖然在教堂內，兩隻手始終都插在黑色格子長褲的口袋裡。

不久，黎克文和洪紹寬坐著臺北代表處支援的"福斯轎車"駛入到大教堂旁的停車場，隨即兩個人走進大教堂內，他倆迅速地環顧教堂內部設施的配置後，逕自來到"米迦勒大天使"聖像前。很顯然地，他們倆與那位先前即在此佇足久候的俄國人是約好見面的，而整座大教堂內的其他遊客還不太多。

踏入"耶穌救世主大教堂"，黎克文覺得外頭的世界霎時化為一片沉寂。聽不到任何吵雜的人車噪音，也聽不到煩人的淅瀝雨聲，只有隔絕的靜默在迴盪。

「哈囉！」黎克文趨近伸出右手，用英文先打一個招呼。

「嗨！你們好，我是聖彼得堡"基督復活教堂"圖書館館長馬雷修士。」這位俄國人外表看來不太像是一位神職人員，只有他那寬邊布織帽子上別著的一隻小十字架，有那麼點像而已。馬雷修士他用很流利的華語自我表明身分，並也禮貌地伸出右手握住黎克文的手。

「我是臺灣來的黎克文教授，這位是洪紹寬博士。」黎克文回應馬雷修士，也自我介紹著。

他們是事前透過莫斯科大學羅賓洛夫教授聯絡俄羅斯東正教教區，促成此次的會面，但為何要遠從聖彼得堡派一位修士館長來到莫斯科，目的又是什麼呢？

「兩位親愛的遠來貴客，你們就先隨著我欣賞這裡的幾幅壁畫和聖像吧！聽我說完後就會有興趣的。」馬雷修士親

切地轉身開始充當解說員。

　　一位從聖彼得堡教堂來的圖書館館長馬雷修士，充當莫斯科河畔＂耶穌救世主大教堂＂的導覽解說員，其中一定別有用意，不然他就是特別地專業。

　　在拜占庭教堂裡，內部的陳設和佈置，通常有一屏風將＂至聖所＂與教堂中殿隔開。祭壇前方有一大門，兩邊各有一小門。門和屏風上繪有精緻的聖經故事、人物、天使長等聖畫像。聖像崇拜雖然在＂聖像破壞運動＂中受到攻擊，被定為異端，但幾經反復，在西元七八七年＂尼西亞公會議＂[1]上終於宣佈：「聖像崇拜為異端的這條法令，已被廢除。」也就是聖像崇拜不再被視為＂異端＂。這一決定被以後的東正教奉為信條。

　　馬雷修士強調，「這個教義基礎是由於上帝在耶穌基督身上採取物質形象，祂也能在畫像中表現出來；聖像是一種象徵性而非現實性的藝術，是用線條和色彩來表達教會的神學思想和表明上帝啟示的重要形式，同時也展示了基督教奧秘的、形象化的歷史。」

　　當他們才緩步欣賞到第二個櫥窗內展示的＂十四世紀三聖像＂時，馬雷修士就指著櫥窗內的祂們說，「這是相傳為

1　尼西亞公會議（或稱尼西亞會議），是於公元 325 年在尼西亞城召開的基督教大公會議。這會議是基督教歷史上第一次的世界性主教會議，由當時並非基督徒、身兼「異教」祭司長（Pontifex Maximus）的羅馬皇帝君士坦丁一世召開及主持。會議肇因源於亞歷山大教會的神學紛爭。亞歷山大主教亞歷山大和長老阿里烏（Arius，約 250 年～336 年）為了耶穌與神關係產生爭論；前者認為耶穌與父同質；後者則認為父、子與聖靈三位中只有父才是神，子是受生便應有開始，次於上帝。

來自君士坦丁堡的希臘畫家所繪，另有一幅則是在聖母升天大教堂內，兩幅畫作的風格完全一樣。」

黎克文順著馬雷修士所指的方向望去，感覺到當初的建造者特別將三聖像的底座刻意加高，設計使觀賞者俯仰聖像，增添了威儀的架勢。

「請你們仔細看，」馬雷修士繼續說道，「這些華麗的壁畫其間，究竟有何分別呢？」

黎克文輕輕地扶了下臉上戴的金邊眼鏡，眼光越過牆上第三個櫥窗的"莫斯科大公畫像"，直望著馬雷修士。那個表情，平視，帶點迷惑。

「我簡單地說，三聖像代表的是神權，大公畫像代表的是君權，」馬雷修士沒等他們回答，就即將其中的主要區分點說出來。

「這都又代表什麼意義？」黎克文心裡還是很納悶，小聲地問道。

「在神權至上的時代，君王必須臣服於神的威權之下；但在君權抬頭的時代，所有的神祇則要替君王服務，藉以鞏固君王的領導權。」馬雷修士再深一層的解釋著，

「你們看，這第二個櫥窗和第三個櫥窗，兩者的高低是不是有些不同？」黎克文很仔細的觀察出這兩個櫥窗位置有些許的不同。

原本不注意的話，還真不會看得出來，經黎克文這麼一說，饒大輝也看出懸掛在牆上的兩幅畫像高低果然有些許的差異，

「哦，這本來是當時建造教堂時，工匠們丈量時的一些

誤差，沒有其他用意，」馬雷修士當場就提出解釋，「一七
○二年彼得大帝創立新都，就特別希望爾後的教堂興建，都
能夠傳承出自己的開明形象，因而頒布了一道命令，將大公
們的肖像和聖經人物以及希臘羅馬名人智士肖像，並列在教
堂牆上，不分上下尊卑，藉以消弭階級仇恨。」馬雷修士娓
娓述說著他豐富的歷史觀及宗教上的知識。

「本堂在一九三一年中，許多設施與畫作都曾毀於蘇聯
共產黨之手，神權要替政權服務，列寧要在原址建造蘇維埃
宮，本堂的命運就只有拆除了。」馬雷修士說到此，語氣有
點激昂和不悅。

黎克文與洪紹寬都不約而同的又再環顧周邊的壁畫，看
著這些曾遭拆除的輝煌作品與歷史古蹟，不由得泛起一股對
政治人物無知的感慨。黎克文輕輕地說道：「您卻還不能對
無知的人不尊重，通常他們都可能會掌握大權。」洪紹寬沒
有回話，僅是微笑以對，心照不宣。

「蘇聯解體前夕，俄國東正教的教會接到許多要求重建
救世主大教堂的請願。於是，一九九○年二月在救世主大教
堂原址舉行了重建奠基儀式。」馬雷修士仍然述說著本堂拆
毀與重建的一些重要過程。他那跳躍式的說法，讓黎克文有
點摸不清頭緒，但他沒出聲，繼續傾聽著。

洪紹寬曾在聖彼得堡大學攻讀古文物學的博士學位，當
年也有在莫斯科河畔作過地質研究，對於本教堂的重建歷史
也知之甚詳。聽著馬雷修士的解說，他沒有提出其它看法，
雖然對其中的細節有些疑惑，但是怕歷史認知的來源會有所
出入。畢竟受過專業研究訓練的學者，置疑的方式總是比較

嚴謹，一定要言有所本。

「蘇聯解體後，即成立了重建基金，不久就接到大量捐助。在一九九六年，新救世主大教堂的下半部分舉行了祝聖儀式。整座教堂的重建工作於二○○○年八月竣工。」馬雷修士對這段歷史知之甚詳，時間點都記得很清楚。

今天他們三個人相約在「耶穌救世主大教堂」內觀看這些壁畫，談談這些歷史典故，就像一般旅行團與導遊們的對話，旁人看不出他們之間的舉動有什麼特別之處，這也是他們刻意不要引起旁人的注意。

慢慢地，教堂內湧進較多的遊客人群，但還都能保持靜默肅穆的氣氛，沒有喧嘩吵雜之聲。當馬雷修士一行三個人走到第六個櫥窗櫃前，三個人不約而同地一起停了下來；這第六個櫥窗內放置的是一幅布幔半遮掩的大型壁畫，約一個半人高，僅從外表看不出它究竟有何特別之處？只是少見的大型壁畫。

馬雷修士很小心地環顧了下四周，確定沒有其他人在注意這裡後，再跟黎克文和洪紹寬說道：「兩位，就是這個，你們可將它拍攝下來，是壁畫下的刻文，回去用高倍數電腦再放大，內容就很值得仔細研讀。」

這些，都好像是一位專業導覽員很專心的介紹一件珍品給內行人。洪紹寬很快地就將手中的 "htc" 手機對準櫥窗裡那幅布幔遮掩的大型壁畫及下方露出來的刻文，連續照了四、五張。收好手機，洪紹寬也看看四周，那些遊客們還正看著對面的那些壁畫，根本就沒人在注意這裡。黎克文滿懷狐疑，很是好奇又有點興奮，一切就像是間諜電影裡的情節，

竟發生在自己身上。

　　馬雷修士看著他們已經完成拍攝的工作了後，又說道：「除了這裡的以外，聖彼得堡方面也希望你們最近這幾天過來一趟，你們可以繼續自由活動，也可以到我的基督復活教堂來參觀指教。」

　　馬雷修士看看腕錶，又繼續補充道：「那些刻文是早期的"古西伯利亞文"，在俄羅斯沒有幾個人懂得，更別說其他國家的人們。」

　　黎克文和洪紹寬都不約而同的點點頭，同意馬雷的說法。

　　「這幅大壁畫，早年本堂遭到拆除重建時，曾一度暫時移放到"新處女修道院"內，直到重建完成後再移置回到本堂。」馬雷修士又再補充著。

　　「是在莫斯科市郊南方的那座新處女修道院嗎？」洪紹寬對莫斯科市區各主要修道院和各大教堂間的關係位置，還都有些基本概念。

　　「是的，就是大公瓦希里三世在十六世紀時興建的新處女修道院。據說，重新移置回本堂後，才多出了底部的"古西伯利亞刻文"，因此事，還引起了許多專家學者的研究。」馬雷修士真的很有這方面特別深入的知識。

　　「對了，我還有些事，待會兒就不陪你們了！」馬雷修士又看了下腕錶。

　　「您一定還要指點迷津，不然我們不是白聽了許多嘛？」黎克文現在滿肚狐疑，希望能有多點眉目。

　　「答案就在蘇茲達里的女修道院，那位瑪莉安院長會有解。」馬雷修士透露出來。

「為何這裡不由您自己拍攝後上傳給我們，而非要我倆親來一趟？」洪紹寬也忍不住問道。

「"耶穌救世主大教堂"是我們俄羅斯正教會普世大牧首的主教座堂，這麼具有代表性的教堂，來到莫斯科不實地參看不是很可惜麼？再說，能親眼目睹後才能感受到聖澤光被啊！」馬雷修士微笑著顧左右而言他，「我們改天於聖彼得堡見面再說吧。聽說，你們還要到聖彼得堡冬宮隱士盧博物館實地踏勘啊？」

「是啊！等過幾天吧！」黎克文覺得這位馬雷修士知道很多事情，他有很多消息來源，也必然是一位重要的關鍵人物。黎克文不自覺地打了一個寒顫，有很多事情一時之間都隱隱約約透露著莫名的玄機。

教堂廣場南面有一座獨立的塔樓，門口掛著"謝絕參觀、非請勿入"的英文和俄文告示牌；塔樓裡面駐守了兩位穿著僧袍的保安人員，他們正在注視著牆上掛著八具監視器銀幕；其中的一個畫面是來自於教堂圓頂上的那具隱形微攝影機，那具"索尼"隱形微攝影機，靜悄悄地將渾然不知的黎克文他們剛才所有動作和對話的影音都錄了下來。

莫斯科河南岸"俄羅斯大飯店"碼頭邊，來來往往的交通船和遊船一直穿梭不停。這時，有兩個形色詭異年約卅歲上下，一個穿著灰衣、一個穿著黑衣，都背著背包的俄國人，匆匆地登上一艘小快艇，溯莫斯科河來到「耶穌救世主大教堂」附近登岸。

水上交通在許多國家都是重要的運輸項目之一，但卻都沒有像是在莫斯科河這裡如同搭乘陸上捷運似的，每約三至

五分鐘就靠岸停泊上下旅客一次。河岸邊有許多釣客，也有更多的男男女女泳客，她們均無視遊客的指點與窺視，沉浸在天人合一的忘我境界中，享受著裸體日光浴。

　　"耶穌救世主大教堂"下方的碼頭剛停靠了一艘較大的旅遊船，走下來了約四、五十位的歐洲觀光客，正在逛岸上兩邊的小攤。那一對俄國人搭的小快艇隨後也疾駛過來，停靠在旁邊後，兩個人快步地下船。其中一個人下船後，就拿起手機看了剛收到的一則簡訊，「灰狼三號，就先停在原地，麻雀約廿分鐘就到。」手機那頭傳來的指令。

　　被叫做"灰狼三號"的灰衣男子忽然不再行色匆匆，收起手機就偕另一黑衣男子轉到碼頭邊一家小店點了兩份烤肉串站在樹蔭底下一邊等著，一邊開始嚼食起來，也同時看著河上帆影映照著即將西斜的落日，隱隱約約開始出現了晚霞。

　　從河邊碼頭到「耶穌救世主大教堂」可以坐索車，也可以徒步拾級而上；那群歐洲遊客團有一大批比較注重鍛鍊體能，採取徒步攀爬，另一小批年紀較大的則搭乘索車輕鬆的上山。索道有兩條，上下各一，兩台索車對開，大約六、七分鐘各自同時到站。

　　不久，有一台往下載滿遊客的索車停在碼頭邊的索道站內，那兩位停留在樹下啃烤肉串的男子又接到手機傳來的簡訊，「灰狼三號，準備下一步行動！」

　　黎克文和洪紹寬在"耶穌救世主大教堂"與馬雷修士分手後，就走往教堂下方乘坐索車，準備到莫斯科河岸搭船回麻雀山碼頭。

　　這時，黎克文的手機電話響起，是季錚打來的。「喂，

黎院長嗎？」

「我是，我們剛離開耶穌救世主大教堂，正準備搭船回來。」黎克文回話。

「我剛接獲俄國警方情資警告，有 "東突組織" 的份子可能會在你們搭的船上，針對你們發動恐怖攻擊。千萬不要上船，馬上回到教堂前，代表處已經派車來接你們了。」季錚很急促的聲音忙著示警。

黎克文現在很相信俄國警方的情資報告，接到季錚的警示電話，瞭解事情的急迫感，馬上拉著洪紹寬從索車站裡轉身出來，剛買到的票也不退了，匆匆忙忙掉頭往回走到 "耶穌救世主大教堂" 前，按季錚的指示等車。沒一會兒，代表處的一部轎車疾駛到了教堂門口，「兩位先生，趕快上車吧！」江組長搖下車窗和他們招手。

碼頭旁，灰狼三號正站在索道出口處注視著緩緩滑下來的索車，另外那位黑衣男子背著背包站在旁邊。從索車裡走出來的旅客約有十多位，灰狼三號一眼就掃瞄完這些人，沒有那兩隻 "麻雀"，再仔細的看一遍，還是沒有。那黑衣男子似乎有點不相信的說道，「奇怪，明明就是這班嘛，難道還是等下一班？」

「或許吧！」灰狼三號也感到有點奇怪，他們的情報來源一向都是非常準確的。忽地，他看到身後不遠處有一輛警車正緩緩駛近碼頭，「黑狗，可能有點不妙了，我們趕緊走人吧！」灰狼三號感覺到事情有了變化，為保自身安全，現在得趕快催促同伴一起脫離現場。當警車靠到碼頭邊的停車場時，灰狼三號與黑狗這兩人為了隱匿形蹤，暫時放棄了原

　　來搭載的那艘小快艇,直接就混入在那十幾位走出來的旅客當中,一起上大船離開。

　　江組長親自開著車,一手握著方向盤,一手拿著手機向代表處陳偉國代表回報,「陳先生,我已經接到兩位客人了,一切安好,請放心。」然後,他再跟後座的黎克文和洪紹寬解釋,「剛才,根據俄國特警隊傳給我們的線報,"車臣"和"東突"兩個組織又開始積極活動了,大概是他們也知道"俄羅斯血娃"的秘密,想劫取後從中勒索鉅額贖款。」

　　「果真是如此的話,這些天我們則更要事事小心、處處防範了。」黎克文知道該要上緊全身的神經發條了。洪紹寬則深深地吐了一口氣說道,「俄羅斯還真是個危機四伏的國家,充滿了許多不確定的狀況。」

　　他們在臺灣平時教教書、做些研究,頂多偶有一些社會的群眾抗爭活動,哪有在俄國還到處諜影幢幢、殺氣騰騰的,如同電影裡的情節。黎克文還是充滿著戰鬥性格,很看得開的說道,「但,也蠻刺激的,很有挑戰性。」

　　莫斯科大學下午六點鐘,天色還相當明亮,黎克文和洪紹寬被江組長火急地從"耶穌救世主大教堂"送回來主樓後,心中還殘留著一絲緊張情緒,但想到這次任務這麼的詭譎,卻也有著嚮往一些冒險的興奮感。他們馬上再到圖書館裡的資訊室上網,試著看能否查出什麼新的發現。

　　黎克文上著網專心地搜索今天發生過的有關情節所在位置,洪紹寬則坐在圖書館資訊室外面的窗臺邊,點著一根香菸,一邊抽著一邊看著夕陽餘暉。

　　不遠處林蔭圍繞著一方空地上,聚集了一群男男女女的

學生正在擊鼓跳舞，從膚色來看有俄羅斯白人、印地安紅人、吉普塞人、東方亞裔人、非洲黑人等各色人種，看似簡單的節奏聲中讓她們縱情歡樂。圖書館的隔音設備很好，黎克文在裡面一點都聽不到她們在唱些什麼，只能遠遠地感覺到他們的愉悅氣氛，讓人同樣受到感染。這也是俄羅斯斯拉夫人開放的民族性吧。

黎克文很快地在網路上查出，蘇茲達里女修道院院長瑪莉安修女是近代研究"古西伯利亞文"的專家，也有在蘇茲達里學院兼課。黎克文拿出他別在腰間的"htc"手機，將白天在"耶穌救世主大教堂"拍攝的那五張相片複製到桌上那台電腦裡，再放大來仔細端詳。

洪紹寬抽完菸後，也進入到圖書館裡，坐到黎克文的電腦桌旁一起研究這些相片，他看了看後好奇地問道：「有什麼新發現嗎？」

「都是密密麻麻的古西伯利亞文，我沒法看得懂。」黎克文真得看不懂這些罕見的稀有古文字。

「看來，我們必須親自到蘇茲達里請那位瑪莉安院長幫忙了。」洪紹寬建議。

「說得也是，」於是，黎克文將這五張不同角度拍攝的相片列印下來。

從圖書館回到主樓寬闊的一小段蘋果樹步道，黎克文和洪紹寬走在其中，感到自然而愉悅，完全忘了下午差點發生在自己身上的殺身之禍。他們現在就等著找時間前往蘇茲達里，去解開那五張相片之謎。

「對了，我們晚上和瑪莎米婭小姐還有約呢！」黎克文

看了看戴在左手腕的手錶，提醒洪紹寬，「你知道我有戴錶的習慣，現在已經六點半鐘了，該準備出發了。不過，我們還是要先和季副處長講一聲，好知道我們在做什麼。」

電話那頭傳來季錚的交代，「太晚了要注意安全，事情結束時，我請代表處派車來接你們吧！」

「啊，不用麻煩了吧，我們坐地鐵很方便，也很安全的！」黎克文不想麻煩代表處那麼晚還要派車，兩個大男人有啥好怕的，就婉謝了季錚的意見。

季錚未置可否的「嗯，」了一聲，他在想這些"活老百姓們"一點安全警覺都沒有，難怪會常發生意外。季錚對自己未來的出路，可是有他自己的想法，「我一生只等握有一手好牌，好讓我打個非凡的一局！」離退休年齡還有十年，仍想著可乘風而起的一天。他記得安全局王局長常提及的話：「荷蘭人說過一句諺語，"對人太友善，會讓鄰居把你當傻蛋！"情治人員一定要心狠手辣，否則辦不了大事。」因此，這次奉命率隊來莫斯科執行這個重大的聯合任務，肯定是他的一個人生重大轉折，他一定要好好把握住這個機會，處處小心，絕不能有任何閃失，務必圓滿達成任務。不管是提早申請退休，或是再有新職可幹，「世俗的名聲終究要以世俗的方式獲得，起碼現在是如此。」

7.地鐵站上的獨角獸咖啡屋

　　獨角獸是純潔的化身，更被蘇格蘭選為王室的象徵。

　　黎克文和洪紹寬各換了套休閒衣褲，於下午六點五十多分離開莫斯科大學大門，攔了一輛計程車趕到不遠處的“麻雀山地鐵站”，這個站設立在莫斯科河的“盧日尼基鐵路橋”南端正下方，需要通過鐵橋下面穿越莫斯科河，就像臺北捷運通過淡水河般。這裡是“一號紅線”的地鐵站，離他們要去的“列寧圖書館站”中間僅隔六個站，不必轉車直接就可以抵達，約廿分鐘的車程而已。“一號紅線”正式通車日期是在一九三五年，迄今已快有八十個年頭了；目前全系統計有十二條線路，一八八個車站，路網四通八達。

　　地鐵是現代都會最重要的交通工具，無數人群每天在那裏錯身與交織，那裡也隱藏了社會上的混亂不安與人生百態。而“莫斯科地鐵系統”卻一直被公認為世界上最漂亮的地鐵系統。黎克文剛才就利用時間，從手機中行動上網查了莫斯科地鐵的概況，饒大輝卻是在俄羅斯留學過，他在莫斯科和聖彼德堡期間出門都以地鐵代步，親身搭乘過許多次，經驗老到。

　　他們在售票處購買車票時，饒大輝就開始介紹道：「地

鐵站的建築造型各異、都很華麗典雅。每個車站全是著名建築師的設計，各有其獨特風格，建築格局也各不相同，多用五顏六色的大理石、花崗岩、陶瓷和五彩玻璃鑲嵌，各種浮雕、雕刻和馬賽克鑲嵌畫裝飾、玻璃拼花壁畫等，無一不是精雕細刻的藝術品。」

黎克文和洪紹寬持票通過入口閘門，站上手扶梯自動斜斜的往下到達地底下三層樓深的月臺，兩邊的石壁上都是精美的雕花和壁畫，吊掛的巨大燈組也十分別致，好像富麗堂皇的宮殿，黎克文不禁讚嘆道，「莫斯科地鐵難怪有 "地下的藝術殿堂" 之美稱。」

洪紹寬笑笑說道：「可以說，地鐵是莫斯科市最重要的觀光景點之一，不但便捷，不少地鐵站更以金碧輝煌的裝飾點綴著更加的莊嚴華麗；在車站內向左看、向右看都美麗多姿。」

饒大輝連他們上車的這個車站都非常熟悉，在月臺等候地鐵列車進站時，仍繼續向著黎克文說道：「這座麻雀山地鐵站是莫斯科市最早的地鐵站，有著悠久的歷史，曾被評鑑為一九八〇年至一九九〇年間最優秀的地鐵站之一。」顯然他都與有榮焉。

一列六節車廂的 "亞烏紮型" （Yauza）列車緩緩駛進月臺，黎克文和洪紹寬依排隊順序進入到車廂內，車廂內並不太擁擠，每位旅客剛好都能有個位置。黎克文低聲對著饒大輝說道：「他們的車廂就比車站遜色多了，」洪紹寬的表情顯示好像也有同感，「可能是型式比較老舊的關係吧。」

洪紹寬對莫斯科地鐵真得有過一些研究，「您知道嗎？

當地鐵由周邊向市中心駛去的時候，其報站音為男聲；當地鐵開始駛出市中心通往郊區的時候，則為女聲報站名；而在環線上，當順時針行駛的時候，為男聲報站；而逆時針的時候則為女聲。這點，就很值得我們臺灣學習了。」黎克文反應很快地回應說：「不過，臺灣的城市不是南來北往，就是東進西出，不像莫斯科市區是個環狀的。」

很快地，他們就到達了"列寧圖書館站"。這個站的建築風格就和麻雀山站有些不同，建材大多是用陶瓷雕刻的壁飾，也是相當華麗，顯現另外一種匠心獨具的樣貌。黎克文依著上午瑪莎米婭指示的路線，從四號出口上去就到了凱利寧大街，這時的天色還依然明亮。但洪紹寬已感到肚子有點餓了，看看錶是下午七點卅分。

他們慢慢地沿著"凱利寧大街"走了約五分鐘，果然在路邊出現一座特別顯眼的霓虹燈閃爍招牌，以英文字寫的"Unicorn"（獨角獸）的大看板映入眼簾，一棟三層的獨棟花園樓房，後面是一座可容納廿多輛車子的專屬停車場。

很久以前的"獨角獸"出現在希伯來人的《聖經舊約》中，這是一種額頭長有一隻角的馬。印度文書記載：真正的獨角獸實際身高是比羊大一點，最後一次見到獨角獸是在十七世紀末。由於人類的貪婪，在恣意大量捕捉下以致於滅種。

為咖啡屋取名為"獨角獸"的這位老闆是蘇格蘭人，他認為在歐洲大陸的傳說中，獨角獸是純潔的化身，更被蘇格蘭選為王室的象徵。因此，他就取這個名字作為他的店名，希望能夠為客人和自己都帶來好運。

才開幕一年多的"獨角獸咖啡屋"，原來是十九世紀末

期俄國大富豪"里亞布申斯基伯爵"的別墅，在前幾年被蘇格蘭老闆買下來後，光是重新裝潢的花費就約五百萬美金、耗時兩年半打造，在莫斯科豪華的咖啡屋中，是最頂級的經典代表。莫斯科人說，你想像得到的名車，不管是勞斯萊斯、法拉利、瑪莎拉蒂還是蘭寶堅尼，用餐時間在"獨角獸"的停車場絕對都看得到。

黎克文和洪紹寬在外面稍微停留一會兒，他們對這一棟建築的造型外觀極感興趣，特別佇足多觀賞一番。等他們進到裡面後，一位女服務生很快地趨前禮貌地點頭招呼，以俄語問道：「請問，有訂位嗎？」

「是的，我們有一位瑪莎米婭小姐訂過位子，麻煩妳看一下？」饒大輝以俄語回問道。

「好的，讓我看看，」女服務生拿起她手中的《定位單》，很快地就找到今天中午時，有一位瑪莎米婭小姐在她們的網站上訂了晚上八點鐘的三個位子。

「有了，請兩位隨我來。」女服務生微笑地就在前面帶引著他們兩人，通過玄關進入到豁然開朗的大廳。這裡所有室內平面的安排以主樓梯為中心，造型自由不受拘束的階梯，平緩地慢慢延伸至二樓，階梯兩旁裝飾著流水式及捲曲式巨型欄杆，處處顯得貴氣逼人。

黎克文禁不住讚嘆的說：「這是十九世紀末期"新藝術"建築的真正代表作品，所幸原來的屋主慨然將她讓售給商人開咖啡屋，我們才能有機會一窺廬山真面目。」黎克文不但是位科學家，他對藝術和音樂方面的興趣更是濃郁，造詣亦相當深厚。

　　洪紹寬也是很感興趣地邊走邊小聲地說道：「是啊，看看這裡的建築線條多麼優美流暢和溫柔婉約，每個座位間都無法相互通視，各自獨立又私密，卻很明亮照人，毫無壓迫感。」

　　大約有七、八分滿的座位上，穿著得體的客人都很安靜地在用餐或是淺啜著咖啡，從她們的舉止與動作上就可以感覺到都是一群很有教養和品味的人士。女服務生將他們帶到大廳左側靠牆邊的一處剛好是三個座位的小隔間，停下來微笑地示意，「就是這裡，是瑪莎米婭小姐訂的 C5 座，你們先請坐。」

　　黎克文和洪紹寬在這三角形佈局座位的小隔間剛坐下來，另外一位年輕貌美的女服務生就端來了兩罐蘇格蘭高地礦泉水和兩個玻璃杯與一小罐檸檬片，也是笑容燦爛的小聲問道：「請問您們是要先點餐呢？還是再等一會兒？」

　　「我們的朋友馬上就來，請稍等一會兒，謝謝妳！」洪紹寬也報之以微笑回答她。黎克文打開其中的一罐礦泉水，分別倒在兩個玻璃杯中，又各夾放一片檸檬片。

　　他們的座位是以一個半人高的矮展示櫃當作隔間櫃，裡面陳列了一組色彩鮮艷、大小不一的陶瓷器製作的 "俄羅斯套娃"。牆上掛著一幅俄國大畫家 "布留洛夫"（Briullov, Karl Pavlovich" 1799~1852 年）一八三二年的作品《女騎士》，畫中的女人裝腔作勢地騎在烈馬背上，看上去是位弱不經風的貴族小姐，身著拖曳並不適合騎馬的長裙，靜態的形象與奔跑急止的烈馬形成動靜的對比。但這卻是一幅很有名的大畫作。

　　不久，先前的那位女服務生又走了過來，後面就跟著瑪莎米婭，一見到他們倆，就立刻笑盈盈的說：「對不起，我來遲了！」

　　「現在才剛剛好八點整，是我們早到了些。」黎克文和洪紹寬都禮貌地站了起來，女服務生幫忙拉開椅子讓瑪莎米婭坐好後，將三份點菜單輕放在桌上，然後靜靜地站在一旁，保持著淺淺的微笑。"獨角獸"雖然是標榜著"咖啡屋"，但卻是以提供精緻的高級餐點為主。她的每個服務生，更都經過專業的禮儀訓練，氣質、舉止、儀態都很具有國際級的水準。

　　「姑娘，要香檳嗎？」洪紹寬抬頭問著瑪莎米婭。

　　「哦，純馬丁尼，大杯的。」瑪莎米婭轉頭跟女服務生說道。

　　不一會兒，女服務生以右手自瑪莎米婭左側來服務餐點。洪紹寬細心的觀察到這是採用純俄式服勤的餐廳，不同於歐美餐廳是由客人右側來服務。於是，他開始說給黎克文聽，「您看到嗎，這位漂亮的女服務生用一個掌上型電腦，依著瑪莎米婭點菜項目輸入該道菜的代碼，在廚房的終端印表機便會自動列印該桌客人所點的菜，而出納處的電腦亦會立即輸入該筆點菜資料，自動列帳。這就是目前餐飲業常使用的 POS 系統。」洪紹寬本想退休後開一家餐廳，所以他對餐飲經營方面有過研究。這套系統在臺灣較具規模的餐廳也行之多年了。

　　這時，黎克文從瑪莎米婭一進來後，他就隱隱約約地感受到有一股電流在他身上竄動著，有點酥麻又有點刺痛，起

初還不知道是什麼原因？

「對了，瑪莎米婭小姐，是不是已經將林煜交給妳的地圖和套娃帶了來？」黎克文忙不及待的開問，他大約知道原因了。

瑪莎米婭從她放置於腳邊的一隻乳白色"Cosa"時尚手提包中，取出一件紅棕色絨布包裹的小物件，輕柔柔地放在面前的小桌子上。黎克文立即覺得有一股更加強勁的電流，刺痛他的手腳。洪紹寬看出了黎克文的那股不安的感覺，關心地問道：「怎麼了嗎？黎兄，」

黎克文拿起桌上的紙巾，擦拭了額頭上的幾滴汗珠，「還好，還好，」

瑪沙米婭看到黎克文的表情，也覺得有點奇怪，但沒說什麼，慢慢地解開那紅棕色的絨布包裹。

出現在他們眼前的是一張折疊好的地圖，還有一尊高度約廿來公分的金質俄羅斯娃娃。這座金質娃娃晶瑩剔透地滲出鮮紅的血色，雕工精細絕美，栩栩如生的表情，絕非一般坊間的工藝作品可比擬，渾身處處顯露出了俄羅斯沙皇的皇家尊貴氣息。祂的底座用阿拉伯數字刻了一個小小的"8"字。

「我真是惶惑不解啊！」黎克文努力想著要如何解釋他和"血娃"之間這種超自然奇異的感應，一直被她的一股像是無形輻射的電力穿透到身上。但不論如何，這一尊應該可以確定是那十二尊"俄羅斯血娃"中編號"第八"的一尊。

黎克文和洪紹寬仔細鑑賞過這尊血娃後，再打開那張地圖，上面的文字不像是現代通用的俄文，洪紹寬曾在俄國留

過學，他看得出來這就是古西伯利亞文字註記的血娃配置圖，很明顯的是從中間被截斷過的半截圖；但內容他就不懂了。

他們倆不約而同的低聲說道：「米婭小姐，妳趕緊再將祂收好放回到包包裡，這就是東正教大牧首要追回的血娃。這份地圖可不可以先交給我們複印一份？」

於是，洪紹寬將聖彼得堡"冬宮隱士廬博物館"副館長勃朗斯坦三個月前到臺北外雙溪拜訪故宮的那一段過程，重頭講述了一遍，好讓瑪莎米婭瞭解他們到俄羅斯的目的和概略情況。

瑪莎米婭本身就在販售"俄羅斯套娃"，她對套娃的一些歷史典故與傳說大概都知道得很清楚，但是對於東正教大牧首要藉著邀請臺北故宮典藏的寶物來俄羅斯展出之際，完成俄羅斯十二尊血娃蒐集齊全的祈福之舉，這些事還不是很清楚。如今，獲知這個事關重大的消息，林煜也不知道從哪裡找到這一尊血娃和半截血娃配置圖，現又交到她手上，反而令她如負千斤重擔，真倒不知該如何是好了！

「照您們所說的，既然這一尊血娃是我們東正教大牧首要蒐齊為國家祈福之用的，我就請您將祂轉送到相關人員手中，免得放在我這裡出了差錯，現在我可不敢擁有祂了…。至於地圖嘛，你們也一起拿了去吧，沒關係。」瑪莎米婭開始有點害怕了，她不願意無端牽扯進宗教或是政治的紛爭裡，這種大人的事太複雜了，不是一個小女子可以承擔得了的。

「妳顧慮得極對，我們中國有句成語，"匹夫無罪、懷

璧其罪＂如果妳放心將這尊＂血娃＂交給我們，我們會專程送到大牧首處並稟告相關人員，這也是妳和林煜對俄國的偉大貢獻。」黎克文料定瑪莎米婭心裡一定會駭怕，果然沒錯，於是順著她的話就將血娃配置圖和包著紅棕色絨布的血娃捧過來，小心翼翼地放在自己的公事包內，先代為保管，等明天交給大牧首的使者羅賓洛夫教授。

此刻，黎克文已不再感受到那麼強烈的觸電感應，僅只是一陣陣微弱輕柔的拂面觸感。

瑪莎米婭也終於舒了一口氣，「真是奇妙啊！這會兒我可是如釋重擔了！」

另一位女服務生推著一隻小餐車走來，她們點的餐全部送了過來，女服務生再用托盤一一的端上了她們面前。她們開始用餐並繼續聊著，

「我本來大後天就要請幾天假到聖彼得堡一趟，親自去找林煜。」瑪莎米婭此刻已感到輕鬆多了，又打開話匣子說著。

「聖彼得堡那麼大，妳到哪裡找？」洪紹寬忍不住開口問道。

「心誠則靈，我只要到了聖彼得堡就一定找得到林煜，只要他在那。」瑪莎米婭講得的信心十足。

黎克文禁不住暗自嘆道：「林煜這小夥子真走運啊，有個這麼癡情的異國小姑娘眷顧著，」黎克文和洪紹寬相互看一眼，不得不尊重這個俄國女孩堅定的信心，於是黎克文當下就決定，「好的，姑娘，我們這裡明、後天還有事要處理，剛好大後天是星期五，我們也要去聖彼得堡找林煜，並且辦

理另外的事情，如果可以，我們就大後天一起出發前往吧！」

　　能去找到林煜，是瑪莎米婭現在唯一最重要的心願，看到兩位臺灣來的教授而且是林煜的老師，能夠陪她一起到聖彼得堡，心情有點舒緩和安慰，馬上就說道，「我已經上網查過了相關的交通資訊，每天晚上廿三時五十五分都有一班夜快車，從莫斯科直達聖彼得堡。我可以上網預購車票。」莫斯科鐵路往返聖彼得堡，夜晚出發、次日早晨抵達，兩地上班、上學的通勤人士也都知道，更可利用網上預購車票。

　　洪紹寬隨即拿出一張 "VISA" 卡交給瑪莎米婭，「請幫我們一起訂票，費用算我們的！加上今晚的都由我埋單，請容許我這點的堅持。」瑪莎米婭很大方並沒有推辭，因她也很瞭解臺灣的人情味。喜歡主動埋單的人，不是因為錢多充闊，而是比較看重交情。

　　「我們這裡外國人買車票還需要護照號碼和姓名，」瑪莎米婭又接著補充一句。黎克文和洪紹寬隨即拿出護照給瑪莎米婭，現在以手機行動上網訂購車票相當便捷，不一會兒瑪莎米婭就操作完成。在俄羅斯預訂火車座位總是供不應求，尤其是票價低廉又頗為舒適的二等艙；好在，目前不是俄羅斯的連續假期與旅遊旺季，所以瑪莎米婭很順利地訂到兩天後的三張臥鋪票。

　　"獨角獸咖啡屋" 的營業時間從白天上午十一時起，至晚上十一時止，時針剛好走完一圈。瑪莎米婭是第二次來這裡，因為此地消費太過高昂，雖然她就和媽媽住在對面的公寓五樓，也僅能在樓上俯望這裡的金碧輝煌，只有第一次領到工資時，帶著媽媽請林煜一起來喝個咖啡而已，就花了她

一週的工資。她現在看看已快到打烊的時間，也該回家了。

於是，瑪莎米婭就起身和黎克文與洪紹寬致謝說道：「現在已經很晚了，謝謝兩位教授的招待，並且也謝謝替我買好了到聖彼得堡的車票，非常感激，等我們找到林煜以後，再一併致謝吧。」瑪莎米婭充滿了感激的神色，拿起了她的手提包，繼續說道：「我就住在對面的公寓，很方便的，要不要我送你們走到地鐵站，現在還有好幾個車班。」

「不用客氣，小姑娘，我們自己走，幾步路而已。我們今天才該感謝妳能告訴我們這麼多的寶貴知識，特別是交給我們這尊這麼重要的"血娃"和那張地圖，我們也要代表東正教大牧首和臺灣政府鄭重的謝謝妳！那麼，我們就後天晚上十一點半鐘在莫斯科往聖彼得堡的發車站見面吧！」黎克文和洪紹寬也站了起來，結完帳一起走出了大廳，也約定好下次見面的時間和地點。

他們從開始點餐，瑪莎米婭拿出那隻"血娃"確定讓黎克文受到感應，以及後來黎克文收下了那張地圖和那尊血娃，瑪莎米婭再以行動上網訂購車票，這些過程都被站在牆角的另一位女服務生，用衣領胸針上藏著的一隻微型超高畫素的錄影筆悄悄地錄了下來。

在俄羅斯境內，市區主要街頭上都有情治單位設下的針孔監視器，或是委託線民配戴隱形攝影機，隨時機動的攝錄各種"可疑的人、發生的事、出現的物"等徵候，以預先採取防警措施，或是供事後案件採證。當然，也有一些特殊的團體或組織，為了某些目的，另外再加碼買通那些線民，提供更完整的資訊。

　　黎克文和洪紹寬先陪著瑪莎米婭回到對面公寓大樓底下，他們與她揮手告別後，再回頭散步到“列寧圖書館”地鐵站。這時，在一旁街上停著的一輛紅色廂型車裡靜悄悄地下來了兩個黑衣人，都戴著鴨舌帽，隨即遠遠地跟在他們後面。

　　這個時候的“凱利寧大街”仍然有許多來來往往的車輛不停地穿梭著，兩旁的一般店家很多都開始準備打烊了；不遠處的“列寧圖書館”還燈火通明，現正值各大專院校要舉行畢業考試期間，許多應屆畢業生都到圖書館準備功課和寫論文，挑燈夜戰。洪紹寬以過來人的經驗告訴黎克文，「俄羅斯各大專院校的學生競爭非常激烈，甚至與中國大陸的大學生相較也毫不遜讓，反觀我們臺灣的學生，在求學精神和刻苦意志上，就差了他們一大截。有的還特別會無理取鬧！」

　　黎克文正要說話時，口袋裡的手機響了起來，來電顯示是季錚打來的。「喂，副座您好，我是克文！」黎克文按下通話鍵，很快地就回了話。

　　「你們辦完事了吧，現在是在哪？」季錚關心地問著。

　　「我們在列寧圖書館地鐵站裡，正準備要搭地鐵回麻雀山。」黎克文回道。

　　「那好，我已經請代表處派車在麻雀山地鐵站外等著你們，會送你們回到學校。」季錚還是不放心，就是要請代表處派車來接他們。黎克文心想既然已經派好了車，就不再多說什麼，畢竟季錚是情治人員，警覺性比較高，多一份安全顧慮總是保險些吧。

　　車站內的來往旅客已經非常稀少，大概僅是些夜間工作

者剛要去上班或是交班要返家的人。黎克文倆人站在月臺上等了不一會兒就有一班列車駛抵，後面跟著的兩位戴著鴨舌帽的黑衣人一直尾隨著也一起進到月臺，但那倆人是進到下一節車廂位置，沒在同一節車廂；每個車廂裡面人也不多，遠遠的都可以通視到。

　　過了六個站就到達了"麻雀山站"，上車的旅客比下車的旅客多，看來大都是莫斯科大學夜間部年輕的學生們下課了。黎克文和洪紹寬上了手扶梯電梯往上昇到出入口，那兩個戴鴨舌帽的黑衣人亦跟在他們身後約幾公尺的距離，中間僅隔著兩個工人模樣的俄國人和一個中年婦女。

　　電扶梯一到了頂頭，那兩個黑衣人就立刻超越前面三個人，緊跟在黎克文和洪紹寬通過驗票口。一出驗票口，黎克文突然感覺到有點不對勁了，馬上將手提包挪到身體前面兩手緊緊抱住。洪紹寬也警覺到了，馬上擋在黎克文的身後，護衛著那手提包，他們都覺得後面緊跟著的兩個人一定是要動手搶奪手提包，而且一定是裡面那尊"俄羅斯血娃"惹出來的麻煩。

　　就在此時，馬上聽到一聲「哈囉！」代表處江組長和羅賓洛夫教授的助理艾瑞金突然在地鐵站大門口現身。黎克文和洪紹寬一看到這兩位，就像看到了救星，「呃，你們來得正好！」黎克文鬆了一口氣。一輛引擎正在發動著的"福斯"休旅車也停在大門口邊，這是季錚請代表處派的車來接黎克文和洪紹寬的，艾瑞金則是羅賓洛夫交代，「一定要跟著一起來。」艾瑞金除了是羅賓洛夫教授的助教外，另一個秘密身份是俄羅斯聯邦安全局莫斯科工作站的保安官，負責臨時

交代的特殊任務。

　　那兩個戴鴨舌帽的黑衣人，反應更是相當靈敏，一見到情況突然有變化，目標有人來接應，而且他們認得艾瑞金是聯邦治安人員，馬上停止正要劫奪黎克文手提包的行動，即刻轉身向著車尾方向快速離去，兩三下子就消失在麻雀山車站的轉角。艾瑞金早就發現到那兩個鬼鬼祟祟的人不懷好意，正準備要前去追捕，江組長馬上拉住了他，「且慢，窮寇莫追，小心些！」

　　季錚的研判果然正確，先前黎克文告訴他晚上要見瑪莎米婭，他就知道事情不會很單純，從這幾天以來交叉的情資分析，有兩三股勢力已經緊緊盯上了自己這些人，而且他們相互之間訊息交換的既迅捷又準確，很能掌握到自己這些人的行動。所以，他寧可多加小心，派車前往地鐵站接黎克文他們，也不要使得有意外狀況發生的機會。

　　江組長打開車門，艾瑞金站在旁邊掩護讓黎克文和洪紹寬安全地進到休旅車內。「好險，你們若晚一步，可能他們就搶走了我的手提包了，」黎克文有點緊張地說道。

　　「我看那兩人都目露兇光，他們不會光是動手搶奪，搞不好還會行兇呢？」江組長以在俄國長久工作的經驗，堅信很有這個可能。

　　那兩個戴鴨舌帽的黑衣人，此刻正在麻雀山車站轉角的另一端遠遠地注視著江組長的車離開，旁邊還停著一輛吉普車。其中一人問道：「我們為何不追？」另一人回道：「我們若太過操切，可能會衍生其他事故。我們還是聽候下一步的指示吧！」

　　他們並沒有準備繼續追，另一人拿起手機有點顫抖地回報狀況，「我是黑狗，任務失敗，請示下一步的行動…。」那邊傳來連續的一陣斥責，「哼，怎麼辦的？你們就這本事？回窩待命吧！」

　　在莫斯科市史特拉亞廣場旁的一座公用電話亭裡，一位黑衣人甩下話筒走了出來，很快地閃進停在一旁的黑頭轎車裡。

8. 俄羅斯科學院第三研究所

以上帝的聖名，我令羅賓洛夫和馬雷為我的使者，完成送回十二尊血娃的神聖使命，凡在我教區內所有神的子民，均請協助他們，不得有誤聖名。　　大牧首

　　昨晚黎克文和洪紹寬回到莫斯科大學宿舍，季錚特別又再交待大家，「這些天都會有很多料想不到的狀況會發生，我們一定都要特別小心。」黎克文回想在麻雀山地鐵站出口的那一幕，仍有點餘悸，「必然幕後有個主使者，不然我們的行蹤怎麼都被掌握住了？」

　　中午的天氣相當好，這是季錚一行人來到莫斯科這幾天首次遇到的好天氣。江組長開著代表處的那輛"福斯"休旅車，羅賓洛夫坐在前座上，季錚、洪紹寬和饒大輝與黎克文都坐在二、三排後座，艾瑞金則坐在最後面。他們駛過莫斯科河，再沿著河北岸向東，經過"亞歷山大公園"來到"紅場"。

　　"紅場"這個名詞係來自斯拉夫語，為"非常漂亮"的意思。江組長很熟練的將車停在紅場旁邊停車場，再徒步約五分鐘，抵達市中心區的"俄羅斯科學院第三研究所"。季錚看了下手錶，時間是中午一點四十五分，離他們約定兩點

鐘開始的簽署會議，時間拿捏得恰恰好。

　　俄羅斯科學院（RAS）是目前世界上最具領導地位研究機構之一，院本部位於麻雀山下的莫斯科河南岸。俄羅斯科學院之組織架構形式上，該學院之最高團體是由終身會員，也就是科學院院士（Academicians）所組成的科學院「全體大會」（General Assembly）。西元二千年時，正會員有四百九十四位，另有副會員七百一十三員。院士們通常出任科學院的重要研究所所長、著名的軍事研究單位主管，以及大學校長（Rectors），還有出任政府中最高層官員、部長和國會議員。除此之外，由於俄羅斯科學院之工作人員，教育水準高，科學院又已建立高含量之技術研究能力，且有完善的基礎設施，因此可說，它是俄羅斯現有執行國際型計畫最佳之單位組織。

　　該科學院之諸多研究所所做的是世界級的基礎研究，以及配合政府為促進社會與經濟發展或是軍事尖端武器而公佈之科技研究優先項目，與有關之科技研發計畫。第三研究所則是以軍事尖端武器研發為主，現址是當年「莫斯科大學」的校本部，莫斯科大學創立於一七五五年，爾後於一九五三年的「史達林時代」校本部遷移到現在的麻雀山上，然後才在原址成立了俄羅斯科學院第三研究所。

　　所長辦公室隔一條馬路就是俄羅斯的政治中樞「紅場」與「克里姆林宮」，所長巴爾夫斯基教授在辦公室已等待多時，另外，有兩位穿著西裝的中年俄國男士和一位穿著套裝氣質優雅的中年俄國女士，也一起坐在這間辦公室的圓形沙發椅上。

　　所長巴爾夫斯基教授約五十歲左右，說得一口流利的北京腔華語，留著一口濃密帥氣的八字鬍。看到江組長領著四位客人進到辦公室，他馬上就起身，「各位早上好！」說完熱情地和他們一一握手。

　　接著，巴爾夫斯基介紹已等候在這裡的幾位俄國人，「容我來介紹這幾位，一位是我們俄羅斯聯邦技術和出口管制總局的管制室主任尤達，另一位是魯賓設計局的研究員史汀，他也是隱士盧博物館的研究員。這位美麗的女士是伊萬諾芙‧葉蓮娜博士，現在是俄羅斯外交部一個民間組織“外交事務發展協會”東亞小組的小組長，她的母親是中國黑龍江人。」

　　已站了起來的「俄羅斯聯邦技術和出口管制總局」官員尤達及「魯賓設計局」研究員史汀都不會講華語，但都禮貌的伸出手相互握了握。史汀在三個多月前，曾以隱士盧博物館研究員的身分，陪同該館副館長勃朗斯坦一起造訪過臺北故宮博物院。

　　混有著中俄血統的葉蓮娜女士留著一頭短俏金髮，提著一款“FENDI”實用又奢華的土黃色中型時尚包，也以動人的微笑和大家打個招呼，「嗨！」。

　　當黎克文一看到葉蓮娜時，突然眼前出現前幾年的“香奈兒可哥香水”電視廣告中，法國美艷女星“凡妮莎‧帕拉迪絲”坐在精緻的大鳥籠中，一邊盪著鞦韆，一邊吹著口哨潑灑香水的經典廣告畫面。

　　江組長也以俄語將臺北來的四位代表介紹給所長巴爾夫斯基。其中，羅賓洛夫教授與他們都很熟，就沒有再多作介

紹了。一陣寒暄過後，巴爾夫斯基就引導大家移駕到隔壁的小會議室，賓主分別就座。長方形的會議桌上，十個人按主客雙方分別坐就定位。羅賓洛夫的助理艾瑞金留在室外抽菸，沒有進來。

巴爾夫斯基從他那純檜木製作的辦公桌抽屜拿出幾份檔資料，上面密密麻麻都是俄文與英文對照的文字。

季錚也自隨身公事包中抽出一份中、英文對照的文件，他們先互相交換著看了一下封面。巴爾夫斯基所長的女秘書端進來幾杯剛沖泡好的研磨咖啡，放在茶几上後隨就退出。

洪紹寬很快地將手上的文件內容看完，端起一杯咖啡，抬起頭環顧了這間佈置得很中國風味的會議室，牆角擺了一個有半個人高的瓷花瓶，洪紹寬認得出來這是件明代的"青花瓷"，很可能是在八國聯軍清廷戰敗時被俄國人掠奪而得來的。這件青花瓷融合了蒙古崇尚的白，伊斯蘭的主色藍，阿拉伯的幾何概念與中國水墨畫意境，瓷品雅逸清麗、繁榮有緻。洪紹寬忍不住讚嘆著，「**這真是簡白中吐氣韻、濃淡間現風華。**」

一面大書櫃裡都是有關科技方面的著述與教材，書櫃的底層有一個"多寶格"，裡面放置了幾件"俄羅斯青花執壺"。色彩鮮艷的"俄羅斯青花執壺"產自離莫斯科東南約五十公里一個以製陶聞名的小村"Gzhel"，這只執壺以翹腳的男子與瓷壺為造型，並用鈷藍及金色釉描繪紋飾。

黎克文亦很快地看完資料，他隨著洪紹寬的目光也轉到那面大書櫃，黎克文注意到其中有一尊特別不一樣的"俄羅斯套娃"，他突然不由自主地渾身一個顫抖，一股很強烈的

反應像電流般通過他全身，而他也看到那尊套娃跟著晃動了一下，不禁一陣驚喜，「咦！是祂嗎？」那種感覺就像是昨天晚上在"獨角獸咖啡屋"裡，看到瑪莎米婭帶來的那尊"血娃"後的一樣感覺。

　　洪紹寬在三個多月前，他於臺北故宮博物院當場聽到"冬宮隱士盧博物館"副館長勃朗斯坦拜訪故宮時所提的，「黎克文是唯一近距離和俄羅斯血娃能夠互有感應的亞洲人，」當場親眼所見，不得不相信這玄之又玄的秘辛，這就是他們要尋找的五尊"俄羅斯血娃"中的第二尊。「黎兄啊，真是踏破鐵鞋無覓處，看來都很容易啊！」洪紹寬不得不感嘆，黎克文隨即明白，他已印證過了自己真的能與血娃產生相互感應。因為，這是接連發生的第二次了。

　　黎克文馬上和洪紹寬產生了一樣的想法，趕緊伺機告知羅賓洛夫教授和季錚，由他們決定下一步的做法。

　　「好了，文檔大家都看過了，這次是我國與貴國在科技合作方面的又一次進展，若合作發展能夠順利成功，我相信對於雙方抗衡霸權主義，將會取得重大的成就。請你們盡量說明需求吧！」巴爾夫斯基將放在桌上的"沙漏"倒了過來，同時做了引言，「沙子漏下來的速度是根據我們思考的速度，當沙漏結束漏沙時，我們的會議也就可以結束了。」

　　巴爾夫斯基他用沙漏掌握會議進行的時程，俄國人通常都不太願意浪費工作時間。於是，會議就正式開始了。

　　季錚代表客方接著說道，「謝謝院長與幾位長官，我就開門見山直說了，在臺灣，奈米液晶雷射技術發展，軟體上並無太大困難，但硬體上就有窒礙因素。」

　　啜了一口咖啡後，季錚再說道，「所以，這次我們來的主要目的，就是請貴國能幫助我們突破一些硬體製造技術上的瓶頸，以及支援我們材料上的需求。我們政府在這個領域的發展，饒大輝教授是負責人，我請他做較詳細的說明。」

　　巴爾夫斯基所長微笑著向饒大輝示意，「饒教授，請！」

　　「謝謝，有關奈米液晶雷射技術發展，我們原本已有基礎，但若要移植做為軍事上的用途，事涉敏感，主要還是材料來源上有困難，欠缺的材料清單在我們所附的資料最後兩頁，請貴方參考。」饒大輝很簡單的將重點說明清楚後，也向巴爾夫斯基所長點頭致意。

　　駐俄羅斯代表處其實就已經完成先置作業，當然都是保持最高機密下，由江組長直接聯繫協調，代表處其他人都不太知道有關內容。這次，臺北派來的人和俄羅斯相關官員見個面，也僅是程式上要相互再確認和完成簽訂手續。

　　饒大輝和黎克文兩位都是參與這個計畫的主要人員，另外有故宮博物院派來的研究員洪紹寬一起隨行，黎克文心想，「難道還是藉著蒐尋“俄羅斯血娃”作為幌子？」

　　俄國魯賓設計局也派員參與此次計畫，有點耐人尋味，黎克文判斷，「是不是俄國人想在臺灣的潛艦軍購上也插上一腳？這點可能季錚會比較明白。」

　　魯賓設計局在二○○一年初舉行「成立一百週年暨專業潛艦設計一百週年」的盛大慶典時，特別推出基洛級「阿穆爾 1650」號潛艦。該型潛艦為第二次世界大戰後俄羅斯的第四代非核動力潛艦，現在俄羅斯已開始與國外有意購買者進行商談。目前「魯賓設計局」又完成 636M 型潛艦的研發（該

型潛艦爲基洛級潛艦的第三代）。

　　季錚對魯賓設計局的背景也相當清楚，軍火買賣的龐大利益，當然各方都會眼紅，季錚終於弄明白了，「難怪法國軍火商安東尚雷諾會隨著他們一起來到莫斯科，法國佬也想來分一杯羹。」臺灣對新一代潛艦的需求甚殷，台俄雙方若能一拍即合，各自都能獲取最大戰略與經濟利益。

　　這次在俄羅斯科學院第三研究所的會面，台俄雙方都初步達成了協議，簽訂奈米液晶雷射技術發展的《協議書》與《合作備忘錄》，也各自交換了研究計畫的草案，最重要的，在購案金額方面都沒有太大的爭議。而爲了確保計畫的保密，便於掩人耳目，減少阻礙，所以由莫斯科大學羅賓洛夫教授與中興大學黎克文院長代表雙方簽署《協議書》與《合作備忘錄》。以往與美國購買軍備，還要負擔龐大的研究經費，硬是排擠到其他方面的預算，而且有許多的限制，「想買的買不到，不想買的卻被硬塞來」，所以，有關高敏感度的購案協議若提早曝光，就絕對會壞事。

　　「貴國烏拉山區有一座美麗的大城"葉卡捷琳堡"，她有座曾是世界上最大的重機械工廠，它所生產的稀有金屬是不是我們這次計畫中的材料來源？」饒大輝開始提問，

　　「呃，」俄羅斯聯邦技術和出口管制總局管制室主任尤達有點驚訝的回答，「你們對我們有很深入的研究啊？」

　　饒大輝微笑不語，靜待他的說法。

　　「您說得不錯。那裡是我們主要的材料生產來源之一，若你們有興趣，我可以安排你們前往實地參觀。」尤達也希望這次合作協議能夠成功圓滿，對大家都有利益，所以盡量

滿足買方的好奇。

　　季錚馬上接話，「感謝貴方的好意，若能有空我會安排這幾天派人前往。」

　　沙漏剛好滴下最後一粒沙子。巴爾夫斯基所長的女秘書又端進來果汁、咖啡和一些茶點，放在會議桌上。巴爾夫斯基豪邁的舉起一杯果汁，「Cheer！」大家也都各自端起果汁杯回應，劃下簽訂《協議書》與《合作備忘錄》的圓滿句點。

　　季錚一行六個人完成簽署，本來應該在儀式進行完畢後，就該結束告辭，但黎克文馬上拉著季錚和羅賓洛夫，俯在他們兩人的耳邊說道，「我剛才感應到一尊"俄羅斯血娃"就在這間會議室的書櫃裡。」

　　季錚愣了一下，但馬上就反應過來，「嗯，確定嗎？」羅賓洛夫也怔了一會兒。黎克文很有信心地說道，「這已經是我來到莫斯科後的第二次體驗了，所以我敢確認祂就是！保證千真萬確。」

　　季錚看看羅賓洛夫，這是要當機立斷的決定。羅賓洛夫卻不慌不忙地說道：「這下子，我們要在此地再多喝杯咖啡了。」

　　巴爾夫斯基所長剛好聽到羅賓洛夫講得最後一句話，呵呵笑道：「我親愛的老朋友，您還想再多留一會兒喝杯咖啡，是我們的榮幸呀！」

　　於是，所長又吩咐秘書趕緊再準備一些茶點和咖啡，又將其他俄方官員留下一起再多聚聚，慶賀這次簽署成功。

　　隨後開始的小型茶會上，一些俄式茶點陸續被端到會議桌上，俄羅斯外交事務協會葉蓮娜小組長風姿綽越的穿梭在

每個人中間，不斷地與他們碰杯，黎克文有點被電到的感覺，他馬上以爲這位葉蓮娜是不是也懷有一尊"血娃"？他警告自己，「千萬不要"暈船"，今天此行的主要目的是談軍購協議，而且湊巧發現到一尊血娃，還要思考如何取得呢？」

洪紹寬知道他的心思，輕聲地說，「你別擔心，車到山前必有路，船到橋頭自會直，天下沒有做不到的事情。」

黎克文真的多慮了，羅賓洛夫早想好了對策。只見羅賓洛夫靜悄悄地走到巴爾夫斯基旁邊，從懷裡掏出一個皮夾，從裡面再拿出一張折疊的紙張，打開來交給巴爾夫斯基。「所長老友，我無意冒犯，請您看這張正教會大牧首的諭令…，」

巴爾夫斯基戴上他的老花眼鏡，然後仔細端詳，「以上帝的聖名，我令羅賓洛夫和馬雷爲我的使者，完成送回十二尊血娃的神聖使命，凡在我教區內所有神的子民，均請協助他們，不得有誤聖名。」這是一份證明信物，上面蓋有東正教主教區的戳記和大牧首的親筆簽章。

「哦？這個…，莫非…？」滿臉狐疑的巴爾夫斯基抬頭看著羅賓洛夫。

「對的！」羅賓洛夫知道他這位老友要講什麼，「就是您櫃子裡的，祂就是其中的一尊血娃，可否允許我們帶回去呈交給大牧首。」

巴爾夫斯基有點驚訝的一嘆，「我竟然沒想到身邊的許多平凡之物，其實都是上帝賜給我們的寶貝。」遂再感慨地說道：「我知道，這將是攸關我們俄羅斯民族大運的祈福大典，我有幸能盡到一點責任，是我的福分啊！您就請吧！」

於是，羅賓洛夫順利地從俄羅斯科學院第三所取得了這

尊血娃，他們從底座上看到了"11"的阿拉伯數字，確定這
是編號"第十一"的血娃。

　　這時，窗外開始泛起濛濛的一層白霧，傍晚時的驟雨對
莫斯科街頭的市民而言，好像是習以為常的事情。巴爾夫斯
基所長見天色已暗，還想請他們留下來一起在所裡的餐廳吃
自助餐，季錚連忙代表大家推辭，「已經有點晚了，真得我
們要告辭了，今天特別的感謝所長，來日還方長。我們中國
有句古話，"鳶飛魚躍"萬物各得其所。這尊十一號血娃的
因緣已到了。」他們婉謝了巴爾夫斯基所長的好意，也預祝
今後合作愉快。巴爾夫斯基沒再堅持，送他們到門口雙方即
揮手告別。

9.蘇聯國民經濟成就展覽場

> 我們為了活命吃東西，卻為了保命又不敢亂吃東西，
> 這就是人類可以在不同的貪欲中生存下來的原因。

　　黎克文他們從俄羅斯科學院第三研究所拿回那尊 "編號第十一" 的血娃，當時，羅賓洛夫教授就電請莫斯科教區派出安全人員連夜將之送到大牧首的主教座堂收置好。現在下半張《血娃配置圖上》的五尊血娃已經找到 "第八" 和 "第十一" 的兩尊，還有 "第九" 和 "第十" 與 "第十二" 的最後三尊。

　　晚上，大家主張還是要在外面吃個飯，仍舊由代表處江組長開著車帶著大家兜著轉，他對莫斯科市區非常熟，各個大街小巷都跟自己家院子一樣的熟悉，「我帶你們到 "蘇聯國民經濟成就展覽商場"，那裡有條美食街夜市，好幾家攤位都很有特色，既便宜又好吃，但記住都不能多吃，管不住嘴就要傷了胃。」

　　黎克文聽後僅淡淡地說道：「我們為了活命吃東西，卻為了保命又不敢亂吃東西。」饒大輝笑笑說：「人類就是在不同的貪欲中生存了下來。」

　　羅賓洛夫教授不想掃江組長的興致，也順便向他們推薦

一下，「“全俄展覽中心”的拱門夜景，是原名“蘇聯國民經濟成就展覽商場”最耀眼奪目的建築，它於一九五九年由原有的工業、農業、建設三個展覽館改建而成，也可順便參觀參觀。」

　　不久，他們來到了這處展覽商場前，展覽中心的拱門上七彩繽紛閃爍不止的“LED”燈火，果然如同羅賓洛夫所講的耀眼奪目，旁邊有個小型的停車場，有幾位俄國青少年在幫忙引導客人停車，賺點零頭小費。此時，天色已暗，江組長開著車並沒在門口停車，他老馬識途地直接從拱門中間車道緩緩穿越而過。這時，有一個泊車少年在拱門旁拿起手機馬上拍了這部車的外觀，立即上傳了出去。艾瑞金坐在後座雖然隔著車窗，但他眼光銳利，已察覺到有狀況，卻並未動聲色。

　　羅賓洛夫在車上則仍不停地繼續的介紹，「商場內是一些噴泉，包括人民友誼噴泉，十五個金色美女手抱著一大束禾捆在舞蹈，代表前蘇聯十五個加盟共和國的團結。有一個展覽館代表稻米的收成，最大的展覽館是前面有一座列寧塑像的俄羅斯館。其中，太空科技的成就更是我們俄國人最引以自豪的。」

　　對於蘇聯的解體，季錚倒是深有體會，那個突發事件在全世界都是非同小可的頭等大事。當時，國安局每天都要研判情資，提供臺灣當局擬訂對策，「蘇聯解體發生在一九九一年十二月廿五日，由蘇聯最高蘇維埃主席團主席戈巴契夫宣佈辭職的事件作為標誌，為立國七十多年的蘇聯政權劃上句號。」

　　季錚對剛發生過不久的這段歷史記憶猶新，他補充說道：「在蘇聯解體之前，立陶宛於一九九○年三月十一日率先宣佈獨立，其他共和國也紛紛加以仿效，先後發表了宣佈恢復或收復主權的聲明，並開始制訂實現獨立的步驟和措施。」他認為，世界上任何強大的帝國總有一天都會崩解潰散，從歷史上血淋淋的殷鑑教訓，屢屢不爽，現在是世界獨霸的美國也將會是一樣的下場，季錚斷言，「不會超過卅年，我們拭目以待吧！」

　　「蘇聯 "八一九" 政變後，除俄羅斯外的各加盟共和國全部宣佈獨立，在俄羅斯境內的韃靼斯坦、車臣、西伯利亞等地，也出現了要求獨立的主張。」羅賓洛夫好像在上《國際關係》的課，一直熱心的在回述當年發生的狀況。

　　「整個蘇聯大帝國一夕之間就土崩瓦解了，這似乎應驗了尼古拉二世對 "俄羅斯血娃" 所發下的百年毒咒。」羅賓洛夫提出了他的觀察與結論。

　　前蘇聯時代建造的「國民經濟成就展覽商場」從外表看來，它的每棟建築都是雄偉壯觀，並具有十五個加盟共合國的民族特色，廣大的面積襯托出氣勢的不凡；但若實際深入到每棟建物裡探個究竟，卻發現不過只是金玉其外，也就是一個有經過刻意包裝的攤販大市集而已。

　　江組長終於將車子停靠在 "喬治亞共和國展覽館" 前的一塊大廣場上，大家一下車就聞到空氣中飄來陣陣烤肉串的香味。這座 "喬治亞共和國展覽館" 前的大廣場，有一半是用來當停車場，另一半是 "美食一條街"，大多都是擺置固定攤位且具有特殊風味的國民美食夜市。穿流不息的人群，

顯現出這裡一定有著非常吸引人之處。

廣場正中心有一個活動式的小舞臺，剛好有幾位穿著傳統民族服飾的喬治亞籍男女舞者隨著音樂在跳舞，羅賓洛夫也終於停止了他的俄國歷史演義講述，轉過頭介紹這舞蹈，「你們不要小看這幾個人，俄羅斯上百種民族各具特色的舞蹈，與不同采風的歌唱，就以這幾個人跳的民族舞蹈《俄羅斯之心》，最能讓觀眾細細體會品類繁盛的俄羅斯民族風。」

一夥人停下來觀賞這幾位舞者的表演，同時深深的嗅著這裡各種不同的美食香味，眼前的攤位上有鹽漬燻肉和鱘魚魚子醬，另一攤上是蘑菇醬牛肉…他們看得是垂涎欲滴，「我已經走不動了！」洪紹寬大聲的喊著。

饒大輝調侃地說道：「洪哥的體形絕對有資格吃完一整條牛。」洪紹寬有點不服氣回道：「被人看重，就自然能減重！」

於是，江組長就領著大家停下來坐在旁邊一攤的一張大空桌上，七個人擠得滿滿的，其他周邊攤位上的美食也都可以叫過來，現點現吃。江組長推薦俄羅斯傳統主食“列巴”給洪紹寬，「一個大列巴廿五盧布，絕對可以填飽肚子。」

羅賓洛夫特地到隔壁一烏克蘭人開的攤子上端來一盤“基輔雞”（chicken Kiev），「你們一定要嚐嚐這道美味，我每次來一定要吃的。」他強烈建議大家品嘗，「你們不要小看這隻雞，這道是烏克蘭聞名全世界的菜。」

江組長也從旁邊另一個攤子上端來一盤“煙燻臘腸拼盤”，「我每次來也是要吃這個。」他們好像在互別苗頭似的不斷地推薦國民美食。

就在他們正大快朵頤、埋首於饞人的美食小吃時，一位俄國老婦人推著一輛獨輪車，走到了這座"喬治亞共和國展覽館"前的大廣場旁，她脖子上圍著一條小花巾，穿著一件暗灰色的大外套，將她瘦小的身軀包得密不透風。這位老婦人給人的感覺，好像是每天都要來到這裡做她的工作，清潔打理各個攤集邊客人遺留下來的垃圾，刻板又無聊的反覆動作，使得一綹一綹焦慮的髮絲從老邁的頭顱不斷地掉落，形成現在這副形貌瞿瘦乾瘦的模樣。

羅賓洛夫看到這位老婦人走過來撿拾地上的垃圾，就隨手將剛才拿的一張包"基輔雞"的外包裝紙揉成一團丟進她裝了半滿的獨輪車裡。黎克文和洪紹寬這時也學著將手中拭完嘴的衛生紙跟著丟進那獨輪車裡，老婦人看了看他們，將手中的竹夾子在獨輪車內撥弄了一下，未稍停留地又繼續往前走。

眼尖的季錚發現，羅賓洛夫明明是丟一張包著食物的外包裝紙到獨輪車裡，怎麼好像丟在裏面的卻變是一張圖紙，而那老婦人用很快地動作將它戳到底層。

季錚剛想站起來過去仔細瞧瞧，一旁的艾瑞金卻先站了起來，又遞過來一塊"基輔雞"給季錚，「好吃就要多吃一塊，下次還不知道何時才會再來這裡了。」嘴巴已快塞不下的季錚趕緊忙著推辭，「嗚嗚，…您就別了吧…。」卻忘了剛才想做什麼事了。

這一條街的攤位還有好多個，老婦人要全部撿拾一遍，可要花不少時間。黎克文本想給老婦人一點小零錢，但見老婦人既然馬上就走開，就沒再往口袋掏錢了，又繼續吃他的

酸乳酪配紅莓布丁。

　　緊鄰"喬治亞共和國展覽館"前大廣場的是"吉爾吉斯共和國展覽館"，"吉爾吉斯"之名是由「草原」與「流浪」兩個詞所構成的，它的含義即「草原上的遊牧民」，這個草原國家是位居於中國大陸新疆與內蒙古的邊境。

　　展覽館路邊僅有三、四個攤位，主要是賣俄式大麵餅和水煮肉餃，顧客就顯得稀稀落落。老婦人推著獨輪車經過這個展覽館後，將獨輪車靠在一旁的角落裡，伸手將剛才羅賓洛夫丟進來的那張包裝紙拾起來，回頭看了看，就走進展覽館一旁的側門邊，老婦人舉手敲了敲門。

　　一位年輕人打開了一道小窗探頭看了看，老婦人用俄語低聲說道，「我是奶奶！」然後，門被打開了，年輕人問道，「奶奶，拿到手了嗎？」

　　「哪，這不就是！」老婦人朝著這年輕人笑笑，揚起了手中的幾張剛才羅賓洛夫丟進來的一張圖紙和黎克文他們已拭過嘴的衛生紙。

　　年輕人摟著老婦人親吻了一下面頰，「還是奶奶好棒！」年輕人接過奶奶手中的圖紙和幾張衛生紙，湊著頭上的燈光看了下，隱隱約約地上面都沾了一點口水和油漬。

　　這座展覽館是"東突"的一處秘密連絡站，牆上掛著一幅有點破損的"東突"分離組織的月牙星旗；一張桌子旁，分別坐著三位中年男子和一位年輕女子，都戴著黑頭巾，正在玩"塔羅牌"。聽到老奶奶「拿到手了！」的話，臉上立即顯露出興奮的神色，全都放下了手中握的牌。

　　其中一位最年長的男子說話了，「這幾張衛生紙，由月

季姑娘拿到檢驗所去化驗，確認他們的 DNA 和血型後馬上跟我回報。至於那張圖紙嘛…，嘿嘿，我們還要驗證它的真實性。」

這時，桌上的一具舊式旋轉撥號盤的電話機響了起來，被叫做月季的年輕女子順手拿起電話筒，停了約五秒鐘後才說道：「這裡是花園小屋，請說！」

「我是犀牛老闆，…」也停了約五秒鐘後，「請灰狼先生聽電話。」電話那頭傳來的兩句生硬的俄語。這是一種暗號，互相辨識身分之用。

「好的，請稍候。」確認來電的人身分後，月季將電話交給那位年長叫做“灰狼”的男子。另外那兩個男子相互看了看，並沒有什麼特別的表情。

灰狼接下話筒也沒有直接開口說話,先僅是簡單的「嗯,」了一聲，然後才用不太流利的英語說道：「犀牛先生，我跟你說過好幾次，千萬不要打這支電話號碼，這很不安全的。」

「我知道，但事情很急迫，您聽我說…」犀牛先生也用英語解釋，「我從我們“家裡”調來的“貨”已經在馬賽港裝船了，大約五天後就可以抵達。」

「好，我知道，後續的事情我會安排，請不要再打這支電話了！」灰狼特別再囑咐他，別讓俄羅斯警方監偵到這處據點，他說完就立即掛上電話。

犀牛先生就是法國軍火掮客安東尙雷諾的代號，他冒險打這通電話，還是有點輕忽，因為法國海外情治單位早就盯上他，透過與俄羅斯聯邦安全局和莫斯科特警隊的合作，這期間已對幾個可疑的電話號碼實施全天候的監偵。

「找到頻道了嗎？」在"國民經濟成就展覽場"外面轉角一個街道旁，一輛廂型車內坐了三位年輕男子，那是一輛俄羅斯警方的電子監偵電台車，他們正在搜尋剛才的這個可疑的頻道。「那是非法的波段，還需要一些時間校準，但訊號又中斷了。」一位在問，另一位在回答。

「不過，剛才有錄到一段通話內容，我來上傳給總部。」掛著耳機的作業員馬上用車內附設的"I-24-7"加密"全球警察通訊系統"上傳剛才錄到那段"犀牛與灰狼"的通話內容。這套通訊系統可以讓國際刑警組織的一百九十個成員國透過一系列數據庫，分享情報和刑事資料，有利國際共同合作打擊犯罪。

展覽場"吉爾吉斯共和國展覽館"的東突組織秘密連絡站內，灰狼轉頭又對著那兩位男子和那位女子交付新任務。幾位同夥聽完灰狼的任務分配後，其中一人摘下牆上掛著的那張"東突"分離組織的月牙星旗，將它捲起來收到抽屜裡。「這樣，我們就開始按計畫分頭行動吧！」灰狼交代完最後的一句話後，他們分別從這座展覽館兩側的邊門走了出去，瞬即消失在黑夜裡。

"東突厥斯坦解放組織"簡稱"東突解放組織"或"東突民族黨"。據中共官方網站聲稱：它是"東突"勢力中最具危害性的恐怖組織之一。其宗旨是通過暴力恐怖手段，在新疆建立"東突厥斯坦"。一九九六年"東突解放組織"在土耳其建立，總部設在伊斯坦布爾。

俄羅斯警方在聯邦安全局指揮下，對位於俄羅斯境內的這個組織已實施了很長期間的監控，因為該組織尚未在俄國

有激烈的不法活動，因而警方並沒有採取積極的取締，也可能是想豢養出個大案子再來動手查辦，才比較顯得出績效。目前時機還不成熟吧！

*10.*蘇茲達里女修道院

十二尊血娃必須聚集在一起，才能解開那百年的毒咒。

昨晚，回到莫斯科大學招待所，黎克文就接到馬雷修士的簡訊，他用英文傳過來的內容，「烏拉山脈的首府"葉卡捷琳堡"裡有一尊血娃放置在某個教堂或是博物館內，祂的位置正是"大衛之星"最右端的一角。」

黎克文記得白天才在俄羅斯科學院簽署協議完後，饒大輝曾提到，「葉卡捷琳堡的烏拉山重機械工廠，它所生產的稀有金屬是我們這次計畫中的材料來源。」而且，俄羅斯聯邦技術和出口管制總局的官員尤達也願意安排前往實地參觀，黎克文對剛發生的這些事記憶猶新，馬雷修士卻馬上就傳來又一尊血娃和這相同城市有關的訊息，是不是太巧合了些？

"葉卡捷琳堡"距莫斯科有一千三百餘公里之遠的正東方，開車得要費時約兩天之久，不然就要搭國內線的飛機；饒大輝將此狀況立即報告季錚，建議大家必須分頭去行動，「分進合擊，爭取時間！」黎克文也在一旁建議道：「有一句非洲古諺語：如果你想走得快，你要自己走；如果你想走得遠，你要找個伴。」

　　季錚同意黎克文這句話，但因為最後這幾尊血娃還是非得黎克文親自出馬，才能獲得感應，他若不在現場，大家也都是在白忙。於是，季錚取得羅賓洛夫的協助，協調聯邦技術和出口管制總局的尤達，請他安排饒大輝和洪紹寬儘快前往“葉卡捷琳堡”的烏拉山重機械工廠，探勘考察金屬材料。

　　季錚自己再和黎克文連袂到蘇茲達里拜訪，那幾張相片上的線索一定要趕到去見到那裡的女修道院瑪莉安院長請她解謎，才能有法子撥雲見日。兩組人馬大家都有個伴，相互照應。他們隨後就動身準備出發。

　　代表處又支援了一部福斯轎車給季錚和黎克文這一組，剛好黎克文在臺灣開的車是同系列車款，交車給他的江組長特別另外又跟他做個說明，「這部車經過特殊改裝過，可以從外面用遙控鎖上，裡面的駕駛員若無同樣的遙控鑰匙，則無法直接從內部打開，而且可以直接將油門熄火。」江組長向黎克文說明這部轎車的不同處，「這樣，一來是防竊，再則是防搶。」

　　黎克文明瞭在國外的外交工作牽扯到許多國安和特情方面的事務，有些裝備必須設置一些特殊的用途。「好的，謝謝我知道了！」他隨之熟練的啟動行車記錄器與衛星導航定位後，遵照著“自動導航指引”偕季錚一起從麻雀山繞著八線道的環城大道，很快地就往東出了城。

　　城外路上來往的車輛並不太多，路面也很寬敞，開始的路段最起碼都是六線道，路旁栽植的大多是高大的白楊樹，從間隙中看出去全是廣袤無垠的農田。筆直寬敞的道路又有衛星導航，讓黎克文不必太費心的駕著車，逕往蘇茲達里方

向越陌度阡疾駛而去，「我們會跑得會像風一樣快！」黎克文很久沒有這種放開心、全力奔馳的感覺，他已沉迷在完全操控駕馭的情境裡了。季錚則坐在駕駛座旁看著窗外飛掠而去的景色，他不太敢打擾黎克文，免得造成分心。

　　越來越往鄉間的馬路邊有些小市集，販賣著農民們自行生產的新鮮水果與蔬菜，他們為了生活，憂面結目，一早就擔著背簍來到這些參差不齊的小市集兜售。季錚和黎克文雖是急著趕路，但長途駕車跋涉也是要休息補充體力，當停下來品嚐便宜又可口的小黃瓜，再伸伸腿、扭扭腰，他們覺得精神就立刻恢復了過來。

　　就這樣連續開了好幾個小時的車，不久來到途中的"謝爾蓋城"。時值近中午，兩人就在路旁的一家尖頂木製組屋速食店順手點了兩份布林餅，來俄羅斯已經比較懂得吃一些俄羅斯國民美食，既經濟又實惠，最主要的不用排隊等，很像是麥當勞速食或是得來速。

　　謝爾蓋城擁有盛名卓著的"三位一體聖謝爾吉修道院"，他們倆見時間還早，想到裡面參觀一下，也順便上個洗手間方便方便。

　　修道院外的廣場上是三排攤販，販賣一些手工藝品與特產，都是一些價廉物美的次級商品，他們倆很快地穿過這些攤販店家進入到修道院內。

　　創建於一三五四年的這座修道院，長久以來一直是俄羅斯最偉大的宗教聖地之一，整個修道院的興建過程長達六個世紀之久；院內的修士們都執禮甚恭、神情莊嚴肅穆，隨處都能感受到東正教信仰無比虔誠的氣氛。

　　現在修道院為了發展觀光，很多設施都重新整修得相當現代化，就連洗手間都相當乾淨。洗手間有六個便斗，只有一座有人使用，就在他們倆站上其中空的兩座去小解時，黎克文看到右邊便斗站著一位蒙著黑色頭巾的亞洲面孔男子，剛好轉過頭來露出炯炯有神的雙眼，那眼神很犀利，體格又魁武，像是位拳擊健將。

　　季錚與黎克文方便完走出去沒有多所停留，很快地回到路旁停車位置，就在黎克文正要發動他的車子時，一部重型摩托車忽地停靠在他們旁邊。

　　「哈囉！老兄，我想請問你們是要到蘇茲達里的季先生和黎教授嗎？」一位戴著墨鏡、面容削瘦而蒼白、有點微髭、胸前佩戴著一枚警徽的俄國人將摩托車停在他們車前再走到車窗邊，操著華語問道。

　　「您是什麼人？交通警察嗎？」黎克文被他一問，心中有一股狐疑，隨即提高了警覺，但看到他胸前的警徽就放膽反問道。

　　那陌生人灰黃的眼睛打量著黎克文，「老兄放心，我是莫斯科警局特警隊的組長柯佐夫，」這俄國人同時掏出了特警證，證明自己的身分，「我奉命趕來保護你們，現在開始要全程陪同你們到蘇茲達里。但請恕我無禮，我必須也確認您們的身分。」

　　黎克文雖然有點懷疑，但還是出示了他的《護照》，確認無誤後，柯佐夫伸出手，雙方握了握。

　　「黎先生，你先跟隨我到前面的警察分駐所，我將摩托車寄放在那裡，再搭你們的車。」柯佐夫不等黎克文答話，

就跨上摩托車在前面帶路。

　　黎克文看看季錚後就開著車跟著，季錚點點頭同時拿起手機撥給了臺北代表處江組長。「怎麼回事？是誰要求俄國警方派個人跟著我們？」季錚劈頭就問接電話的江組長。

　　「那是我們陳代表的意思，俄國人說"千萬不要單獨在往蘇茲達里的路上行走，特別是外國人"。」電話那江組長解釋著，「因此，陳代表堅持要顧慮安全，而且聽說，那位特警是位非常屬害的幹員，很是身手不凡。」

　　原來，陳偉國代表還是很不放心季錚和黎克文兩個人前往蘇茲達里，特別透過莫斯科警方派位幹員沿途跟隨照應，這位特警隊柯佐夫組長才銜命親自騎著一部重型摩托車一路追趕過來。

　　過了前面一個彎道，就到達位在路旁的"謝爾蓋城警察分駐所"，柯佐夫將摩托車停放好後，立刻跟值班警員交代幾句話，接著轉身到黎克文旁邊，「交給我來開吧，路我比較熟。」

　　黎克文也不堅持，就依柯佐夫之言，鑽出了駕駛員的位置坐到後座。當柯佐夫低身進入到車前座時，一旁的季錚瞥見他夾克內左胸上掛著一把手槍，忍不住的多看了一眼，柯佐夫立刻查覺到，剛好故意找個事件打破沉默，笑著說道：「這是我們俄國警方的"托卡瑞夫手槍"。」說著說著，就掏出來給季錚鑑賞把玩，季錚自己也是幹警察多年的，各國的警槍大概都知道，只有共產國家的警察用槍則比較少見。

　　季錚看了看後，就轉身將槍交給黎克文也看看。世界上任何形式的手槍，黎克文也都能一眼認出，這也是他平常的

興趣之一；當年他在當預備軍官時，就是國軍運動會的陸軍射擊代表隊，但這把 0.33 口徑 "托夫卡瑞手槍" 是他第一次看到實際的現品，黎克文隨手看了看板機與滑套後，就還給了柯佐夫，滿足了好奇心。

　　於是，從此刻起他們三人就開始結伴同行，離開謝爾蓋城後，先是穿越一大片深邃的森林，一望無際，長得好像永無止境。但就在他們車子後面遠遠地也有一輛轎車一直尾隨著，因距離較遠所以並沒有引起他們的注意。

　　「我曾經在中國北京讀過幾年的中文學校，我的華語還行。」柯佐夫開始轉用華語和季錚與黎克文聊天，首先自報簡單的學習背景。

　　黎克文本來對這位俄國便衣特警不太有興趣，管他屬不屬害，就不太想理睬，但他也是奉命前來保護自己，還是要尊重一些。聽他自我介紹，就順著話說：「難怪您的華語講得這麼道地，字正腔圓的。」

　　柯佐夫又很開心地問道：「你們對我們的國家感覺如何？」

　　「貴國地大物博、歷史悠久，尤其是文化底蘊深厚，令人尊敬。」話雖是撿好聽的講，但這也確是黎克文在這幾天的感覺。季錚倒沒吭氣，但比了個大拇指。

　　柯佐夫很驕傲地點點頭，「中國人也同樣很偉大！」禮尚往來，相互推崇。人就和氣球一樣，只要被別人一吹，便飄飄然了。於是，一路上他們就閒話家常起來，氣氛慢慢地開始輕鬆些了。

　　「我們大約傍晚時會先到達弗拉迪米爾（Vladimir），」

柯佐夫對俄國旅遊勝點"金環"知之甚詳，路途上像是導遊般，一邊介紹地理環境，一邊不斷地介紹這個地區的許多歷史典故。

「弗拉迪米爾於十一世紀末建城，並曾經是『蘇茲達爾大公國』的首都，有著在歷史上成功抵抗韃靼人入侵的光榮史績。經過幾個世紀以來，這個地方仍然保存有傳統俄羅斯古代鄉村的風貌，時代的巨輪並未對它造成任何的影響。」柯佐夫利用任何一個可以介紹美麗祖國的機會，他都很熱心地把握住。

「柯佐夫先生，我看到此地的教堂，總是一大一小連在一起，又是什麼原因？」黎克文有點好奇地問道。

柯佐夫笑笑，「您問得好，"歷史的標點全是問號，歷史的幕後全是驚嘆號！"我們這是為了適應氣候的變化，大的教堂夏天用，較涼快；小的教堂冬天用，較暖合；這也是我們俄羅斯先人的智慧。」

傍晚經過"弗拉迪米爾"這個被視為俄羅斯國家的起源地之一時，柯佐夫指著不遠出的一處大教堂說道，「那座聖德米契大教堂是本地最美麗的教堂，建於十二世紀末年。」柯佐夫自豪地繼續說著，「它牆上精美繁複的鳥獸植物和狩獵情景是它最傲人之處。」

黎克文很讚嘆俄羅斯這個到處充滿著歷史文明瑰寶的國家，很可惜他有要事在身，不然他真希望好好的在這裡各處仔細的飽覽一番這些精湛的文化。

他們匆匆經過弗拉迪米爾，再往北方開了卅五公里約半個多小時的路程，終於在天黑之前到達了蘇茲達里，後面那

部轎車仍是如影隨形的遠遠地跟著。柯佐夫倒是有了警覺，但他沒有吭聲，老江湖了很沉得住氣，不會隨意打草驚蛇。

　　蘇茲達里是十二世紀從洛斯托夫到蘇茲達里的多爾哥魯基大公國領地之首都。十九世紀時，一條從莫斯科通往北方的火車鐵軌修築工程，繞過蘇茲達里，使得這個城鎮無緣搭上經濟開發的現代化腳步，卻得以保存原始古老的面貌。

　　季錚和黎克文在柯佐夫組長的陪伴之下，進入這個精緻又樸實的俄羅斯傳統鄉村，首先映入眼簾的就是齒狀飛簷、傾斜屋頂和穹頂構樣的許多教堂。

　　「貴國教堂之多，就如同我們臺灣的廟宇神壇一樣，三拐五彎就出現一座。」季錚從到達俄羅斯就有這感覺，禁不住說出來給柯佐夫聽，也是佩服。

　　柯佐夫對這裡的環境很熟，識途老馬般繼續帶領著黎克文到不遠處路旁的一個小高地，從那裡眺望，可以看到一座十六世紀的女修道院，也就是季錚和黎克文要來探訪的“蘇茲達里女修道院”，寧靜而與世隔絕般地佇立在一條小河的岸邊。

　　不一會兒，他們的車子就來到跟前。僅從外表看這個修道院，應該是個避靜修心的絕佳所在，有許多小木屋可供遊客住宿；院內草地上一棵白樺樹上還栓著一匹栗色的駿馬，肌肉豐勻、肢勢端正、鬃及尾毛疏而細，一點都不怕生的陪遊客照相。站在旁邊有一位小男童拿著一個小罐子熱情地招呼遊客，顯然是在收取小費。

　　修道院附設的“L型狀”兩排小木屋，類似一般的民宿，雖是民宿卻稱得上是當地最現代化也是具有多項設施與

配備的標準旅店，房門鑰匙上的小秤砣飾物就很別緻，讓旅客便於保管也印象深刻。

　　柯佐夫先登記好住宿，相鄰的三間單人房，他們放置妥行李，就到最後面附設的餐廳用晚餐。雖然已接近晚上七點鐘，客人們仍是興致勃勃的在附屬的小賣店購物。現代的俄羅斯經濟已走向市場化，民生物資不虞匱乏，但舶來品卻非常貴，一般在地人都不會光顧，只有這種鄉間的特產店，常會有外來顧客光臨。

　　有的人已休息，有的人在自己房間裡小酌，還有的人在震耳欲聾的吧檯裡喝啤酒。若真的沒有當地人帶領，外地人真不知道修道院內還有這麼一處絕佳的休閒餐廳。柯佐夫和季錚與黎克文正坐在這餐廳角落裡，享用俄國風味晚餐。

　　「柯佐夫先生，謝謝您一路上講解了這麼多有關貴國的風土人情與歷史典故，令我們增加不少見聞。」黎克文吃完了一盤馬鈴薯芋泥後，對柯佐夫講出了內心感謝之話。季錚亦笑了笑。

　　「明天早上，我們要和修道院的院長見個面，有事就教，請您也一起來吧！」黎克文本來預約的是他和季錚倆個人見瑪莉安院長，既然莫斯科警方派人跟著來，就禮貌地邀請一起見面，但不知道會不會給主人添麻煩？

　　「好，我來之前，我們長官就已經交代要儘力協助你，恐怕擔心會有語言障礙。所以，明天我會陪著您們一起去。」柯佐夫很爽快地答應了，「但有一件事我必須提醒您，我們一路上過來時，有一部車一直在我們後面遠遠地跟著也到這裡了，上頭可能有兩個人，動機和身分還不太清楚。」

　　黎克文有點納悶。柯佐夫喝乾了手上的那罐啤酒後，又繼續地說，「據我研判，可能和您們來此的目的有關，晚上我們要小心一點。」

　　黎克文一聽，立刻想到在途中教堂洗手間時，站在旁邊那位圍著黑頭巾的蒙面男客，他的眼神閃爍著犀利目光，現在想來還不禁打了個寒顫。莫非就是他們？

　　柯佐夫和季錚與黎克文很小心地回返到客房，柯佐夫四周看了一遍後跟黎克文使個眼色，將黎克文和季錚拉到自己房間內，小聲地說，「我和黎教授調換個房間，聽我的。」說完，將胸前的配槍交給黎克文，「會用吧？」黎克文將這把不久前才看過的俄製"托卡瑞夫 0.33 口徑手槍"握在右手上，輕輕地滑動一下槍機，又看了下裝滿子彈的彈夾。

　　「沒問題！但您呢？」黎克文很有自信，他也知道季錚早已向代表處借了一把槍防身。可是卻擔心柯佐夫將配槍給了自己以後，柯佐夫倒怎麼執行勤務和防身呢？

　　「我身上還有。」柯佐夫回道，他想降低一下緊張氣氛，笑了笑解釋道，「俄羅斯每位外勤特警身上都至少配備兩把以上的槍隻，胸前、腰間或是小腿上。」柯佐夫知道季錚身上也有帶著槍，外國人在俄羅斯境內合法配槍都要受到俄國警方列管。

　　「而且，我已請了地區警方晚上加強這附近的巡邏，以策安全。」柯佐夫剛才在開車時，就已傳出簡訊給蘇茲達里的警察分駐所，「這裡的遊民收容所要記得清查，常有一些宵小混跡其中。」那時，季錚和黎克文剛好在打瞌睡。

　　蘇茲達里的晚上開始飄著絲絲細雨，就在黎克文和柯佐

夫分別就調換好的房間內休息時，那排小木屋的最後一間房門悄悄地被推開，一個包著頭巾的男子僅露出一個頭向黎克文他們房間方向張望了下，然後縮回頭又悄悄地關上門。

　　黎克文一夜沒有闔眼，可能是惦念著柯佐夫的警告，也可能是白天坐車有在打瞌睡，反正整夜都躺在床上想著心事，手槍就擱在伸手可及的床頭櫃上，保持警戒。季錚則在他自己房間換上睡衣坐在沙發上看電視，手槍則放在臀部邊。

　　修道院圍牆外面的道路上，有一輛警車車頂閃著紅藍燈，靜悄悄地剛從附近的遊民收容所巡邏回來，遠遠地就看到那閃爍的警示燈，「一切正常！」蘇茲達里警察分駐所的值班警員接到的例行報告，一如往常。

　　直到清晨，戶外仍然飄著細雨，一時之間沒有止歇的樣子。窗外樹林裡的枝頭上，成群的烏鴉卻起來個大早，聒噪的聲音不但宏亮，長得還真是碩大，每一棵樹上都停留了約五、六隻，好在俄國人對烏鴉沒有那種不祥瑞之感覺，否則牠們就難有這種安逸的生存環境了。

　　黎克文撐到天色開始泛白，才感到有點睡意，他想到與女修道院院長約的是今天上午九點半鐘見面，現在還有些個時間，而且天色也亮了，應該不會有事發生，小憩個半個鐘頭再起來吧。於是，黎克文闔上了眼睛，心情一放鬆很快地就睡熟了，烏鴉還是在樹上聒噪的叫著。而季錚半夜就已在沙發上睡著了，電視機還是開著一整夜，好在聲音非常小。

　　那排小木屋最後一間的房門又悄悄地推開了，那位戴著黑頭巾的男子斜背著背包走了出來，後面跟著一位渾身肌肉虬結也是戴著黑頭巾的男子，兩人一前一後地走向原是黎克

文而現在是被柯佐夫私下調換過來的房間。前面那位男子很熟練的掏出一支萬能鑰匙，再加上一根細鐵絲，很輕鬆地就打開了那間房門。

　　兩人偷偷摸摸潛入進去後，前面那人立即從懷中掏出滅音手槍朝著床上就連開了三槍，一副要置人死地的槍決方式，那三槍幾乎沒有聲響，床上的毯子馬上現出三個有點燒焦冒煙的槍彈孔。那男子很快地掀起毯子一看，卻是兩隻枕頭疊出的一個人的形狀，只有剛才打的三個槍眼並沒有真的睡人，「啊，是空的？！」後面那男子驚呼，馬上轉身衝到浴室，門一推開裡頭也是空無一人。

　　就在此刻，柯佐夫從床底下蹬了出來，瞬間一躍而起，手上握著兩隻"雅利金"手槍，身軀還在旋轉就能以右手一隻槍射向前面那人持槍的手臂，也是裝了滅音器，僅是「噗」的一聲，前面那人的手臂中彈，「唉呀！」，手中的槍就掉到地上。

　　柯佐夫連帶一腳將那支摔落地上的槍踢開，左手的槍迅速地指著後面浴室邊的那個壯漢持槍的右手，又是「噗」的一槍，後面壯漢右手掌也中彈，手中的槍同時掉在地板上，他痛得不禁「哼」了一聲，左手趕緊握住開始噴血的右手掌，接著就聽到柯佐夫以俄語喝道，「都不要動，不然就等挨第二槍吧！」柯佐夫喝道，兩手的槍分別指著那兩人，好像隨時又要摳板機了。

　　年輕壯漢見他身手如此矯健，嚇得一時傻在那裏，槍就掉在腳前都不敢看一眼，雙手緊抱，鮮血從指縫間滲出卻真得一動都不敢再動。

　　前面那個人看到自己右手臂上的槍眼，血水不斷地從槍眼裡冒出來，右手袖子上染的都是血，痛得臉上開始有些扭曲。柯佐夫厲聲說道：「流點血對你有好處！兩個人現在都快趴在地上，雙手背在後面！」

　　柯佐夫很快地制服了這兩人，接著，他就動手搜完這兩人全身上下，其中一人腰上還有一把槍也立刻被繳械，但兩個人身上都沒有帶手機，這點就令柯佐夫感到有點奇怪，「他們是怎樣連絡的？」

　　柯佐夫沒想太多，依舊動作熟練的騰出一隻手撥電話給當地警分駐所，「立即來人將歹徒帶走！並派一輛救護車。」另一隻手上的槍口仍沒離開那兩人。這兩人領教了柯佐夫俐落的身手，知道他絕不是好惹的，所以也不敢輕舉妄動。

　　剛睡著約廿分鐘的黎克文聽到一陣吵雜的走動聲才驚醒過來，起身拉起窗簾一看窗外，好幾位俄國員警押著那兩個上了手銬的人走出去。黎克文馬上就反應過來，昨晚沒發生的事改在今早發生了，他好像錯過了好戲。季錚也被這些聲響驚醒，從沙發上跳了起來。

　　「你們要先仔細的查察他們的真實身分，然後，再將他們押回到莫斯科審訊。」柯佐夫正跟其中的一位小隊長低聲說話。

　　「是的，我們等會兒就會向您報告了。」那位小隊長兩腿一靠攏，向柯佐夫敬個禮，隨即轉身離去。

　　其他住店的旅客才剛起床，一時之間還弄不清楚發生了什麼事。黎克文歷經這一幕，他才由衷感覺到俄國特警們真是訓練有素反應敏銳，「若不是昨天晚上柯佐夫和他偷偷地

換了房間，恐怕自己已白白地成了槍下冤魂。」季錚則在想，那兩個刺客爲何直接就衝到黎克文原來的房間？他們的目的絕不是僅爲了行兇殺人，一定也是爲了血娃。

「剛快去盥洗吧，我們等下去吃早點了！」柯佐夫回過頭來拍拍黎克文肩頭，也和季錚打了個招呼，好像什麼事都沒發生過。季錚看看柯佐夫，心裡面突發奇想，有機會看看能否禮聘柯佐夫到臺灣警察大學當教官，提升一下我們臺灣警察的素質？

這時院子裡，那匹栗色的馬正伸長頸子吃著白樺樹梢的嫩枝，牠的早餐。

很快地上午約定的時間到了，季錚與黎克文和柯佐夫穿過院裡的花園，抖落一身的雨滴，由一位修女在修道院門口帶著進入到院長辦公室。

修女是天主教或東正教中離家進入修道會的女教徒，她們並非神職人員。要擔任修女通常須發三願，即 "絕財、絕色、絕意"，以從事祈禱和協助神父進行傳教。

院長瑪莉安修女看上去約五十歲上下，正坐在她院長的位置上等著和客人會面，她懷裡抱著一隻貓，一隻俄國藍貓。

俄國藍貓舊名 "亞克安吉藍貓"，其真正意思爲 "天使長貓"。純種的俄羅斯藍貓呈中等深度的灰藍色，在貓的毛色中並不常見，故被視爲一種貴族貓。

「兩位尊貴的客人，早安！」院長瑪莉安修女微笑地以俄語打著招呼，並示意請他們坐下。大概是怕他們驚擾到她懷中的藍貓。

俄國藍貓的起名係因爲其身上藍色間雜銀色漸層的毛

髮，俄國藍貓廣爲世人所知是它的聰穎與好玩，以及在陌生人面前的靦腆害羞的個性。

　　一位年輕豐腴的俄國女子端來了三杯白開水給客人，輕輕地放在茶几上後靜靜地坐在旁邊的椅子上，打開她的一包"牛角餅乾"，一顆一顆地緩緩送進她的嘴裡，很大方率性地當作零食在吃，一點都不忌諱毫不做作。

　　「她是我的學生茱麗亞。」瑪莉安院長對著黎克文順便介紹了這位年輕的女子。

　　瑪莉安院長時常提醒茱麗亞要注意她豐腴的身材，少吃零食，不能再胖了，但茱麗亞一直都不擔心她的身材會走樣，總會說：「體重只是身心健康的一種反射，喜歡自己的人，一定自認胖瘦皆美。」

　　瑪莉安修女兩手一直都撫摸著藍貓，由於俄國藍貓的個性與特殊的毛色使得牠在人群中頗爲吃香，並且發展出與喜愛的人們極親密的感情。

　　「院長，您早！謝謝您能撥冗會見我們，」黎克文首先以華語問候，「我是從臺灣來的黎克文教授，這位是臺灣政府的官員季錚先生，另一位是貴國特警隊柯佐夫組長。」柯佐夫再逐句翻譯成俄語，並向著瑪莉安院長和茱麗亞禮貌的點點頭。

　　「早晨發生的事，讓你們不安了，沒有受到什麼傷害吧？」瑪莉安院長也知道了早晨在客房部發生過的事情，很關心地問道。

　　「呃，沒什麼關係，只是普通竊案吧！」黎克文簡單地一語帶過。

「有什麼我可以效勞的嗎？」瑪莉安修女慈眉善目很客氣。黎克文覺得她的神韻有點像臺灣的證嚴法師，只是長相和裝扮略有不同，但卻是令人感到易於親近。季錚坐在一旁一語不發。

「我們知道您是俄羅斯少數幾位懂得 "古西伯利亞文" 的專家之一，」黎克文開門見山就切入正題，「我想請您幫著翻譯有關這些文句的語意，我們有些謎團正待解開，」說完，從口袋裡拿出那五張在耶穌救世主大教堂拍攝的照片。坐在旁邊的女學生茱麗亞先接過來看了看，放下了她手邊的那小包牛角餅乾說道：「這字太小了，請允許我將照片彙整放大列印出來，才比較好判讀。」

黎克文當然同意。於是，茱麗亞將那五張照片有重疊的部分遮了起來，然後放置在桌邊的影印機上，將其放大成一張，再以 B5 的彩印紙列印出來，交給瑪莉安院長。

瑪莉安院長仔細的看過那張列印紙上的符號後，對著柯佐夫說道，「這的確是古西伯利亞文，或叫做古亞細亞文，…它並不是一種正式的語系，而是語言學家用來指涉某些位於西伯利亞偏遠地區的孤立語言和小語系語言的總稱…。」

瑪莉安院長很大方的就她所知滔滔不絕介紹著，一點都沒保留，「古西伯利亞語言的情況十分複雜，各語言之間的系屬關係目前也不十分明確。因此，古西伯利亞語言基本上只是為了描述上的便利而創造出來的，並不意味這些語言之間有歷史發展上的承傳關係。」她圍繞著一堆古西伯利亞文很學術化的脈絡來講述，令季錚和黎克文聽了有點乾著急，連柯佐夫在旁邊翻譯的也有點吃力。黎克文覺得這位瑪莉安

院長真的好爲人師，但卻很有親切感，所以也不便表達其他意見，聽聽長些見識。

「這些是其中的葉尼塞語系的文字，是分佈在西伯利亞中部葉尼塞河流域的一個語族，一般學者對這些文字語言所知甚微。如今，只有少數的當地老人還懂這種語言。」瑪莉安院長又將那張彩印紙反復的再看一遍後解釋著。

「我很冒昧的請問，那些相片是在哪裡拍的？」瑪莉安院長有點好奇的開始發問。

黎克文覺得這沒什麼好隱瞞的，就如實地回答，「是在莫斯科"耶穌救世主大教堂"內的一處檻壁上。」他卻並沒有講是馬雷修士帶他們拍的，因爲他不知道這適不適合告訴她們。季錚在一旁一直保持沉默，他只靜靜的在聽著。

「哦，我明白了，」瑪莉安院長好像什麼都知道了似的，接著說道，「茱麗亞她是語意學方面的專家，我想請她來翻譯會比較傳神些！」瑪莉安院長轉請茱麗亞來翻譯，她再作最後的結論。

茱麗亞現正在蘇茲達里學院修習"少數民族語文學"，她也是中亞"雅庫茨克北方民族博物館"的研究員，帶職進修。最近，也剛好和瑪莉安院長一起探討有關"古西伯利亞文"的專題研究。瑪莉安院長每隔一段期間也都會遠到莫斯科大學研究所指導一些研究生，有時候，學校的研究生也會到這裡來易地上課。

黎克文他眼睛不自主地被茱麗亞提著的帆布手提包上一隻吊牌吸引住，客製化的吊牌上以中文燙印著"茱麗亞"的名字。那她應該懂得中文，黎克文心想。

「請問您是哪裡人？」黎克文試著以中文問她。茱麗亞果然聽得懂中文，她也以中文回答，卻不太流利，「我本身是葉尼塞族人，住在雅庫茨克，…那是一個位居"勒拿河"（reka Lena）河畔，美麗又豐饒的花園城市。」

茱麗亞主動的說明她的故鄉風貌，因為她恐怕外國人很多不太熟悉俄羅斯的生活環境，尤其是她家鄉"雅庫茨克"的地理位置。

「剛才，院長要我翻譯這張紙上的古西伯利亞文，…請允許我用俄文來講，較不會失真。」茱麗亞對比較艱深的中文還是沒有把握，但柯佐夫就得很辛苦的要一句一句來翻譯成中文，他也不十分有把握。

當茱麗亞看到這張列印紙上的文字後，想到她在約一年多以前有一位聖彼得堡前來的馬雷修士，也是帶著一份古西伯利亞文的半張地圖來找過瑪莉安院長，那半張地圖上是畫著一個"大衛之星"，旁邊的文字內容都是談到有關"俄羅斯血娃"的。瑪莉安院長亦是要她來翻譯成現代白話俄文，其中兩者之間有否關連？引起了茱麗亞很大的好奇。

「聖彼得堡基督升天大教堂的圖書館館長馬雷修士，你們認識嗎？」茱麗亞問道。

「我們認識他啊！」黎克文想到前兩天才在莫斯科耶穌救世主大教堂和他見過面，這些相片內容就是他指引拍照的。

「馬雷館長也曾經拿著與一份畫著"大衛之星"的地圖找過院長。」茱麗亞眼神轉向瑪莉安院長，點了下頭代表詢問是不是可以說出來的意思？

「我們是有很多訪客，大多都是研究古西伯利亞文的學

生們或是想來釋疑的 好奇學者們，那位馬雷館長也是來找過我。」瑪莉安院長補充道。

這下，黎克文有點明白了，馬雷修士自己曾經來過這裡請瑪莉安院長翻譯一張與此有關的地圖。但是，為什麼多此一舉又故弄玄虛的要他們也來此地一趟？他自己就可以獨力完成這個工作的呀！是不是其中有些難言之隱，就不得而知。

接著，茱麗亞開始將這份古西伯利亞文件以俄文唸出來，再由柯佐夫組長翻譯成中文朗讀一遍，「後一段話是，…二百年前的沙皇"亞歷山大一世"於一八〇一年即位後，即與東正教大牧首聯手，依照"大衛之星"不規則的排列方式，將這十二尊血娃秘密藏置在分散於俄國境內的十二座教堂裡，藉以安祚俄國國基。當時，拿破崙入侵俄國就因此而遭致失敗的命運。大部份的人都相信：我們俄國全體軍民在這十二尊血娃的保護之下，才得以戰勝拿破崙。」

茱麗亞抬起頭看了一下眾人，都很認真地聆聽，遂又再看著那列印紙上寫著的文字接著說，「從歷史中驗證，這十二尊血娃冥冥之中確實發揮了神力，幫助俄國多次成功抗擊外敵，也振興了俄國的國運。」

她停頓一下又繼續說道，「但在一九一七年，…正教會大牧首與沙皇尼古拉二世因被共產黨發動紅色十月革命而遭致殘酷迫害，憤而共同起了一個血腥毒咒，…"百年內，蘇俄帝國就要消亡。"使得這十二尊血娃反倒轉成為一個邪物。當年的《血娃配置圖》更被大牧首藏匿起來，使後人不知道血娃的正確位置，…將近百年來的詛咒無從化解。」最後一句話是茱麗亞自己的預感，「看來，詛咒就要應驗了！」

　　瑪莉安院長也抬起頭緩緩地說道，「後面這段話，就不是當年原始的刻文了，我研判是一位異教徒追加上去的。有的人類終究一生都至少會做上一些愚不可及的事！」瑪莉安院長對異教徒是有很露骨的批判。

　　刻文所說的那張羊皮紙上的《血娃配置圖》，上面有沙皇的皇室印記和大牧首的親筆簽名。「在一百多年前，沙皇"尼古拉二世"即帝位時，就已預見俄羅斯帝國將開始崩解，局勢恐已不堪挽回，遂將這張羊皮紙一分為二，並浸入油脂以便久存，分別藏在聖彼得堡與克里姆林城堡（現今之莫斯科）深宮內。」

　　「後來，布爾什維克黨人採取流血暴力革命，大牧首為援救沙皇未能成功，就將《血娃配置圖》偷偷地從宮中帶出藏匿了起來。…」不過，茱麗亞對最後一段的文字卻語帶保留，停頓一會兒沒有說話。瑪莉安院長覺察到，舉起手輕輕地揮了揮說道，「沒有關係，都說吧！應該讓他們知道。」

　　於是，茱麗亞繼續說道，柯佐夫也一邊繼續翻譯，「那是一把難以置信的千年古琴"巴拉拉卡琴"，形狀為三角型，有點像是吉他，也是六條弦。百年後，那十二尊血娃將在俄羅斯首都的主座教堂排列成一幅大衛之星形狀的圖案，由那把琴的琴聲，演奏完一首當時俄羅斯的國歌，再加上每尊血娃滴上一滴那千年前小牧童轉世之人的鮮血，大牧首就可以化解百年詛咒了。」

　　以上就是最後一段的刻文，黎克文瞭解了整個檔裡內容就是血娃的傳說，看似簡單，但整個過程就不是這麼容易得就能完成的，「對他們來說，上帝擁有權威、信仰自然亦更

有權威。」

「不過恕我直言，剛才那段古語的文法有些問題，文法是一切語言的規則，但是我相信，古西伯利亞文是用於古代的，可能已不太適合現代人的用語。然而整體言之，我們還是非常清楚了解其中的重要意思，這就足夠了。最後，也感謝瑪莉安院長和大家的幫忙。」黎克文起身道謝，他知道還有許多關鍵因素得要"故宮博物院"的洪紹寬博士來解釋，才能解開這個血娃之謎的全貌。

現在，瑪莉安院長將這份照片裡古西伯利亞的刻文翻譯出來，讓大家都明瞭了其中的意義後，上午的會面也告一段落，該離開的就很快地要告離。季錚和黎克文急著還要趕回莫斯科，在要離開之前，季錚將隨身帶來一份臺灣高山茶葉禮盒贈送給瑪莉安院長，另一盒鳳梨酥送給茱麗亞，答謝她們的熱心幫忙。

不久，茱麗亞代表瑪莉安院長送完客後，蘇茲達里女修道院的內院裡頓然空蕩蕩的，只有長廊上一個燈柱斜斜的影子和一隻俄羅斯藍貓在地上玩著一顆滾動的彩色小毛球。幽靜的村落裡，又開始聽到修女們祈求和平，唱著聖詩的迴響聲。

季錚和黎克文偕著柯佐夫在女修道院的停車場正要取車上路時，他們那部福斯轎車忽然衝了出來，他們從前車窗看見車裡是一個戴著一頂紅色棒球帽的年輕人握著駕駛盤，大概是一位竊車賊，剛犯案得手正要離開。

他們倆急忙地向兩邊跳開，差一點就被撞到，柯佐夫立刻掏出手槍準備朝著車輪射擊，黎克文靈機一動，馬上想到

昨天出發時，代表處江組長曾提醒過，「這部車經過特殊改裝過，可以從外面用遙控鎖上，裡面的駕駛員若無同樣的遙控鑰匙，則無法直接從內部打開，也可以直接將油門熄火。」

他趕緊先伸手阻止柯佐夫開槍，一邊掏出遙控鑰匙對著奔馳而去的轎車快速按了兩下，還好這支遙控鑰匙的有效範圍還很遠，只聽「咻」的一聲，車子的電力系統瞬間被切斷，車子引擎頓時熄火，車子仍繼續向前滑行了約十幾公尺，車裡的年輕人愣了一下，不等車子停下來就奪門而逃。等到柯佐夫與黎克文追過來時，那年輕人已翻過旁邊的圍牆逃之夭夭了。

「算了吧，我們別追了，我還急著要趕回莫斯科呢。」黎克文跑得有點氣喘的和柯佐夫說著。「不知道這賊是單純的偷車還是另有所圖？」柯佐夫有點懷疑這個竊賊的動機，但因季錚和黎克文的時間很趕，要急著走，也就沒再繼續追究。「我忘了，遙控鑰匙還可以從外面將車門反鎖，」黎克文一慌忙就疏忽了第二項功能，否則那竊賊就會落網就逮了。季錚才從後面隨著走到前面來說道：「車子沒被破壞吧？」

柯佐夫看看車子沒有損壞，他們就坐進車裡，發現置物箱裡凌亂不堪，已被那竊賊翻動過。但因重要物品都隨身攜帶著，暫且還沒發現到有物品遺失。

柯佐夫一邊開車、一邊撥打手機通知蘇茲達里警方剛才發生的竊案，很快地他們就駛離了蘇茲達里這個小鎮。

那個年輕的竊賊站在離公路遠遠的山坡上，拿著手機看著他們慢慢消失在視線外，「我差點成功，天曉得那輛車子會臨時故障？還是有什麼其他機關的？」不知道他拿手機是

對著誰在回報，又爲什麼要偷他們的車？季錚回頭看看還剩下一點身影的女修道院後說道，「那個人絕對不是單純的偷車，一定還會再出現，他和那兩個落網的刺客肯定是同一夥的。」

11. 古姆百貨大樓的會面

想要我嘲弄古人，想都不必想，我決不願意，說不定
那位古人就是前世的我。

"克里姆林宮" 緊鄰 "紅場" 西邊，走過地下街，從 "復
活門" 進去，來到克里姆林宮就可以目睹到蘇聯時期聞名於
世的魔宮外在面貌。這座曾令自由世界人士聞之喪膽的世界
共產黨總部，如今已脫掉了神秘外紗。莫斯科紅場西北角的
"莫斯科歷史博物館"，則收藏著俄羅斯從古至今的歷史文
物和工藝品，平時的遊客絡繹不絕。

饒大輝和洪紹寬上午專程到該博物館瀏覽參觀，一位俄
籍女導覽員也特地帶引他倆逐廳逐室的解說，透過配戴的耳
機自動翻譯成華語。洪紹寬很仔細地觀察了館內各廳室的環
境與展出特色，他琢磨著等過兩天到聖彼得堡時，再和 "冬
宮隱士廬博物館" 互相做個比較，等回到臺北故宮，也才好
向周院長報告這次考察的結果。

一個上午時間，饒大輝和洪紹寬看完了莫斯科歷史博物
館後，洪紹寬他內心已有了個底。接著，他們又來到博物館
對面的 "古姆百貨大樓"。這個百貨大樓是一棟三層挑高的
巴羅克式建築，裝潢富麗堂皇，人潮川流不息，彌漫著資本

主義社會的商業氣息，飄盪在整棟大樓中的都是這個味道。

　　大樓底下也有回顧當年共產主義制度下的懷舊招換，其中有模仿共產主義思想創始人“馬克思”、“恩格斯”和前蘇聯共產黨領導人“列寧”、“史達林”、“戈巴契夫”等的現代演員，陪著遊客們照相留念。洪紹寬看著卻有些遊客以輕蔑的語氣指指點點，就很不以為然地說道：「**想要我嘲弄古人，我決不願意，說不定那位古人就是前世的我。**」

　　這裡的一般遊客和群眾更可以在「古姆百貨大樓」的購物商場逛個夠，一切的一切都是向錢看，為了賺取遊客口袋裡的鈔票。

　　饒大輝他們是應羅賓洛夫教授之約，中午在古姆百貨大樓二樓會面，但目的還不清楚。依照約定的時間和地點，饒大輝和洪紹寬到了古姆大樓二樓，遠遠地就看到羅賓洛夫教授向他們招手，那是二樓一處鏤空的吧台，已有三個人在座，其他客人不多。

　　羅賓洛夫熱情地握了饒大輝和洪紹寬的手後，開始介紹在座的另兩位；第一位年約五十多歲的俄國人，「**這位是我們莫斯科特警隊隊長“梅耶爾”。**」梅耶爾站起來，禮貌地伸出手和饒大輝與洪紹寬握了握。梅耶爾是柯佐夫的直屬上級長官，派遣柯佐夫伴隨季錚與黎克文前往蘇茲達里，也是他親自交代的。

　　羅賓洛夫教授另一身份是東正教大牧首的使者，他也希望俄國警方能積極協助這次的工作，故再三透過教會的力量對俄國警方施壓，因而梅耶爾不得不從。

　　還一位是個四十多歲的法國人，他主動站起來以英文自

我介紹，「大家午安，我是法國警察國際事務局的國土安全官路易卡瑞，」他也和饒大輝和洪紹寬相互握個手，接著就直接說明這次見面的目的，「我昨天剛自巴黎來到莫斯科，主要目的是追蹤我們法國達梭航太公司的亞洲地區代理商安東尚雷諾，他已非法潛入俄羅斯境內，可能牽扯到一件跨國犯罪案。」

饒大輝一聽，立即想到在飛來莫斯科的班機上，那位在機上廁所裡昏厥的法國旅客。兩個線頭此刻串結在一起，他想起了那就是季錚說過在臺北曾碰過面的法國軍火掮客"安東尚雷諾"。

「因為，從臺灣來的幾位先生和安東尚雷諾是同一班飛機來到莫斯科，是飛機上的關係證人，我想請教幾個問題，所以特地請羅賓洛夫教授約兩位來見個面，梅耶爾隊長也希望能掌握情況，可以協助我們。」路易卡瑞一口氣說清楚了會面的目的，他卻並不知道饒大輝他們來俄羅斯的真正目的。梅耶爾知道，可是他沒和路易卡瑞說，他還有不便透露的理由。

梅耶爾本身是特警人員，十分清楚許多跨國犯罪案件都要靠很多情資和證據，任何蛛絲馬跡都不能放過，如此才能成功地辦案。於是，他代表俄國警方將安東尚雷諾在莫斯科期間活動的事實，一五一十的都告訴了開著錄音筆的路易卡瑞。

「我代表法國警方感謝大家的合作，這次若能順利破案，相信對臺灣方面也會有很大的利益。但是我們這次的詢答還不能公開，就先請大家保持機密。」關掉錄音筆，路易卡瑞透露了一點點案情給饒大輝，但卻沒有說得很明白，可

是還得提醒要確保偵查的秘密。

饒大輝當然知道有些軍購案，都會有很大的利益，尤其是透過一些軍火商私下的交易，暗盤更是驚人。但這次的案件牽扯得很複雜，不僅是軍火利益，還有宗教界古文物交換和國家安全保障等方方面面、盤根錯節的問題。

梅耶爾隊長此時又再說道：「各位親愛的朋友，這次很難得的能夠掌握住幾條寶貴的線索，有很大的機會破獲這宗大案，這將是法國警方與我們俄國警方間無私合作的一個典範，也有來自亞太地區臺灣的協助，大家都是功不可沒。」他這一番話，倒讓饒大輝感到有點奇怪，自己只不過是被問個話從旁作證而已，哪有什麼功勞可言？

「我們不敢居功，我們中國人有句成語"無功不受祿"，謝謝您們的過譽之辭，」饒大輝馬上自謙推讓。

路易卡瑞和梅耶爾不約而同的都一起笑了笑，像是還有個秘密在他們之間保留著。梅耶爾對航空警察局沒能安檢出被法國警方列為"不受歡迎"境管的安東尚雷諾，假藉急病發作蒙混入境的這件事，耿耿於懷；他本想申請《逮捕令》直接動手逮捕安東尚雷諾歸案，但上級一直沒有回復，而且中間還有個法國大使館的外交保護傘，他也只好按兵不動，今天剛好有法國警方跨海而來直接介入辦案，他覺得甚感快慰，「報應遲早會來到。」

「我們莫斯科城裡的怪物太多了。」梅耶爾對當局沒能下令，很不能理解，有口無心的批判了一句。「那和我們巴黎一樣，可能都是選民的選擇吧！」路易卡瑞深有同感。

「好了，我們留些話題下次再談吧，今天就到此為止。

可否有榮幸讓我做個東,請大家吃個便飯?」梅耶爾身為東
主國的主人,理應表示一下,剛好時值午餐時間,因此他邀
約大家繼續吃個飯。

　　「東方閣酒樓」是在位於莫斯科鬧區的「卡美尼次基步
行街」,地點很適宜,但觀光化的中國料理,價錢不但貴而
且要先預約,現場排隊則至少要等一個多鐘頭。梅耶爾似乎
早就規劃好了這頓午餐,很早就已派人在二樓靠窗子旁預訂
了一桌。卡美尼次基步行街附近多是高朋滿座的露天咖啡餐
廳,許多客人都坐在門口的長凳上,一邊喝咖啡一邊看著來
往的行人,生活步調還蠻悠閒。梅耶爾也一派輕鬆地告訴饒
大輝等幾位客人說道:「您們看,街頭上大都是附近辦公大
樓的上班族與外國觀光客,我們俄國人生活也是很有品味
的。」

　　洪紹寬看著街頭上不論男女老少都穿戴得整整齊齊,且
大多數年青仕女都很時髦,跟得上流行的世界潮流,勇於展
現曼妙的曲線,他不禁說道:「你們不妨多看看這些俄羅斯
辣妹,她們的青春真給力啊!」饒大輝也有感而發的說道:
「從這些方面觀察,就很能感覺出俄羅斯百姓蛻變的速度,
以及在努力掙脫往日貧窮的桎梏。這也是人性的光明面啊!」

　　在「東方閣酒樓」裡內,吧檯上不乏有些下了班的俄國
人只叫杯啤酒,其他什麼都不點,就一支一支的香煙不停的
抽,悠哉的消磨時間。可是在二樓另外一頭,卻單獨有一個
俄國人坐在那,他的眼神不時的飄向饒大輝他們這一桌,很
專注的聆聽他們的講話。梅耶爾和路易卡瑞都同時查覺到
了,但都不動聲色,畢竟是情治人員,人不動我不動,保持

高度警覺，伺機而動。

　　路易卡瑞則一邊看著樓下街上各色人種的熙來攘往，也一邊等著餐廳上菜。不一會兒，放在饒大輝上衣口袋裡的手機響了起來，來電顯示是黎克文。「喂，我是饒大輝。」饒大輝打開手機以中文回答。

　　「哈囉！我是黎克文。」電話那頭傳來黎克文的聲音，「我們在蘇茲達里已經見過那位女修道院的瑪莉安院長，也解讀出來那份資料了。現在正在回來的路上，大概今天晚上就會回到莫斯科。」

　　莫斯科特警隊隊長梅耶爾也聽得很清楚他們間的對話，有點得意地說：「饒先生，這下您就放心了吧！我們柯佐夫組長剛才也同時傳來最新的消息，他們一切都平安，也完成了他們的工作。」梅耶爾曾一再地保證，莫斯科特警隊在他的領導之下，沒有達成不了的任務。

　　饒大輝感覺這次來到莫斯科很有收穫，臺北代表處的人員從中居間協調，俄國警方在和臺灣情治單位沒有正式邦誼的情況下，還能熱情地支援，且有極高的效率，真是欣慰和安心。

　　路易卡瑞轉過頭去看看窗邊單獨一個坐在那裡的俄國人，他卻剛剛好離開座位，正要下樓。梅耶爾也拿出手機很快地傳出一則簡訊，交代他在附近的探員馬上去跟蹤那位剛要離開的俄國人，看看是何來路？以便掌握狀況。

　　「現在就是擔心“葉卡捷琳堡”方面的情況了。」梅耶爾低聲和饒大輝說著，坐在一旁的路易卡瑞不知道是沒聽到還是裝作聽不懂，半晌吭出了一句話，似乎是意有所指的，「如果不去，便永遠不知去與不去的差別。」

*12.*葉卡捷琳堡歷史博物館

那些所有你以為過不去的過去，終究都會過去。

"葉卡捷琳堡"（Yekaterinburg）這城市座落於烏拉爾山脈東麓，伊謝季特河畔，位於俄羅斯首都莫斯科以東約一千八百公里之遙處。始建於一七二三年，以女沙皇"葉卡捷琳娜一世"的名字命名，"堡"是德文"城市"的意思。葉卡捷琳堡是富饒的烏拉爾地區的中心，也是烏拉爾和俄羅斯聯邦重要工業、交通、貿易、科學、文化和行政中心。蘇聯時代此城更名為"斯維爾德洛夫斯克"，俄羅斯時代雖然又把名字改回葉卡捷琳堡，但州名與火車站名卻一直沿用蘇聯時代的舊名字。

葉卡捷琳堡也是烏拉山區最重要的中心城市，人口至今已有一百五十餘萬，是俄羅斯的第三大城市（許多其他俄羅斯城市也都宣稱自己為第三大城市），更是俄羅斯在亞洲的第一座大型城市。市區往西四十公里，有一座標示著歐洲與亞洲分界的紀念碑，是出名的"歐亞分界線"。此地冬季從十一月至翌年四月持續五個月之久，氣溫可低至攝氏零下四十度，夏季時短，僅維持約兩個月左右，平均氣溫在攝氏廿度上下。

　　就當季錚與黎克文和柯佐夫前天晚上抵達“蘇茲達里”的同時，饒大輝和洪紹寬與代表處文教組專員婁念濱也另外搭國內線的班機，隨後於第二天上午飛到“葉卡捷琳堡”。

　　當地的“烏拉山國立科技大學”副學務長伊帕季耶夫教授，在上午親自開車到位於市區東南方約廿多公里的“庫特梭沃機場”迎接他們三位。這是透過東正教大牧首米亞斯尼科夫的使者羅賓洛夫教授和“聯邦技術和出口管制總局”的尤達主任居間協調，才取得的聯繫與接待規格。

　　回返市區的途中，伊帕季耶夫教授不斷地介紹著葉卡捷琳堡的概況，「本市在現代化都市中，有著與眾不同而能令人驚艷的古老木造房屋，精雕細琢的窗櫺尤其美侖美奐。市中心大多是林木扶疏的寬廣街道，伴隨著兩旁現代化的公寓和辦公大樓。這幾年來，本市有了翻天覆地的大改變。」

　　他也介紹了自己任教的烏拉山國立科技大學，「本校是俄羅斯亞洲部分規模最大的大學，一度擁有二萬多名學生和七千多名的教職員，佔地數百公頃之廣，擁有自己的醫院、旅館和大型體育場館與百貨商場；畢業的學生中人才輩出，有許多俄國知名之士。然而，近年來因本地企業對大學程度工程師的需求減少，學校畢業生的景況有點大不如前了。」他說得好像有點悲涼，學生就業似乎面臨著和臺灣相同每況越下的境遇。

　　聽了伊帕季耶夫的一些介紹後，饒大輝和洪紹寬也在車上說明了這次拜訪的來意和目的，「好的，我大概知道些了。」伊帕季耶夫對狀況也大致了然於胸。

　　不多久，他們直接到達了烏拉山國立科技大學接待室。

稍事休息後，伊帕季耶夫也將他自己所知道的情況做個報告，「我們東正教會大牧首曾通過烏拉山教區主教傳來的訊息，有一尊"第九號"的俄羅斯血娃，可能被收藏在葉卡捷林堡的某個教堂或是歷史博物館內。」

「是的，大牧首請求地區內的教友們一定務必協助來訪的我們幾位臺灣客人完成尋找"血娃"的工作，並准許我們將尋獲到的血娃帶回莫斯科。」臺北代表處文教組專員婁念濱也補充說道。

伊帕季耶夫教授有點感到納悶與不解的就是，「尋覓我國東正教會的血娃，為何要勞駕臺灣的教授們遠赴俄羅斯境內來找尋？自己這麼多的教友都可以委以任務的呀！」他越想越有些不明白。

這一次，他們所獲得的《血娃配置圖》原件與複印件對照後，顯示兩圖文之間有點誤差，季錚因而要他們兩位一起過來，因可用的時間很有限，人多比較好辦事，要求他們趕快來到現地探勘查證。

先前據黎克文掌握的訊息，《血娃配置圖》複印件上標明葉卡捷琳堡這裡有一尊血娃放置在"滴血大教堂"某個雕刻像內，祂的位置正是"大衛之星"最右端的一角。但是，經過馬雷修士再次查閱了許多文獻資料中發現，編號"第九"的血娃可能是藏在葉卡捷琳堡的"歷史博物館"裡；這和黎克文握有的《血娃配置圖》複印件上所標誌的地點有些出入。

伊帕季耶夫副學務長認為，既然是大牧首交代過了這件事情，就不要再猶豫了，趕緊準備帶著客人們去辦正事要緊。

饒大輝和洪紹寬兩個人一個就讀過莫斯科大學、一個就讀過聖彼德堡大學，但他們也都沒有來過"葉卡捷琳堡"，僅知道這裡是前總統蔣經國先生的俄籍妻子蔣方良的故鄉。俄羅斯的國土實在太大了，橫跨歐洲與亞洲的大部分領域，疆域之遼闊是一般世人難以理解的。所以，還是要仰賴伊帕季耶夫的安排，先帶著他們到"歷史博物館"裡探詢。

葉卡捷琳堡歷史博物館位在本市的主要街道"列寧大街"的反方向"馬利舍瓦街"路旁。這棟龐大的建物，地上五層、地下三層，有十二個展廳。館長是一位年約七旬的白俄羅斯籍老婦人，她本身的年紀真的足以堪任"歷史博物館長"一職，她雖然年紀有些大，但卻很親切地在大門口迎接來賓，她的女秘書跟在一旁，妮娜館長一口蒼邁流利的俄語，「歡迎各位朋友光臨，還有我親愛的小老弟。」

「妮娜孃孃，日安！」伊帕季耶夫跳下車來，趕緊趨前握住妮娜館長的手，伊帕季耶夫在高中時代就認識了這位妮娜女士，那時她就已經是館長了。他轉頭介紹給跟下來的三位客人：洪紹寬、饒大輝和婁念濱。「妮娜孃孃是我們葉卡捷琳堡的歷史學權威，更是最資深的館長，永遠的館長。」也同時介紹了妮娜館長。

妮娜孃孃步履還很穩健，一路在前面引導著他們進到館內，也同時熱情洋溢地說道，「在我們這個館內，可以見到從沙皇時代至今許多有趣的歷史收藏，最近還有一些民俗展覽…。」

伊帕季耶夫教授體貼地攙扶著妮娜館長，也一邊跟著說道：「我們今天來到這裡，除了要參觀這些展覽之外，主要

當然是來看望妮娜嬤嬤的…，」

妮娜館長哈哈大笑起來，「親愛的小老弟，你不要哄我了，雖然我聽了還是很高興。對了，我聽說前幾天您和市長打高爾夫球，贏了他好幾桿？」

在俄羅斯，高爾夫球季從每年的五月中旬開始，直到九月底才結束。在夏天的球季裡，舒適的天氣伴隨著十八小時的白晝，為高爾夫球愛好者提供了極佳的打球環境。在俄羅斯的球場中，高爾夫球會員數都呈現出迅速增長的趨勢。

伊帕季耶夫副學務長非常喜歡打高爾夫球，很早就加入了會員，凡有人邀約球敘或會內賽，他必定會興高彩烈地參加。葉卡捷琳堡的市長也附庸風雅地加入會員參與高爾夫球運動，可是他連最簡單一碼內的推桿都經常會失手，但他還是會抽時間約伴打球。

這次的市長盃球敘，原本是邀烏拉山國立科技大學校長的，校長臨時被教育部長召到莫斯科開會，就請伊帕季耶夫教授代打。在球場上，伊帕季耶夫卻沒有禮讓市長，毫不留情的贏了市長十幾桿，氣得市長半開玩笑地當著其他球伴說，「伊帕季耶夫先生，你這 "副學務長" 職位看來就幹到退休吧！」

這個笑話，聽說全 "葉卡捷琳堡" 的名人都知道了。伊帕季耶夫也很能自嘲地哈哈大笑說道：「看來我這副學務長一職肯定將是終身職了，嬤嬤，」

妮娜館長也跟著開懷大笑起來，「千萬別和我一樣，幹個終身的館長。沒關係啦，今天有什麼事情，您就說了吧！」

「其實，哪有什麼事瞞得過您？是有一件正教會大牧首

交代的事情，要請妮娜嬤嬤幫忙指點迷津。」伊帕季耶夫也就順勢談到來這裡的目的。

洪紹寬在一旁沒有說話，饒大輝倒是有點好奇，這位老館長究竟有何過人之處？大該都有七十多歲的年紀了，怎麼還沒有退休呢？

婁念濱是代表處的文化組專員，他倒是對俄國人的人文特性方面有過比較深入的研究，俄國地處大漠苦寒之地，人民自然養成堅毅刻苦之個性，尤其是烏拉山一帶的白俄人。而古老斯拉夫民族傳統的智慧更是受人尊重，尤其是年齡越長的耆老，她們累積的生存智慧更被視為傳家寶或是國寶。

「嬤嬤，您知道最近正教會大牧首正準備隆重地為國家祈福解運嗎？」伊帕季耶夫一直牽著妮娜館長的手，親切地問道。

妮娜館長年紀雖然大，但她的思慮一直都很清晰，從卅多歲就擔任"葉卡捷琳堡博物館"的館長，現在過了都四十個年頭了。這個期間，舉凡國家盛事、宗教慶典她都十分關心，也都很有自己的一套看法，常在報上發表文章。

「我曾聽說過一些…，該不是你要告訴我就是因為"俄羅斯血娃"的這樁傳聞吧？」妮娜館長講起話來，有點像英國貴族婦女那種喜歡講究堆砌形容詞來包裝話語的習慣。

「啊哈！嬤嬤，您真是睿智極了，沒有什麼事情能瞞得過您啊！」伊帕季耶夫真得很服氣這位妮娜嬤嬤。

「好了，你就別兜圈子了，有話直說吧！」妮娜笑著催他快說。

「事情是這樣的，嬤嬤，…」於是，伊帕季耶夫就將洪

紹寬和饒大輝的來意扼要的說明一遍，然後就再問道：「您的記憶中，博物館裡有沒有收藏著牧羊小童的娃娃？也就是後來流傳下來的血娃？」

　　妮娜館長沉思了片響後，才說道：「嗯，目前陳展廳和所有的展示櫃裡，我倒是沒有見到過，不過我們有一間地下室庫房裡，我好像有點印象曾看過幾個木質的套娃，我不是很確定，還是大家一起下去看看再說…。」

　　伊帕季耶夫徵得大家同意後，就隨同妮娜館長搭乘電梯前往地下室庫房。妮娜館長的女秘書也馬上通知了庫房管理員備便。這棟歷史博物館地下室有三層，地下一樓是停車場，地下二、三樓都是庫房。

　　電梯門在地下二樓打開，一位年約四十多歲的管理員在前面引導，走到一個關著的大鐵門前面，他掏出鑰匙打開第一道保險，再由妮娜館長掏出她隨身帶的鑰匙打開第二道保險，這個大鐵門才應聲而開。

　　“葉卡捷琳堡歷史博物館”對外所展示更多的是博物館本身的建築物，對於古文物這些保管難度比較高的珍品，他們大多都是收藏在庫房裡，很少拿出來展示，也是為了便於長久保存。

　　伊帕季耶夫雖然也是愛好歷史古文物，有過深入的研究，但是和妮娜館長與洪紹寬這些科班出身的人相比，還是少了一點底蘊。不過，今天有這個機緣到平日根本不容易進得來的歷史博物館庫房參觀，他倒是感到不虛此行。

　　妮娜館長仍然是笑著說：「根據本館《典藏文物管理作業要點》規定，若有特別需求提出申請，經院長核准就可進

入庫房參觀，但＂一般人沒有特別目的，幾乎不可能核准！＂」她今天顯然是特別地高興開懷，而且受到大牧首的請託，大牧首和她也是幾十年的老朋友了。

那位管理員也自動地在一旁補充道：「若貴賓要想看文物，就要申請提取文物，經院長核准後，會在庫房各＂特別參觀室＂觀看，並非任意取出賞玩。但也並非任何文物都可提取參觀，有的是有年限保護期，某個時段會是禁止的。」

洪紹寬聽到她們講述的這些規定後，也點頭說道：「我們臺北故宮博物院也是有這些相同的規定。」

妮娜館長帶著他們走到一間較小的房間裡，再打開一道鎖推開門，裡層卻被一個大玻璃帷幕隔開。這房間裡都是放置一些小型的木器和金屬雕刻製品，隔著玻璃窗看到四周的架子上形形狀狀的古文物幾乎都擺滿了。但都井然有序地做了分類，每個架子上都有牌子，註明物件的名稱、性質、來源與年代背景。

「我們旁邊就有一間特別參觀室，我們到那邊坐一下，我請管理員將那幾尊套娃拿來給你們鑑定，好確認是不是你們所說的。」妮娜自己身為館長，一定要以身作則按照館方的規定行事。所以，請大家移駕到一旁的參觀室。

總共有六尊大小不同的俄羅斯套娃和一尊日本套娃，管理員都小心地抱了來放在她們前面的一座檯子上，檯子上面還吊掛著一隻光線很柔和的頭燈，方便審視且溫度又不會傷害到物件的質地。「這庫房裡就只有這幾尊套娃了，」管理員說道。

洪紹寬很仔細的看了這幾件套娃，從外表樣貌和雕工痕

跡與質材的初步鑑定來看，很顯然地就與瑪莎米婭在"獨角獸咖啡屋"交給他和黎克文的那一尊血娃不同，雖然不能說是贗品，但可以肯定絕對不是同一批經過當年羅馬天主教女教宗"瓊安"留下來的處女寶血祭祀過的血娃。

洪紹寬看了以後，老老實實地開口說道：「這些娃娃都具有很高的歷史價值和藝術價值，但卻並不是大牧首要尋找的那一批"血娃"。」

「假如，黎克文在現場就好了，有沒有產生感應，馬上就確定知道是不是了。」洪紹寬轉頭和饒大輝說道，又朝著伊帕季耶夫搖搖頭。

「沒有關係，我們今天能夠來看到妮娜孅孅和到地下寶庫，就是我們一生最值得驕傲的事了。」伊帕季耶夫雖有點失望，卻仍很高興的又牽著妮娜的手。不過，他又好奇地接著問道：「孅孅，我可以再問問看，地下三樓的庫房還有些什麼寶貝？」

妮娜館長有點像是半開玩笑的回答，「我們地下三樓是沒有電梯的，但有一道旋轉樓梯一直往下，從本館落成將近八十年的期間，除了第一任的老館長那次親自下去過後，就沒有第二個人再下去過。老館長也從未透露地下三樓裡有些什麼明堂？至此以後，老館長就將那座旋轉樓梯封死了。」

伊帕季耶夫還是第一次聽到這個詭異的傳說，更增加他的好奇。旁邊的洪紹寬與饒大輝也很有興趣想知道下聞。

「哈哈，親愛的小老弟們，你不會想知道的，」妮娜館長對此好像有點顧忌，不願意再多說些什麼。他們見狀，也不便再繼續追問。

　　中午在歷史博物館旁的一家俄式餐廳用餐，伊帕季耶夫堅持要請大家吃個便餐，能夠和臺灣來的幾位朋友有個難得的聚會，雖然還沒有找到傳說中的"血娃"，但還是要略盡地主之誼。

　　餐廳供應俄式食物，俄籍女侍們都相當年輕貌美，皮膚白皙、身材高挑，每位都能笑容可掬的招呼客人。進到餐廳裡，空氣中瀰漫著不同食物的香味。伊帕季耶夫吃了一份"墨西哥煎玉米捲"，饒大輝和洪紹寬等其餘的人都點的俄羅斯國民美食"布林餅"和"紅莓蘇打"。他們默默地吃著，每個人的心中都留有一個問號。妮娜館長點了一份"俄式肉餃"，大口大口地嚥下，還不斷地說著，「滋味好極了，好一陣子沒有嚐到這麼美味的肉餃了。」

　　伊帕季耶夫露出了笑容，「親愛的孃孃，您不要再釣我們的胃口了，快告訴我們吧，那地下三層有些什麼神秘的故事？我願意付出一百塊盧布。」他像小孩撒嬌般地央求妮娜。

　　「等我把肉餃吃完再說吧！」妮娜好像不願中途放棄這份可口的美味。

　　這家位在歷史博物館旁的俄式餐廳，用餐時間都是高朋滿座，很多進出的客人都認識妮娜館長，也會上前來親切地打個招呼。「孃孃日安！」問候之聲不絕於耳。妮娜也會回以親切慈祥的笑容，「妳們大家都好啊！」

　　「好吧，既然你請我吃了一份這麼好吃的肉餃，我就說出這一段從來不曾說過的，妳們當做是故事也好，當做是未經證實的傳聞也好，妳們自由心證吧！」妮娜館長賣足了關子，終於要開始講這段令人好奇的傳說了。

「在很久很久以前，一組地質勘查人員決定了我們最初要規劃籌建的這棟"葉卡捷琳納歷史博物館"的現址，有一天當他們正在鑽動地殼做採煉的時候，已鑽入到地下第四層也就是地殼十七、八公尺深的那支探鑽，突然之間莫名狂亂地舞動著，像是已鑽入了一層空殼裡面。」伊帕季耶夫很久沒有聽到長者說故事了，他很認真地在聽。

「而探測地殼溫度的儀器，突然地狂升至華氏二千度，並且在接觸點上，閃爍著奇異的綠色光芒。」妮娜館長講到此處，向著伊帕季耶夫眨了眨眼。

然後她接著講，「勘查小組中有一位工程師是一位虔誠的正教會教徒，他馬上說那就是"地獄之門"，」妮娜稍頓了一下說道，「勘查小組現場指揮官卻是位共產黨員（無神論者），特別不相信《聖經》上的天堂、地獄之說。但這個奇異的狀況導至他無法解釋，另外幾位工作人員也附和著這位工程師的看法，"他們的器具可能是鑽入了所謂的地獄之門"。如此一來，當時就嚇得他們不敢再繼續鑽探了。這件事據說也驚動了當時的大牧首，他親自傳來指令要求地下第四層停止再鑽探。建築物起造時，地下第三層全部放置沉重的石棺，收納地底下跑出來的惡靈，並且把它永遠封閉起來。」

妮娜又停頓了片刻，她還是有些年紀了，講完一段話要稍微休息一下，然後她又接著繼續講：「但是，後來施工時那位現場工程師卻私自加蓋一座旋轉樓梯，想等到將來若有一天打開地獄之門，作為地界與天界上下的通道。可是，那座旋轉樓梯架設好後，原來那位勘查小組的現場指揮官和施工現場工程師從此就都失蹤了，再也沒有人看到過他們。」

饒大輝聽了後覺得有趣極了，但也有點毛骨悚然，「我們的觸角好像已擴及到上帝與撒旦的領域了。我雖然是科學工作者，也產生了對大自然的懷疑。」

洪紹寬本身在臺北故宮博物院任職，時常接觸一些古物和玄奇的事件，但是聽到妮娜館長講得這些，以同是身為古文物研究的同行身分，講出了一些感想，「真的，我今天到葉卡捷琳堡博物館聽到妮娜館長講的這個詭異的故事，已不是單純的歷史考古學，這是玄秘學，甚至是神學了。」

但是，伊帕季耶夫卻有點很沉重的感覺。忽地，他口袋裡的手機響了起來，他看了一眼是羅賓洛夫教授的來電，

「老友您好，」那邊傳來親切的問候聲。

「是的，午安！」伊帕季耶夫知道這個時刻接到他來電一定是詢問這幾位臺灣朋友是否找到那尊編號“第九”的血娃沒有？伊帕季耶夫立刻主動回報：「使者大人，我們已經拜訪過葉卡捷琳堡歷史博物館，在妮娜館長親自帶領我們尋找過後，暫時沒有發現到您說的那尊物件。」他據實簡要地回報。

羅賓洛夫並沒有顯露任何一點失望之意，反而是帶著安慰的口吻說道：「噢，沒有關係，你們辛苦了！我們一位黎克文教授明天就會趕過來，你們再一起到另外一個可能地點“滴血大教堂”察看，那裡的可能性比較高。順便幫我問候妮娜嬤嬤一聲，我也好久沒有看到過她了。」

「好的，請您放心，嬤嬤身體和精神都非常地棒，我會馬上幫您問候她的。」伊帕季耶夫微笑地回答，並又再補充道：「請您將黎克文教授的飛機班次傳簡訊給我，也好準備

接他。下午，我會先帶饒大輝教授他們到烏拉山重機械工廠參觀。」

「報紙上說，今天下午會開始下雨呢，」羅賓洛夫還是不放心地說道。

伊帕季耶夫抬頭看看窗外的天氣，現在是晴空萬里，怎麼看都不會像是要下雨的天氣，「哦，那大概是《真理報》上的報導。」

*13.*烏拉山重機械工廠

別低估任何人，永遠不要以貌取人。

　　日前，在俄羅斯科學院第三研究所簽署《協議書》時，"俄羅斯聯邦技術和出口管制總局"管制室主任尤達曾經答應，他將請"烏拉山國立科技大學"副學務長伊帕季耶夫教授幫忙安排出一個時間，帶饒大輝等人去參觀"烏拉山重機械工廠"。就當他們前一天在"葉卡捷琳堡歷史博物館"忙了快一天都一無所獲後，尤達特別再電請伊帕季耶夫教授帶領他們前往"烏拉山重機械工廠"。

　　"烏拉山重機械工廠"位在葉卡捷琳堡市區北方的"司弗爾達夫斯克"地區，是屬於"烏拉山重工業機械製造公司"的三大工廠之一，公司與這個工廠在同一塊區域裡，中間被一條大馬路隔開，遙遙相望。

　　"烏拉山重機械工廠"它的聲名響遍全俄羅斯，也曾是世界上最大的工廠之一，它是一個機械工具和重設備製造工廠，曾經一度雇用員工達五萬名之多。蘇聯解體後，市場經濟的引進對烏拉山重機械和其他許多工廠有如迎面一擊，工廠總生產量下降，管理單位將員工人數減少至三萬人以下，此亦引起了工會的全面不滿。廠方制定的年度政策，希望能

在亞洲方面擴展業務，增加生產量以期能維持工廠的正常運作，降底勞資雙方這些年的緊張關係。

　　下午兩點多鐘，當伊帕季耶夫一行人的休旅車出現在"烏拉山重工業機械製造公司"大門口時，公司業務部一位主管和一位解說員已經在會客室等候了。

　　接見亞洲地區的客戶、爭取訂單，是符合當前公司的經營政策，故聽說是臺灣來的客人，公司都非常的歡迎，特別是臺灣方面外匯存底佔全世界第四位，俄國人也相當垂涎這個有錢的大客戶。這位主管很客氣地以華語招呼著來賓們，「各位親愛的貴賓，午安！我是公司業務部主管布里辛斯基，代表公司熱烈歡迎大家蒞臨指導，請隨我先來參觀對面作業工廠的廠區。」

　　他們隨即換乘了公司裡的環保電瓶車，這是專門為賓客至對面作業工廠參觀所貼心準備的。那位公司業務主管說完後就開始帶領著大家上車，並聆聽著解說員沿途詳細的解說。

　　解說員又兼駕駛員，是一位年輕的俄羅斯女士，她以流利的華語首先介紹，「大家午安，我是公關室解說員恩雅，我們這座重工業機械製造廠曾經是世界上最大的工廠之一，目前為因應降低成本負擔，工廠規模被控制在合理的範圍內。」烏拉山重工業機械製造公司為了接待來自兩岸四地的許多華人客戶，訓練了大量華語解說員，充分備用。

　　饒大輝聽完解說員恩雅女士剛才的介紹後，心有同感的說道，「這也是世界上許多製造工廠面臨"全球化"與"電子化"所帶來的困境，人員必須不斷地精簡。」

　　解說員恩雅笑著回答：「確實是如此，所以，我們現在

也是不斷地強調"全球在地化"的工作方針。就像我們工廠，有許多幹部和技術員都是來自"烏拉山國立科技大學"的優秀畢業學生，這都要歸功於伊帕季耶夫副學務長既嚴格又成功的培訓。」她的講話語氣真像是一位共產黨員。

恩雅一邊操控著電瓶車前進、一邊繼續介紹著，「本工廠是一家具有大型鉚焊製作、機械加工能力以及成套設備裝配能力的綜合機械製造工廠。具有完善的品質控制體系，並且早已通過了俄羅斯國家認證中心的品質體系認證…。」

饒大輝拿著手機到處拍照也都能獲得應允。公關室主管也不忌諱的直說：「其實，真正有國防機密的生產線，是不會被規劃在參觀動線上的，這點要請你們體諒。其他在動線上的設施與裝備，全都可以開放拍照。」

解說員恩雅用無線麥克風繼續的解說著，「本廠領導班子特別重視環境治理和生態保護，是地方的環保工作先進單位，率先跨入我們國家首批環保達標工業企業行列，近年來實施的各項改善工程，使我們從廠區到生活區所有的空地帶上，花草遍地、綠樹成蔭。夜晚時，琉璃光彩炫耀奪目，大型噴泉水舞競逐，讓員工們無時無刻都如置身在節日的氣氛當中。」

一個下午時間，他們按照既定的動線，參觀了全廠區廿二間大廠房，其中除了第十九號到廿二號的四間比較機敏的重工業與航太製品廠房，僅在廠區外圍繞了一遍沒有入內以外，其他的十八間生產廠房都開放入內參觀。

這些開放參觀的廠房包括大型鉚焊車間、重機車間和裝配車間。主要設備有：數控龍門銑床、數控鏜銑床落地鏜銑

床、數顯落地鏜銑床、數顯龍門鏜銑床、HTM-6228G 加工中心等大型現代化高精度機械加工設備。

在最後一站，解說員做了結論：「工廠具有一支堅強實力的管理隊伍和認真負責的工作團隊，主要為國內、國外多家知名企業提供成套高科技工藝設備以及大型礦山、風電、鍛壓等設備和物件。長期以來，積極開拓市場，並以恪守信譽、合理價格和一流服務竭誠為國內、外顧客服務。」然後向他們鞠了個躬，「謝謝貴賓們今天的參觀與指教！」

伊帕季耶夫率先鼓掌答謝這位解說員恩雅女士詳細又親切的解說，然後轉身詢問饒大輝和洪紹寬，「兩位有沒有什麼疑問或是還要指教的？請儘管提出來。」

饒大輝本身在臺灣中科院航太所兼任副所長一職，這次奉派到俄羅斯主要的任務就是尋求國防尖端科技的合作發展，因而，他僅對廠內涉及到航太方面的高科技工藝設備有興趣，其他方面就沒什麼感到值得關切的了。

對此，饒大輝特別提出一點，「剛才有經過航太工業製品的廠房，可惜沒有能夠進去參觀，那倒是我比較關切的項目；另外就是，貴廠有關生產稀有金屬的生產線設備對我國的一項研究計畫有很重要的關連，但我也沒有參觀到這部分的展示，這些都令我覺得有點遺憾呢。」

公關室主管布里辛斯基趕緊跳出來解釋，「很抱歉，親愛的貴賓們，因為我沒有被授權，所以有些限制的生產設備必須被保留，如此才造成各位的遺憾。不過，概略瞭解我們這個重機械工廠的大部份生產內容與品項後，臺灣方面還是有許多可資合作的項目，我們歡迎並期待這個寶貴的機會能

夠很快地實現。」

　　工廠雖然希望能多接訂單，但仍有少數項目是屬於國防科技及高度敏感的航太器材，未經政府當局授權，是不會開放給外國客戶參觀與採購的。

　　「等回去後，我們再作詳盡的需求系分，但願能夠雙贏互惠。」饒大輝很客氣地回應。他和洪紹寬都知道，目前臺灣的籌碼很少，國防科技的發展和資源獲得都受制於人，這次俄國東正教剛好有所求於臺灣故宮博物院，藉此機會，大家要同心協力，好好把握住，為臺灣軍購找出路。

　　「我們還有一份很完整的書面報告資料，可以讓你們帶回去參考，有任何需要，都歡迎隨時來電連絡或是上網洽詢，我們廿四小時都是開放服務的。」布里辛斯基最後又再補充，然後遞上他自己的名片以及贈送四份公司小紀念章。

　　「謝謝布里辛斯基先生，我代表學校和兩位貴賓對您以及恩雅女士熱情的接待與解說，表達十二萬分的敬意，」伊帕季耶夫副學務長再次提出感謝之意，他更面面俱到的幫著學校同學們講些感謝話，「也對本校的畢業同學能夠在貴公司獲得器重而感到欣慰，更請貴公司對本校同學繼續關照與指教。」雙方握手後，伊帕季耶夫開車載著饒大輝和洪紹寬與代表處專員婁念濱三人一起離開。

　　返回烏拉山國立科技大學的途中，伊帕季耶夫才看到羅賓洛夫傳來的簡訊，註明黎克文第二天的班機抵達時間。伊帕季耶夫馬上請婁念濱撥電話給黎克文，約好明天上午到機場接他。婁念濱也順便撥電話回代表處回報今天的狀況。

　　雖然，饒大輝和洪紹寬兩人在“烏拉山重機械工廠”和

"葉卡捷琳堡歷史博物館"都沒有能夠一如所願達到目的，但總還是要抱持著一個可預見的希望。現在知道黎克文明早就要趕過來，總算心裡有些寬慰。他才是尋找血娃的關鍵因數。

　　「晚上，你們來住本校的招待所，那裡很舒適也很方便。」伊帕季耶夫見他們要多留一天，就主動地為他們安排好住宿的地方。「今晚好好休息，明天我們到滴血教堂找答案吧！」

　　婁念濱原本要想找一家觀光酒店讓大家輕鬆一下，但既然有烏拉山科技大學提供的招待所，那就省了麻煩，也可以早一點休息。

*14.*滴血教堂內的聖母雕像

基督徒不可能擁有教會而沒有沙皇。

　　第二天早晨，從莫斯科飛來第一班國內線客機，相當準時的抵達葉卡捷琳堡"庫達索沃機場"。黎克文院長穿著咖啡色西裝提著一隻手提箱隨著一群旅客從機場航站大廳走了出來，走在旁邊的是莫斯科特警隊柯佐夫組長的助理達沃警官，他則是穿著一身灰色"耐吉"的運動休閒衫，斜背著一個背包，打扮得很隨意，像是來旅行的背包觀光客。

　　饒大輝很快地就注意到他們，馬上帶著伊帕季耶夫迎了上去，「嗨，克文兄，」黎克文看到來接他的還有這位烏拉山國立科技大學的副學務長，立即也上前和他握手，「伊帕季耶夫先生、大輝兄，您們好！跟我一起來的這位是達沃警官。季錚先生因為還有其他活動，他就沒有一起過來了。」

　　「警官好，」饒大輝禮貌地和達沃握了個手，再和黎克文說道：「洪紹寬和妻念濱都在車子裡等候，就在那邊。」饒大輝指了下前方一排車子中的那輛大型紅色休旅車，「先上車再說吧！」

　　就在黎克文他們坐上紅色休旅車很快地離開機場航站時，隨後一部俄製黑色嘎斯轎車也跟在他們後面，遠遠地緊

隨不捨。

葉卡捷琳堡的"滴血教堂"建於二〇〇〇年至二〇〇三年，是爲了紀念俄國最後一個沙皇"尼古拉二世"。十月革命後，在一九一八年七月十六日夜裡，尼古拉二世及其家人在此地被處以死刑。滴血教堂的"血"就是指沙皇流的血。

葉卡捷琳堡的火車站位於城北，是俄羅斯這個國家最美麗的火車站之一。火車站候車大廳前的過廳，遍佈烏拉爾所特有的那種石刻與鐵藝，如皇室宮殿一般華麗，比起赫赫有名的莫斯科環線地鐵來，也毫不遜色。

此刻，在候車大廳裡有一對戴著黑頭巾的年輕男女正在欣賞天花板上十多幅的大壁畫，那些壁畫描繪的是《葉爾馬克遠征西伯利亞[1]》、《一七二四年葉卡捷琳堡建城》、《西伯利亞大鐵路修築》、《沙皇一家遇害》、《二戰支援前線》、《戰後的建設》、《美國 U2 偵察飛機被擊落》等一系列歷史事件的壁畫。那男的忽然拿起手機接聽一通來電，「麻雀已經回窩了，」電話那頭傳來一句簡短的密語。

男的馬上牽著女子的手，快步走向車站出口，跨上一台摩托車就往滴血教堂方向奔馳過去。"滴血教堂"在葉卡捷琳堡火車站南邊五分鐘左右車程的站前大道右手邊。

滴血教堂裡的司祭戈勒安德羅修士前幾天就接到來自莫斯科教區的傳喻，大主教使者羅賓洛夫更直接告知，「這兩天會有幾位臺灣來的客人要尋找一尊"俄羅斯血娃"，請教區主內弟兄全力配合。」昨晚，伊帕季耶夫副學務長也再次

---

1 葉爾瑪克爲俄羅斯哥薩克部落首領，伊凡雷帝沙皇命其統兵，於 1581 年攻克西伯利亞汗國首都。

來電確認今天上午拜訪的時間。本堂司祭戈勒安德羅修士和另一位輔祭亞賓修士一早就在教堂前面整理環境，現在則引頸企盼的等候著。

這時，伊帕季耶夫帶著黎克文他們乘坐的那部紅色休旅車，也剛駛抵到滴血教堂大門口。車子停好在路邊的停車格裡，伊帕季耶夫帶著他們幾個人陸續下車緩步穿過教堂前的紀念碑，這是一座"尼古拉二世沙皇"及其家人們臨刑前走下樓梯一刻的石雕塑像紀念碑。

戈勒安德羅修士看到伊帕季耶夫帶著四位華人和另一位俄國人到了教堂門口，趕緊上前以華語打招呼，「**各位尊敬的貴賓們，您們大家早安！**」他的華語不太流利，但還可以勉強地溝通。

「**讓您久等了，戈勒安德羅司祭。**」伊帕季耶夫含著笑容過來和戈勒安德羅擁抱。然後逐一介紹黎克文等五位給兩位修士認識。

騎摩托車從火車站趕過來的那對圍頭巾的青年男女也停好車，就站在教堂門口觀賞"尼古拉二世"臨刑前的那座雕像，他倆好像不打算進到教堂裡面，僅在雕像前後左右徘徊著，似乎對那座雕像紀念碑特別地感興趣。

一路從機場航站就開始緊隨伊帕季耶夫紅色休旅車後面的那部黑色轎車，則緩緩停靠在教堂對面路邊的停車格裡，車裡面的駕駛員一個人搖下車窗點了一根香菸，然後朝著對面觀望一下後，車門被推開立刻走下來三個黑衣壯漢，迅速穿過街道，跟著就到了滴血教堂旁邊的石階上。其中一個壯漢手裡提著一個像是裝有小提琴的提袋，小心翼翼地放置在

他腳邊。

　　戈勒安德羅修士引導伊帕季耶夫等人進入教堂大門，有一位圍著咖啡色格子頭巾的婦女從裡面正好走出來，黎克文剛巧和她錯身而過，無意間瞄見她的眼神，猛地一顫，不知道是在哪裡見到過？反覆思索，卻一時想不起來。他們這些人都是男士，倒沒有受到東正教"婦女進教堂一定要帶頭巾"規定的約束，每個男人的面容都暴露在陽光下。

　　兩側壁上呈現的是高大的聖像，一側是俄羅斯正教會的歷任大牧首，而另一側則是俄羅斯的大公和沙皇。

　　他們直接到達樓上的接待廳，「**大家先坐一下休息，我們準備了新鮮的羊奶和乳酪，讓大家解點渴、填點肚子。**」助祭亞賓修士親切地以俄語招呼他們。洪紹寬簡單地將它翻譯成中文。

　　本堂的內部裝飾非常講究，祂與聖彼得堡的"滴血大教堂"有許多的相似之處，可以說是聖彼得堡的複製品。

　　戈勒安德羅修士一直努力積極地向大牧首爭取，為了本堂未來繼續增建與擴張規模，他不惜採取較激烈的方式，頻上電視節目發言。最近，大牧首終於同意了他的請求，「**每個月舉辦兩次募款餐會，募得的款項用作擴建本堂的基金。**」他因而很想要葉卡捷琳堡所有的市民見證「上帝的仁慈」，他自己也能有機會更上一層樓來擔任葉卡捷琳堡的地區主教或是去到聖彼得堡的滴血大教堂擔任司祭。

　　一三九三年君士坦丁堡牧首安東尼給莫斯科大公瓦西里德米特的書信裡有一段闡述：「沙皇在教會內享有著崇高的地位，…基督徒不可能擁有教會而沒有沙皇。」從十五世紀

後半期開始，這個觀念深遠地影響了俄羅斯民族的歷史。這種影響所造成的後果，在今天的俄羅斯政教界，仍可經常顯現。

黎克文喝了一小杯鮮羊奶後，從皮箱裡拿出一張複印的地圖，那張"血娃配置圖"的下半截複印件。其他幾個人也都放下了手上的杯子，他們要開始工作了。

「我們要一起行動，剛才我看見有幾個可疑人物，可能是衝著我們而來，絕對是不懷好意。」達沃警官提醒大家，他的職業性警覺非常地敏銳。

黎克文聽後，下意識的摸了摸腰間襯著的一把手槍，那是來此之前柯佐夫組長交給他用來防身的"托卡瑞夫警用手槍"。

「我沒有不敬之意，…您會使用手槍嗎？」看到黎克文藏在腰間裡的手槍，婁念濱卻有點不太放心地問道。黎克文笑笑說道：「想當年我在當預官時，曾代表陸軍參加手槍射擊比賽，還得過國軍冠軍呢，這段光榮歷史在網站上都可以查得到。」他說得倒很得意。達沃警官在一旁看得也跟著笑了笑。

伊帕季耶夫也查覺到有可疑的人物一直跟在他們身後，他在進來教堂大門時，就已發了簡訊通知葉卡捷琳堡的地區警察局長杜耶夫斯基，請他調派警力支援。莫斯科特警隊的梅耶爾隊長也掌握了這裡的狀況，他昨晚就已交代特警隊柯佐夫組長派幹員支援這次的行動。本來，柯佐夫組長還要再隨黎克文一起到葉卡捷琳堡，但因這幾天他都在蘇茲達里出差，隊上還有些重要公務需要他留下來親自簽辦結案。所以，

柯佐夫改派他的得力助理達沃警官今天早上陪同黎克文一起搭早班飛機來到葉卡捷琳堡。

　　很快地就有兩部警車閃著警示燈停靠到教堂外，一前一後兩部車各兩位制服員警坐在車內卻並沒有下車。他們都注意到教堂大門旁的石階上，有三名壯漢正在抽菸，前面一部警車的一位帶隊警官拿起無線電話回報警網，「我們已到達教堂，正在監控，目前狀況在掌握中！」

　　通常沒有特殊情況下，制服員警是不便於進入教堂內，所以他們只能守在外面監控與待命。但是，其中一位員警很機靈地拿起一台長鏡頭照相機，對著坐在教堂台階上的三個黑衣壯漢按下了快門，然後很快地上傳到警用網站資料庫，他用無線電連絡勤務指揮中心：「請幫忙儘快搜尋這三個可疑人物的背景資料。」

　　那三位黑衣壯漢看到這兩部警車停靠在教堂旁邊時，他們就已心生警覺了，一見從車窗裡伸出的一隻照相機鏡頭照向他們，知道不妙了，「我們被盯上了，小心！先不要輕舉妄動。」其中一人說道。

　　站在教堂門口觀賞“尼古拉二世”臨刑前的那座雕像紀念碑的兩位年輕男女，仍是若無其事的繼續不停地在觀賞著，看起來像是一對觀光客的模樣，不太引人注意。

　　那位圍著咖啡色格子頭巾走出教堂的女子，也攔了輛計程車匆匆離開了教堂，在車上她用手機撥打電話，小聲地說道：「我是海格麗娜，他們快得手了，但有一群禿鷹在旁邊，我們最好先不要插手。」

　　黎克文從教堂二樓的窗戶看到樓下路邊閃爍著的警示燈

後，小聲地和大家說道：「俄羅斯警方的行動真是迅速，他們已經在外面戒備了，安全應該暫時無虞，我們可以放心的開始吧！」

於是，黎克文再拿起那張複印的地圖現地對照後，抬頭問著戈勒安德羅修士：「本堂內有一座大聖母雕像嗎？」

「哦，有的，」戈勒安德羅修士立刻就回答。

聖母的名稱在東正教中有數十種，東正教中也有許多以聖母命名的教會，「本堂的這座聖母雕像是安放在告解室旁的祭臺上。」戈勒安德羅修士繼續的指出本堂聖母雕像詳細的位置。

「好，請帶我們過去吧。」黎克文微笑地舉起右手，示意請戈勒安德羅修士在前面帶路，他們一行人就跟著走下樓梯前往位於教堂左前方的告解室。

東正教徒奉行七件聖事：洗禮、堅振、聖禮（聖餐）、告解、聖秩（神品）、婚姻、敷油，除少部份細節與天主教不同外，大體上和天主教類似。

果然，在告解室旁的一座祭臺上矗立著一尊約一個成人高的聖母雕像，底座高約四十公分、寬約一百五十公分。這座雕刻像是聖母瑪利亞懷抱著聖嬰，實際上是她面部表情恬靜的看著剛出生的嬰兒小耶穌。雕像的質材全部都由純白色的大理石一體雕刻成型，以一比一的比例呈現出莊嚴肅穆、慈暉廣被的聖潔法像。

戈勒安德羅修士遠遠地就解釋道：「這座聖像是兩百多年前，本地一位最著名的雕刻家仿照法國藝術家米開朗基羅的《聖母憐子像》而雕刻的，歷時三年多才完成，也是本堂

鎮殿之寶。」

　　戈勒安德羅修士和亞賓修士兩人來到聖母雕像前，馬上一起半跪著並在胸前畫了一道十字聖號，戈勒安德羅修士開始口中用俄語唸道：「**聖母瑪利亞，滿備聖寵者，主與你而偕焉，女中爾為讚美，爾胎子耶穌，並為讚美天主聖母瑪利亞！**」唸完後他倆又一起劃了一道聖號後站起身。

　　伊帕季耶夫看著兩位修士做完應有的禮儀後，轉頭對著黎克文問道：「黎先生，有什麼我能幫忙的嗎？」黎克文此刻已經感覺到有微微的電流觸及到他身上了，饒大輝和洪紹寬在一邊也繼續關心地說，「**接下來呢？**」

　　黎克文越來越感到身上的顫抖更加強烈起來，他已有過在"獨角獸咖啡屋"和"俄羅斯科學院第三研究所"的兩次與"俄羅斯血娃"近距離感應的體驗，是完全相同的感應，肯定錯不了，又是另一尊血娃要現身了。

　　可是，至少在目前還看不出來這一尊血娃藏身在何處？他們這一群人四處張望，那張《血娃配置圖》上僅是註記"葉卡捷琳堡滴血教堂"的一尊聖母像，其他就要靠黎克文慢慢地去感應了。

　　在聖母雕像祭台旁邊的是本堂的大祭壇，那是哥德式建築的裝飾重點。堂內的大祭壇四周設有兩公尺的高欄，正中聖體龕外有四根鍍金銅柱，支撐著一個"凱旋基督"銅像的頂蓋，將祂罩於其中，其下由四個小天使抬著。祭台後有兩座大型管風琴，共有九十個調音器、六萬多個音管，此刻正由一位年長的修女在彈奏巴哈（J.S. Bach 1685~1750）的作品《耶穌是世人的喜樂》其中鋼琴版的聖詠曲，聲音柔揚悅

耳，雄渾有力。

　　黎克文慢慢地圍繞在聖母雕像周邊，他轉了一圈停在原先位置後閉上雙眼，再仔細地體會那感應力的來源。其他人都屏息靜氣地站在一旁看著黎克文，誰也都沒有任何舉動。

　　戈勒安德羅修士是本堂的司祭，在他的教堂裡要找出一尊血娃，這絕對是關乎其切身榮辱，因此他忍不住小聲發問道，「黎先生，有譜了嗎？」

　　黎克文緩緩睜開雙眼，環顧大家一眼後，再看著戈勒安德羅修士說道：「相信我，你不會想知道答案的！」

　　聽到這句話，戈勒安德羅修士沉默一響後回道：「沒關係，我已有心理準備。」

　　「好吧，如果我的感應沒有錯，答案就是這座聖母瑪利亞雕像祂懷抱著的聖嬰，這聖嬰就是一尊血娃。」黎克文十分有把握的這麼說著，但問題是，這聖嬰怎麼看都不像是一尊血娃？下一步卻要如何揭曉原案呢？

　　戈勒安德羅修士滿懷疑問的問道：「您該不會說，要將這個聖嬰拆下來帶走，是不是？」對戈勒安德羅修士而言，這是一個很大的難題，也是個困難的抉擇，正如剛才黎克文所說的"他不會想知道答案的"，這是本堂的鎮殿之寶，若是破壞了雕像，他可擔待不起作為本堂的歷史罪人。

　　「可否請你們搬一張梯子過來，我好站上去仔細的端詳一番。」黎克文提出一個請求。戈勒安德羅修士點點頭，回過身就跟亞賓修士說：「麻煩請你將樓梯間的那張梯子搬過來，謝謝！」

　　祭台後的那位修女正在繼續彈奏聖詠曲，教堂內充滿著

聖潔安祥的氣氛，不至於焦躁無趣。黎克文站在工作梯上，配戴了他的老花眼鏡，開始仔細的觀察聖母瑪利亞懷抱中的那個聖嬰，他還要忍受那越來越強烈的電擊感覺。亞賓修士和婁念濱一起幫著扶著梯角，怕他一晃一晃會站不穩的摔下來。

黎克文終於察覺到聖嬰頸子上有一條纏了一圈的細繩子，在那細繩子掩蓋之下用肉眼不仔細看是無法看出來的細痕，相同地也環繞了一圈。終於解開了這個秘密，黎克文雀躍不已地說道，「有線索了。」

但黎克文立即感到他的老花眼鏡鏡片好像要開始龜裂了，強大的輻射電擊力道逼使得他快要站立不穩，「喂？扶好我呀！」他差點摔下梯子。

「克文兄，您下來吧，讓我來！」洪紹寬見狀，擔心黎克文無法繼續站在那個梯子上，自告奮勇來代替他。洪紹寬在臺北故宮博物院研究與勘驗古文物多年，這方面的工作很有經驗。

黎克文被洪紹寬替換下來後，饒大輝扶著他坐在聖壇台階上休息，並遞給他幾張濕紙巾擦拭額頭上豆大般的汗珠。

換上洪紹寬站在梯子上，他先仔細地觀察剛才黎克文說的線索，然後用手輕輕地碰觸聖嬰的頭部，然後又試著去扭動旋轉看看。戈勒安德羅修士在下面一直仰頭目不轉睛地看著，很緊張地喊道，「小心！小心！」他生怕這些人弄壞了他的神聖雕像。

洪紹寬果然是很有經驗，他瞅近瞧著，發現到聖嬰的雙眼有一隻微閉的、一隻則睜開的，這個現象很違反一般雕塑

工匠的手法，也違反正常嬰兒的生理現象，「**要就兩隻眼都閉上，要麼就兩隻都睜開。**」他找到竅門了，馬上用手去輕輕按壓聖嬰閉著的那隻眼睛，「**喀！**」祂發出了一絲只有洪紹寬站在上面才聽得到的細微聲音，原來聖嬰的頭和身體是可以旋轉開的，連接部位就是由那隻閉著的眼睛連接一道暗鈕控制，現在暗鈕被壓一下打開，洪紹寬輕輕地就能將聖嬰的頭部旋轉開來了。

戈勒安德羅修士馬上迎向前去，雙手小心翼翼地接著聖嬰的那顆頭顱雕像，嘴裡唱諾著：「**主耶穌基督，降福於爾等。…**」

坐在聖壇台階上看著洪紹寬動作的黎克文，此刻越發感到渾身不斷地在顫抖，那從雕像上輻射過來侵襲在他身體的電流，刺激到讓他快承受不住了。別的人卻是一點感覺都沒有。

果然，在聖嬰的身體裡藏著一尊娃娃，真是名符其實的套娃。洪紹寬非常小心地將那尊娃娃從聖嬰的身軀內取出來捧著，黎克文在下面頓時覺得所有的刺激感覺都消失得無影無蹤，他馬上站起來亦是小心翼翼地用雙手接過來娃娃。戈勒安德羅修士也將聖嬰頭顱再送回到洪紹寬手上，立刻安裝回原來的接合處。

黎克文仔細地觀賞這尊血娃，體積比瑪莎米婭交給他的那尊稍微小一點點，渾身通透，一樣是顯露出俄羅斯沙皇的皇家尊貴氣息。祂的底座用阿拉伯數字刻了一個小小的 "9" 字，確認這就是編號 "第九" 的俄羅斯血娃。黎克文將祂裝入手提箱裡的一個早已準備好的保麗龍盒子裡，仔細地固

定好後將手提箱交給洪紹寬，「這就請你幫忙帶著吧！你的手提袋交給我。」

戈勒安德羅修士舒了一口氣，劃了一道聖號，「哈利路亞，我衷心讚美禰！」然後他看看亞賓修士，緩緩說道：「我們在本堂侍奉上主這麼久了，竟然都沒有發現到這個神蹟，我們都該隱修了！」

亞賓修士也隨著劃了一道聖號，不發一語的將梯子搬回到樓梯間。「隱修制度」從三世紀起流行在東正派教會間，以苦身修行為宗旨、遁世獨居為特徵。

「我們感謝本堂的司祭戈勒安德羅修士的指引，讓我們順利完成這個神聖的使命，讚美上主！」伊帕季耶夫代表大家感謝戈勒安德羅修士，協助完成這次的主要任務，他對羅賓洛夫教授也能有所交代。

黎克文看著洪紹寬將"血娃"收好後，抬頭跟伊帕季耶夫說道：「既然已經達成這次任務，我們就不再久留了，這尊血娃我們帶回莫斯科，呈獻給大牧首了。」

那位一直在彈奏巴哈聖詠曲的修女，剛好彈奏完《耶穌是世人的喜樂》最後一個音符。正是曲終人散的最佳時刻。

停靠在教堂外面的兩部警車，仍然閃爍著警示燈號戒備著。他們剛才拍攝那三位黑衣壯漢上傳到市警局勤務指揮中心查報的照片，現在回傳查報的結果：「其中一個人查不到任何紀錄，另兩個人卻是犯案累累的通緝要犯，是黑幫"蛇鷹"組織的成員阿濟茲與皮列溫科。」前面接收資料的員警馬上用無線電通話器告訴後面那部車的帶隊警官，「旁邊那部黑色轎車是接應的，裡面還有一個人。」他們大致上已經

掌握到這裡的情況了。

　　伊帕季耶夫和黎克文首先出現在教堂大門口，緊跟在後的是達沃警官，再來是戈勒安德羅修士和饒大輝與洪紹寬，最後跟出來的是婁念濱專員與亞賓修士。

　　坐在台階上的三名黑衣壯漢看到他們七、八個人從教堂裡走了出來，馬上站了起來，其中一人打開放在地上的手提袋。

　　「注意了，他們要有行動了！」全神戒備中的前面那部警車，一位員警立即發出了警告。

　　「阿濟茲，先幹掉那些條子！」前面一名黑衣人指揮那一名已從手提袋裡端出一挺 AKM-7 自動步槍的壯漢，被叫做阿濟茲的壯漢轉頭就舉槍開火射向那兩輛警車。警車上的幾個員警早有警覺，反應都非常快，見狀馬上跳出到車的後面，趴下身掩蔽在車子後車廂旁，兩部警車上的車窗玻璃立即全部被擊碎，AKM-7 自動步槍是 AK-47 自動步槍的革新版，它有著更為連續強大的火力，阿濟茲摳著板機不放，連續擊發壓制著這兩車的員警都抬不起頭，其中有一名員警被四處彈射的碎玻璃掃到，受了傷趴倒在地上摀著臉。

　　同時，另一名黑衣人皮列溫科已從懷裡掏出一把手槍快步衝向伊帕季耶夫和黎克文，在十來步距離之遙，二話不講舉槍就射擊，伊帕季耶夫一個反應不及，右肩應聲中彈，側倒在黎克文身前。

　　緊跟在黎克文之後的達沃警官此時已立即掏出手槍，一個翻滾就連著開槍回擊，其中一發擊中皮列溫科的左肩膀。黎克文也反應很快，趴倒在地之際，掏出他的手槍從側面射

向持自動步槍的阿濟茲，雖沒擊中，卻迫使阿濟茲趕緊閃躲到旁邊的石墩後面掩蔽，而讓那幾位被他火力壓制的抬不起頭的員警有了舉槍還擊的機會。

他們剛好是一個牽制一個，但黎克文的手提袋卻不慎被甩到地上，而洪紹寬他們幾個手上沒有武器的人馬上跟著戈勒安德羅修士跟蹌地退回到教堂裡面躲避沒有長眼睛的子彈。於是，滴血教堂前面就上演了一場警匪近距離的駁火大戰。

停放在旁邊那部黑色嘎斯轎車上守候的另一匪徒，正要舉槍從後面偷襲，卻被另一旁早已注意他很久的一名員警一個大箭步衝向前，從側邊朝著他連開三槍，將他射翻在駕駛員座上。

掩蔽在石墩旁的阿濟茲仍然頑強的乘隙舉起自動步槍，又朝著兩部警車連續瘋狂射擊，一位剛露出頭的員警再被掃到，整個腦袋中彈開花，一下子翻倒斃命在地上。

皮列溫科雖然左肩膀中了一彈，並不影響持槍的右手，繼續又向達沃警官回擊，達沃很機警地跳到教堂旁的石柱後面掩蔽；那名不知名的黑衣人趁亂撿起黎克文掉在地上的手提袋，起身就衝向那部黑色嘎斯轎車，卻驚見駕駛同伴已被擊斃，他毫不猶豫的將其從駕駛員座上拉出車外，自己坐進去就發動車子。

阿濟茲自動步槍裡的子彈剛好打完，他立即要換上新彈夾，但就在這個空隙當中，那位帶隊的地區警官已動作俐落地移位到他左側，一槍準確擊中阿濟茲露出在石墩外的半截胸口，一聲悶哼，阿濟茲跌坐在地，兩名員警也立即一個箭

步衝上前，兩三腳踢開他還握在手上的自動步槍，強將其反轉雙手並上銬，也不管他胸口噴出的鮮血染紅了自己身上的制服。

皮列溫科看見一名同伴被捕、一名同伴退到車裡準備撤走，他也不願戀戰，跟著就要衝向那部黑色轎車；在石柱後面掩蔽的達沃警官和黎克文，見機不可失，馬上同時開槍射向奔跑中的皮列溫科，也不知是誰射中他的，皮列溫科被打到後背，一個翻跌就倒在那輛車前，一下子就動彈不了。

已坐進車子裡的那名黑衣壯漢也不管這些同伴了，車子一發動就猛踩油門衝出去，也許是方向盤轉得太過急切，右側的前後兩個輪子撞上邊坡分隔島，一個打滑整輛車子就翻滾了兩圈，那黑衣壯漢還來不及繫上安全帶就被拋出車外，重重摔落到馬路中央，昏死過去。

那兩位很早就在教堂雕塑像紀念碑前徘徊的年輕男女，全程看完這場精彩的槍戰，掌握到了關鍵重點；他們也早有所備，現在才精準地開始出手。兩人立即跨上摩托車就滑了出去，女的坐在後座一個俯身就撿起從黑色轎車裡摔落出來的手提袋，瞬間加足馬力，向著市區外的方向竄離。那幾位員警還來不及反應，一時也不敢舉槍射擊，因為旁邊已有多位不怕死的群眾圍觀，恐槍彈無眼傷及無辜，只有眼睜睜地看她們搶奪走那個手提袋。

這時，有幾部支援的警車和救護車鳴著蜂笛、閃著警示燈陸續趕到了教堂四周。原先帶隊的警官趕緊指示其中的一部警車去追那部摩托車，救護人員則來抬走那位頭部中彈當場殉職的員警。帶隊警官很難過的到那位躺在擔架上殉職警

官面前，再肅穆地敬個禮並輕拂了一下他的臉頰，哀戚的說道，「兄弟，願你在天堂享受榮耀！」然後再劃一道聖號，「死亡就是貢獻力量的一種方式，阿門。」

　　負傷倒臥在地的伊帕季耶夫好在傷勢不是很嚴重，意識還很清楚的躺上擔架，但他卻急忙地追問黎克文，「那個手提袋被搶走了，怎麼辦？」黎克文先看看他的傷勢，應無大礙，遂轉頭指著現在已從教堂裡走來的洪紹寬他們幾位，「別慌，沒事，洪紹寬手中提著的才是裝血娃的手提箱。」他們剛才在聖母像前將血娃裝進袋子裡時，黎克文就已提防到外面這幾個黑衣人會有不軌的行動，所以他和走在後面的洪紹寬調換了手提箱。被摩托車騎士搶走的那個手提袋，裡面裝的是幾件衣服和一尊早就準備好魚目混珠的普通套娃。

　　達沃警官和帶隊的警官握了下手，互道，「辛苦了，兄弟！」他們清點現場的人員傷亡後，現場殉職了一名員警、一名受到輕傷，伊帕季耶夫副學務長也受輕傷，至於那幾名匪徒，兩名當場被格斃、兩名受重傷被捕，正銬在救護車內送到醫院急救。

　　葉卡捷琳堡的地區警察局長杜耶夫斯基此刻也來到現場，聽了帶隊警官口頭的簡報後，不禁說道：「這些是亡命之徒！人們永遠不知道敵人何時會露出真面目，」他轉過頭和達沃警官與黎克文握手致意，「多虧你們的英勇協助，」也真的是多了這兩管有用的槍，出敵不意發揮了旺盛的火力，才減少了現場制服員警的傷亡，並協助在現場擊斃了兩個匪徒。

　　地方好幾台電視轉播車和好多位新聞記者也衝到了現

場，鎂光燈閃個不停，記者的麥克風全部伸到杜耶夫斯基局長和黎克文跟前採訪，

「場上現在很亂，請留點喘息的空間給我們。」杜耶夫斯基局長拉著黎克文就鑽到座車裡拒絕受訪，座車立刻就開走。饒大輝和洪紹寬他們一群人還來不及和戈勒安得羅修士道別，就跳上他們來時的休旅車，跟在局長座車後脫離現場。這些媒體記者只好轉向圍堵在教堂門口去採訪司祭戈勒安得羅修士。

戈勒安得羅修士他往昔銳利的眼睛，此刻顯得汙濁而憔悴，修士帽也在混亂中遺失，不但頭髮蓬亂，更是滿臉氣急敗壞，顯得有些驚慌失措。當他看到這些媒體記者轉來要採訪時，也是顧不得其他，趕緊三步併做兩步就衝回教堂內躲避記者了。他可還要奮力爭取晉升本教區的主教一職，千萬不要在媒體前面無謂的曝光，減損自身的能量。

15. 特快車上的魚子醬

除非她憑空消失，否則我們一定找得到她。

　　"特維爾大街"是莫斯科市中心最主要的交通大道，遠從十四世紀起便是爲人所知的一條著名通衢大道，在十五至十七世紀發展成爲莫斯科市至聖彼得堡之間的最主要幹線。從特維爾大街一直再向前行，就可以到達從莫斯科前往聖彼得堡的火車站。

　　莫斯科火車站的設計很有特色，幾幢連結在一起的巨大車站又被一分爲三，往聖彼得堡的是一個單獨歐式建築的候車站；旁邊一座建得像蒙古包似的，則是往西伯利亞大地經中國東北到海參威的候車站；馬路對面有陸橋連結的俄國式傳統造型的又是往烏克蘭的車站。如此用地區特色造型來區分，不但便利本國旅客，更使外國觀光客易於辨識與搭乘。

　　黎克文和洪紹寬在出發前往火車站時，預先打個電話給瑪莎米婭，再次確認會面的時間和地點，由代表處江組長送他們到車站碰頭後一起進站。

　　列車由兩節電汽火車頭拉著十五節車廂，它們由一節貨車、十節臥鋪客車廂和四節普通客車組成。夜晚出發、次日早晨到達。黎克文他們是在第十二節的臥鋪車廂，他和洪紹

寬的舖位是兩人一間的二等房，雖然有點狹小但十分舒適；瑪莎米婭則坐在緊挨著的隔壁車廂，也是兩人一間的二等房，她的同房室友是一位俄國老婦人，從外表看來像是中產階級家庭出身的退休教員。

列車毫無感覺的準時開動，而大家都已經脫掉外衣躺在柔軟的臥舖上。「**來到俄羅斯沒能搭乘一次火車，總會覺得有些缺憾，如果能從莫斯科搭個火車到聖彼得堡，不管是旅遊或是出差，那就全無遺憾了。**」洪紹寬記得第一次來到莫斯科時，莫斯科大學的臺灣同學會一位學長就曾經告訴過他。這次是第二次搭乘俄羅斯的短程火車，真感不虛此行。

火車在黑夜中漸漸駛離莫斯科市，規律而有節奏的車輪滾動聲，像鼓捶敲擊與心臟跳動在合和奏鳴著。車窗外有一層薄薄的冰雹沾附著，深夜的莫斯科非常地冷冽。車廂裡的擴音器播放著前蘇聯民謠，一首《莫斯科郊外的晚上》，悠揚的旋律和美妙的女聲，讓每位旅客對已過去的一天心懷感動，對將到來新的一天充滿美好期待。

女列車長由鐵路警察局派出的隨車員警陪著，依序至每個車箱再檢視一遍，生怕有來路不明的人或恐怖份子滲透到列車上搞破壞活動。

黎克文和洪紹寬出示護照和車票經過驗證後，黎克文不放心的也起身到隔壁車廂與瑪莎米婭和那位老婦人打個招呼，說道：「**女士們，早點休息吧！門要記得扣上。**」

「**好的，晚安！**」兩位一老一少的女士也正準備躺下來休息，瑪莎米婭說完就依黎克文的吩咐將車門扣上。黎克文與老婦人打完招呼後，感到似乎有點面善，好像在哪裡見過

面，但一時之間還無法想得起來。也許是很多俄國女人打扮得都差不多的樣子吧。

瑪莎米婭這個禮拜自從與林煜失聯後，就一直沒睡好覺過，每天都在提心吊膽，現在雖然有了一些眉目，但消息都還不是那麼可靠，躺在臥舖上心緒始終忐忑不安。

她和同房的老婦人也不認識，沒有多話，老婦人僅是躺在另一端臥舖上不停地滑她的手機，大概是和網友們在交談，以她的年齡還喜歡玩手機，可真不多見。車箱內的茶桌上擺著免費提供的兩瓶礦泉水，一種摻有不同甜味混合物的"芙迪牌"天然礦泉水。

火車一夜奮力的繼續往北奔馳，車箱裡大都很安靜，偶有一些輕微的鼾聲，都被隔音門板阻絕，還不致打擾到鄰近的旅客。

清晨在平穩規律的車輪震動中露出曙光，車窗外的晨曦舖灑在一片片綠油油廣大無垠的草原上。車廂裡的擴音器又開始播放起音樂，那是"柴可夫斯基"的《第一號鋼琴協奏曲》。兩位女服務員很輕柔的隨著音樂聲將每個車廂裡的旅客們逐一喚醒，並分送給每位旅客一份精美的早餐盒，餐盒裡有兩個小圓麵包、一條巧克力棒、切片好的香腸、乳酪、起士、咖啡包和一小罐魚子醬。

黎克文和洪紹寬盥洗完畢後，回到車廂裡開始一邊將魚子醬塗在麵包上，一邊望著窗外蛻變中的俄國農村，洪紹寬有點感慨地說：「俄國的農村現在大多已成為集合式住宅了，傳統的風味好像要消失了…。但是，還能享受到精緻的魚子醬，卻是值得回味的旅程，」洪紹寬很喜歡這個俄國飲宴的

奢侈品，「魚子醬在任何一個國家的派對上，都是豪華的象徵。」

當他們吃完早點，輕輕地敲了下隔壁瑪莎米婭的門，磕！磕！磕！「瑪莎小姐，早安！」等了一會兒，沒有反應。黎克文又輕敲了兩下，磕！磕！又等了一會兒，還是沒有反應，

「別再敲了，該不會都去盥洗吧？而且會不會打擾到另外一位女士？」洪紹寬在一旁提醒他。

「也是，」黎克文想到自己老婆不也是每天光是忙著化妝、梳理，就要忙個半天。

說來奇怪，都等了有廿多分鐘，卻仍不見兩位女士的身影，黎克文感覺事情有點蹊翹，擔憂地問道：「紹寬，我們進去看看她們在不在車廂裡面，會不會有什麼事情了？」

於是，黎克文和洪紹寬急忙要打開她們的車箱門，門鎖沒有扣上，一拉就開，果然空無一人，出現在眼前的景象是兩口掀開的行李箱，胡亂的衣物用品散置在床上。黎克文記得她們倆各自都有帶著手提包，卻都跟著主人一起不見了。床底下的兩雙鞋子卻剩下一雙。茶几上打開過的兩個餐盒裡，僅剩下半罐的魚子醬。

黎克文赫然發現茶几上那半罐魚子醬下另外還壓著一張紙條，寫著 "兩位女士目前陪我們尋找資料，切勿聲張，否則…" 是用英文手寫的。

黎克文馬上想到前天在莫斯科大學裡遇到的兩位臺灣同學，他們也是出示一張帶走林煜的紙條，語氣與字跡和這一張紙條上的幾乎一模一樣。

「我們得要馬上問問列車長，」洪紹寬對她倆人失蹤，

感到事態嚴重了。黎克文看看腕錶時間是早晨六點四十分，「還有一個多小時就要抵達聖彼得堡車站了，我們趕緊先找找看？」

洪紹寬冷靜下來，稍為想想後說道：「這列火車中途都沒有停過，人不會下車，一定還在車上的呀！可是那張紙條上寫著的字，充滿著警告與威脅。萬一我們輕舉妄動之下出了差錯，豈不更難以收拾！」

就在此時，女列車長進入到他們這一節車廂裡來，看到他倆站在車廂走道門口，朝他們微笑的點個頭，用不太流利的英語問聲：「早安！」

她僅是經過這節車廂，並沒有逐間察看。他們猶豫了一下，洪紹寬還是忍不住，用俄語喊住了剛從身旁擦肩而過的女列車長，「哈囉！列車長！」

這位年約四十歲左右的女列車長回過頭來，回答道：「我能為您服務嗎？」

「是這樣的，這裡有兩位女士，其中年輕的一位是和我們一起來的朋友，現在卻不知道在哪裡？就快要到站下車了，我們怕她倆會來不及！」洪紹寬以不十分流利的俄語說道，並沒有很直接的說她們竟然莫名其妙的不見了。

「哦，會不會在盥洗室？叫什麼名字？」列車長一邊問一邊掏出一本小簿子。

洪紹寬正想回答，瞥見黎克文向他使了個眼色，但他還是講出來了，「我們剛醒來時才發現到，大概有半個多鐘頭以上了，」

「名字？」列車長記上了時間，並再詢問。

「一位瑪莎米婭小姐…廿四或廿五歲，另一位我們不認識，年齡大約六十多歲。」洪紹寬將她們的年齡報了出來，

「還有半個小時到聖彼得堡終點站，我等會兒就會廣播，你們要不要先在別的幾節車廂裡找找看？」列車長建議他們，同時她拿起對講機打給隨車的鐵路警察。

「我們現在位於第十二節車廂，紹寬你從後面的幾節車廂繞回頭看看，」黎克文請洪紹寬從後面找起，他自己則往前面到普通客車車廂開始往後找。

臥鋪車的走道上，有許多旅客走動著，摩肩擦踵的來來回回，也真礙事。擴音器響起了列車長的聲音，提醒旅客們：「還有廿分鐘就抵達聖彼得堡車站了，請旅客們收拾好行李，準備下車。」接著，又用英語重複廣播一遍。

那位個子高大的鐵路警察趕過來跟在黎克文旁邊，一起幫忙至各車各節的搜尋，可是一直就沒見到那失蹤的老婦人和瑪莎米婭。

黎克文和洪紹寬找的滿頭大汗，最後沒辦法也只有打電話跟季錚報告。那位鐵路警察亦同時打電話回報聖彼得堡車站駐警，發生兩位旅客失蹤事件，這可不是鬧著玩的重大案件。

火車準時的於早晨七點五十五分緩緩停在聖彼得堡火車站，「準時」永遠是俄國人的美德。這時，已經有三位員警和兩位站務人員守在黎克文這節車廂的下車位置，要求這一節車廂的旅客暫時不要下車，他們上來一個個的再作身分的清查核對。發生了旅客失蹤的案件，鐵路警察局和鐵路局都非常緊張，生怕新聞媒體聞風而來，所以還不敢說是有旅客

失蹤，儘速地清查完後，還是要讓其他旅客們趕快下車。

其中兩位員警和一位站務人員又上到第十二節車箱瑪莎米婭的那個房間，他們拿著照相機與工具開始探證。

當然，員警必須帶黎克文和洪紹寬與本節車廂的女服務員到鐵路警察駐站辦公室再作筆錄，並進一步的詢問細節。

聖彼得堡車站的大小、樣式、裝潢竟然與莫斯科的車站一模一樣；黎克文在進入鐵路警察駐站辦公室時，思路又是一團迷亂，他想不透，爲何人會失蹤？「和林煜的事件是否相關？似乎有些越來越複雜了。」

一位看來是主管的警官過來坐在椅子上，旁邊一位員警拿出紙張準備作筆錄。這位主管對著黎克文說：「請你先離開這裡！」他要個別詢問那女服務員。

「對不起，我們已介入了。」黎克文很固執，他不放心讓那女服務員被單獨留置受詢，必須親自了解整個狀況。

這位俄國警官看著黎克文的外表一副很考究的打扮，以及流利的英語，判斷是位有來頭的外籍人士，不願意多添麻煩，就開始了一套既定詢問與筆錄的程序，「好吧，既然你一定要堅持，那就請先拿出你們的護照，以及說明來聖彼得堡的目的。」

黎克文倒是願意配合，但僅是剛講出這次來聖彼得堡，主要是受到正教會的邀請，突然腦中閃現一絲靈光，好像剛才曾看到瑪莎米婭的鞋子還在車箱內的床底下。

「警官，車箱裡床鋪下是不是有夾層？」黎克文馬上提出懷疑，一旁的洪紹寬以前曾經搭乘過夜快車，他記得臥鋪火車的每張床下都是有個隔間櫃夾層，用來放置乾淨的床

單、被縟等寢具。「有的！」洪紹寬立刻接話。

「是啊！您該不會認為…」警官很機靈的馬上拿起手機，撥了個號碼，「必要時，把那張床拆翻它！」。

這時，列車車廂將要被拖到機庫停放，那三位採證人員正準備離開，其中一位員警接到電話，「我是，…喔，好的！」

「剛才，主管說要再看一下床鋪裡頭的夾層，」掛上電話的警員轉頭告訴他的同伴和站務員，他講得還很含蓄。他們剛才真沒想到還要看一下床鋪下的夾層，僅是到處在收集指紋。

「啊，是誰幹的？！」當那三位採證人員掀開床鋪夾層時，不約而同的一起驚呼一聲，果然沒料錯，瑪莎米婭被塞在她的床鋪夾層內；另一張床鋪夾層內則空無一人。米婭沒有外傷，衣衫整齊但人卻是昏迷的。她的皮包也都塞在一起，還不知道有沒有任何財務損失。

一位員警馬上回報駐站辦公室，同時那位鐵路局站務人員也趕緊報告車站裡的服務中心，請求派救護人員過來。

黎克文和洪紹寬跟著駐站警官聽到這消息立即跑出去，衝往還停靠在月臺上的第十二節車廂。救護車也隨即鳴著長笛，從貨物月臺狂駛進來。

本次列車的女列車長從最後面的列車長室露出頭，神色有點驚慌的看了看前面，馬上拿起她的公事包快步走往月臺邊的一條捷徑，很快地消失在一排倉庫後面的陰影裡。

救護車在警車開道下疾速駛往聖彼得堡醫療中心，黎克文和洪紹寬搭著另外一部警車緊隨在救護車後跟進。在救護車上，救護人員正在給躺在擔架上的瑪莎米婭戴上氧氣罩和作 CPR。

「這位小姐的狀況已漸開始恢復好轉，她僅是喝了迷藥，沒有大礙。」救護人員已將車廂內那喝剩下來的半罐飲料隨手帶上車，準備回到醫院化驗。這位救護人員經驗老到，可能經歷過多次類似狀況，他也一直跟醫院急診室保持著聯絡。

黎克文看著車窗外大清早的市區街道，沒想到竟然是由警車和救護車一起開道來到聖彼得堡市區。他左思右想著，再跟洪紹寬說道：「是誰在操作這件事，來龍去脈為何？由種種跡象判斷，應該就是和瑪莎米婭同一房間的那位老婦人下的手，不然怎麼會有機會下迷藥在飲料裡？」黎克文越想越迷惑也更懊惱，「今天可是我這輩子最糟糕的一天！差點搞丟了一位姑娘家。」

洪紹寬也不斷地一邊思考一邊釐清，「而且，這事件也可能有本次列車的內部工作人員協助，不然怎知將人藏在包廂床底下的夾層中？還有，老婦人怎地會神奇消失？很可能就是那位女列車長，協助老婦人躲到另外的車廂。」

黎克文推斷，幕後操縱的人是要等旅客全部離開後，再將窩藏的人質從火車的機車庫裡運走。他又閃起一種不祥的感覺，這和林煜失蹤是否有關連？幕後肯定有個集團在操作，不然這麼複雜的細節，如何緊密的環環相扣住？但百密還是有一疏，他們還是留下了破綻；所幸，能夠及時發現到瑪莎米婭就被藏在自己的車廂內，若再晚一點或遲個幾分鐘，恐怕車箱被拖往機庫裡則就來不及了。

救護車很快地就停靠在醫院急診室旁，救護人員動作熟練地將瑪莎米婭推進到急診室內，黎克文和洪紹寬緊跟在後面。急診室裡的病患還好不太多。

*16.*涅瓦河畔基督復活教堂

　　災難是上帝用來淨化我們心靈的一種恩澤。

　　躺在"醫療中心醫院"病床上的瑪莎米婭已清醒過來，剛開始時，她還不知道自己身處何地？過了一會兒才回過神來，這是在醫院裡。起初很是納悶地，怎麼會躺在醫院裡？

　　「到底是怎麼了？」她漸漸地恢復了記憶，回想起昨晚…，隨車服務員送來餐點盒與礦泉水後，那位同車廂的老婦人就將車廂門的鎖扣上準備休息。自己大概是喝過了幾口那瓶礦泉水，又吃了點魚子醬後才開始感到昏沉沉，後來發生的事情完全都沒有印象了。

　　這間病房是雙人房，瑪莎米婭醒來靜思了一會兒後，看見病床四周被一層帷簾隔離開，整個房間好像就只有她一個人。但她聽到隔壁床有點輕微的聲響，她屏住了呼吸，悄悄地掀開簾幕一角，看見一個護士背對著她正在翻著前面置物櫃各抽屜裡的物品，動作非常迅速俐落，像是個常操此業的老手。那護士是在找什麼東西，或是在放什麼東西。

　　突然，那護士轉過身朝向瑪莎米婭的病床方向，不知道是發現她醒來了，還是又看到了什麼重要物品？那帷簾一角輕微的一動，整個房間的空氣都跟著翻動了。下一秒，護士

立刻就頭也不回地開了病房的門閃身出去，門又重新關上，一切恢復靜止。

瑪莎米婭當下還沒回過神，不一會兒就又聽到有人開門。黎克文在病房外面打完電話，與那位神色詭異的護士擦身而過，匆匆走了進來。

「黎教授，」瑪莎米婭看到黎克文頓時感到安心了，親切的喊了一聲。

「米婭小姐，妳醒來了啊。」黎克文掀開簾子，攙扶瑪莎米婭坐了起來。

洪紹寬在醫院外面的速食店帶了兩份速食餐盒和一小罐鮮奶與一包撒上肉桂的糖炒堅果，也回來了。

「妳先喝點鮮奶，我剛接到鐵路警察局聖彼得堡駐在所的電話通知，他們等妳甦醒過來後，立刻派人過來要向妳問些話，做個筆錄。」黎克文跟瑪莎米婭說道。瑪莎米婭一聽還要接受員警訊問，趕緊說道：「好的，但先讓我梳洗一下吧！」

不一會兒，警方就派來一男一女兩位警員來到病房裡，很快地完成對瑪莎米婭所做的筆錄，他們準備將案卷轉移給莫斯科特警隊。疑似這種擄人又要勒索的案件，在聖彼得堡不常發生，俄羅斯警方聞訊後，特別重視，即交莫斯科特警隊接手來辦。

剛於上午搭第一班飛機從莫斯科飛來聖彼得堡的柯佐夫組長和他的助手達沃警佐，立刻趕到聖彼得堡醫療中心醫院。

「怎麼又勞駕您來了？組長先生。」黎克文和洪紹寬才在病房裡吃完速食餐盒，看到隨後進來的柯佐夫，他們第一

個反應。

「我的華語講得最好，也熟悉華人事務，所以，凡是和華人有關的重大案件，大都交由我來處理。另且，我雖是莫斯科特警隊的人，來聖彼得堡跨區辦案，都是經過授權的，也會獲得當地的支援，這點要請你們放心。」

柯佐夫多作了些解釋，也同時介紹了他一起過來的助手達沃警佐。黎克文見到柯佐夫組長，立刻有一種親切和信賴感，因他親眼目睹過了柯佐夫在蘇茲達里的本事，才不是他自謙華語講得好的緣故，應該是他的卓越幹練受到上級的器重。

黎克文剛才也將狀況回報給臺北駐莫斯科代表處和季錚，然後和洪紹寬陪伴在瑪莎米婭的病床邊。一位醫生帶著一位護士進來探視，量完血壓和脈搏又仔細的觀察了瞳孔後，醫生很滿意的說道：「看她現在的狀況，可能不要一天她就可以出院了。」

前兩天在莫斯科"耶穌救世主大教堂"帶著黎克文和洪紹寬一起導覽的馬雷修士，聞訊來到醫院探視。「各位，辛苦了！很抱歉來晚了。」手捧著一束鮮花的馬雷修士進到瑪莎米婭的病房，很有禮貌的先問候，再將花束交給旁邊的那位護士插入花瓶中。

洪紹寬見到馬雷修士，很親切地用俄語問候：「馬雷兄弟，幾天未見，卻在這裡又見面了，」

「你們如約來到聖彼得堡，但沒想到是在這種情況下見的面，也是很微妙的機緣啊！上帝這樣安排必然有祂的道理。」馬雷修士向黎克文和洪紹寬，相互握了握手，也講出

了共同心聲。同時，馬雷也朝著柯佐夫很有禮貌地打個招呼，直稱：「警官先生您好！」

「容我建議，這位小姐暫時在醫院休養，我帶你們先去涅瓦大街我的“基督復活教堂”，在那裡有位莫斯科來的重要朋友，你們會想見他一面的。」馬雷修士將他趕過來的主要目的講出來，以免耽擱正事。

瑪莎米婭此刻最關心的事情，就是林煜的消息。剛聽說他們馬上都要先離開，她也著急了，這幾天來，她覺得很多事情都不太對勁，自從身陷這件綁架案，她越發不敢單獨一個人自處，尤其剛才有位護士在旁邊病床的奇怪舉動，也越來越讓她擔心林煜的安危了。聽到馬雷修士說的話，顧不得自己還有點虛弱，「我一刻都不願意留在這裡，我要馬上出院，…去找林煜。」

黎克文不忍心也不放心留她一個人在醫院，就看看馬雷修士，「可以一起走嗎？當然她還需要醫生的同意。」

馬雷修士看看瑪莎米婭的狀況，然後才說道：「等等，問問醫生吧，」他有些顧慮，必須有醫生的專業判斷，「醫生允許出院的話，我剛好是坐一輛“大福特”來的，如果不介意，全部一輛車，大家一起到我們教堂吧。」

剛才進來探視過的醫生再次看了瑪莎米婭的狀況後，亦勉強同意可以讓她馬上辦理出院，醫院的費用則由柯佐夫簽單，特警隊來作後續處理。柯佐夫組長今天趕來聖彼德堡的主要目的，除了調查瑪莎米婭被擄事件外，最重要的是保護黎克文和饒大輝兩人平安回到莫斯科，這個命令是直接由特警隊梅耶爾隊長下達給他的。

　　一部"大福特"廂型車可乘坐十二個人，他們一起離開醫療中心醫院時，那位剛才曾單獨在瑪莎米婭病房裡鬼鬼祟祟出現過的女護士，在樓上一間房間的窗邊看著那部"大福特"離開，手裡拿著手機說道，「他們要去"紅點"了。」手機畫面上出現的是瑪莎米婭住的那間病房影像，先前她就在那間病房偷偷安裝了一具微型針孔攝影機。現在所有在那病房裡的影音，全部都被錄製下來了。

　　聖彼得堡是俄羅斯文化古都，一個由島嶼、橋樑、十八世紀古典宮殿結合而成的波羅的海北岸雄偉都市。涅瓦大街的"基督復活教堂"離他們出發的聖彼得堡醫療中心醫院大約有一個多小時的路程，屬於聖彼得堡的老城區。聖彼得堡老城區係在十八世紀沙皇時代修建的，路兩旁三層樓高的房屋都呈現出斑剝陳舊的刻痕。一七一〇年，彼得一世按照他的意志開始建城，幾經風霜後，市中心已從老城區北移至涅瓦河畔。

　　馬雷修士坐在車前座，一路沿著筆直的涅瓦大街前行。整個聖彼得堡城市的一樓都低於外面的街道，所謂地下一樓，其實就是一般的一樓。針對這個現象，馬雷修士主動跟大家解釋：「觀察我們這條涅瓦大街所以造成這樣的原因，是馬路不斷地維護保養墊高，經年累月後就成為如此的特殊景觀。」

　　黎克文在車上沉默無語，他腦袋裡又在努力的整理這幾天所發生的事情，分析問題的本身就孕育著成就，但分析問題比解決問題還難。黎克文覺的其中好像還有一個結沒被打開，他一直要破解那個困難的結。

　　洪紹寬坐在黎克文一旁也悶聲不吭，他不停地注視著前座馬雷修士頭上戴著那頂黑色修士帽上別著的一枚金色小十字架。

　　瑪莎米婭經過這次在列車上的擄人事件後，更加顯露出她內心的焦慮，年輕的臉龐上寫的都是憂愁，只有不停地滑她的手機。柯佐夫的助手達沃警佐老神在在，淡定的坐在最後一排，不發一語。

　　不久，大福特駛抵“基督復活教堂”旁的運河濱河路上；“基督復活教堂”又稱“滴血救主教堂”，係葉卡捷琳堡滴血教堂的原創版。一八八一年三月一日恐怖份子在此地教堂內暗殺了“亞歷山大二世皇帝”（史稱：農奴解放者），也為了掩蓋住皇帝被謀殺的地方，教堂建在運河岸上，它跟本市其他教堂不一樣，是完全按俄羅斯傳統裝飾型的建築方法建造，鮮豔的色彩豐富了聖彼得堡的市容，但卻彰顯了一段血腥的歷史。

　　基督復活教堂的外觀迥異於俄羅斯國內所見到的其他教堂，整座教堂以白綠兩色為基調，屋頂上除了有拜占庭風格的拱頂之外，還矗立了大小共七座的十字架。教堂圓頂上寫著“瓦希里”偉大祈禱的一部分懺悔經文，教堂的九顆洋蔥頭一部分是鍍金的，一部分是彩色塘瓷的，不管天氣好壞都閃閃發光。教堂的內部裝飾華麗，用數千塊方形的馬賽克鑲嵌畫面和貴重石材製作的豪華聖壇。細部的裝設也很不一樣，一幅幾乎與聖堂同寬的“聖幛”佔據整座教堂，獨不見讓信徒崇拜祝禱的座位。

　　現在的“基督復活教堂”自一九七〇年以來，已成為聖

彼得堡最大的宗教博物館"聖埃薩教堂博物館"的分館。馬雷修士的正式身分則是此分館的館長兼教堂的司祭。另外一位輔祭波良瓦修士，比較年輕些。

「歡迎，各位貴賓大家好！」站在教堂大門口的波良瓦修士他那略顯蒼白面龐露出很自然的笑容，嘴唇有點抖動的以俄語講出這一句歡迎詞，然後熱情地上前打招呼，馬雷修士領著大家魚貫進入到教堂內。柯佐夫組長和他助手達沃警官遠遠地跟在後面，兩雙眼睛卻不停地注意前面一群人的左右四周。只有大福特車的司機仍留在車旁，守著車子沒有進來。

柯佐夫這時終於有機會點上一根香菸，從早上由莫斯科搭第一班飛機抵達聖彼得堡，就直奔醫院，一路上至今還沒有抽上一口菸。他站在窗臺邊，一邊望著裡面，一邊猛力抽著菸。吸菸這個習慣在人類史上流行這麼多年，必然有它亙古不變的道理，有的人適應，自然也有人難以適應。

基督復活教堂的四個門廊、正面、內部裝飾都是由許多俄羅斯一流工匠所製造的併圖，也是俄羅斯唯一的教堂併圖，總共面積大約七千平方公尺。所有的併圖都在"弗羅洛夫工坊"按瓦斯涅措夫、涅斯傑洛夫、列布希金等俄國著名畫家的草圖製造，很是珍貴。

「我希望大家先參觀這座教堂牆上美麗的併圖，這可是俄羅斯唯一的；內容主要是詮釋《新約全書》的故事，」馬雷修士又是以導覽者的姿態跟大家介紹。

「中央部份的併圖描寫救主在凡世的生活，西側是受苦、十字架、復活三大主題，東側則是復活之後的事件。」

馬雷修士一邊走、一邊指著聖壇兩旁高牆上的併圖、一邊講著每一幅壁畫的來由。

「由於《舊約聖經》禁止崇拜偶像，因此正教信仰區域，遂發展出以聖畫像來作為瞻仰耶穌、聖母、使徒的獨特傳統。聖像畫，簡稱聖像，是指以平面畫像的方式來表達神靈、聖者或神跡，為東正教的傳統藝術品，但也有人反對聖像崇拜，視之為等同於偶像崇拜。」馬雷修士娓娓道來，他真是具有足夠的專業知識。

聖像畫在正教會地區中被譽為"天堂的窗戶"、"天國之窗"，彷彿畫可通往天堂，畫裡的聖人就隔著窗戶（畫框）看著前來追敬的信眾；但這並不表示畫本身被當成神明來膜拜。

馬雷修士他在唱獨腳戲，又接著說明道：「東羅馬帝國時代，皇帝與正教會曾為了禁止聖像崇拜，而大肆迫害畫師與信徒，許多聖像被毀，還有許多人因而被殺死或遭活活刺瞎雙眼，然而最後終究不敵民間對聖像的強大支持力量，不得不讓步妥協，因而再次又肯定了聖像傳統的尊貴性。」

他們經過一排掛著的壁畫前，馬雷修士更說出了一段他自己的小故事，「莫斯科著名的工商企業家"特列季雅科夫"，以其私人在一八八一年的收藏，捐贈給莫斯科市政府的"特列季雅科夫畫廊"；那是他去世的前幾年，其畢生豐富的收藏，含括了俄羅斯一千年文化發展下的藝術經典之作，僅在那個畫廊就有近十多萬件藝術作品。後來，有一些畫作輾轉的捐贈到聖彼得堡給我，在這聖壇兩邊掛的都是那些收藏品。」

　　馬雷修士說得有點感動，他在接任基督復活教堂博物館館長後，就曾去那個畫廊參觀過五、六次之多。他想藉助"特列季雅科夫"收藏的俄羅斯一千年文化發展之下的藝術經典作品中，找出俄羅斯十二尊血娃位置的各個線索，或是其中的一些端倪。這些壁畫中承載了太多的歷史與文化。

　　馬雷修士現在卅八歲年紀，經俄羅斯東正教大牧首米亞斯尼科夫任命爲"基督復活教堂"司祭兼任圖書博物館館長後，內心就有一股澎湃的欲望，想使本館成爲聖彼得堡所有教堂裡"宗教藏書、宗教聖物與珍貴的民俗物品"最豐富的圖書博物館，自己更希望晉級爲主教，主掌聖彼得堡教區。

　　馬雷修士對聖彼得堡主教座堂"聖埃薩教堂"雄偉的建築樣式特別尊崇，他認爲，這座偉大的教堂終結了俄羅斯古典風格，特別是它的四十八根（每根重達一百一十噸）整塊花崗石雕刻的圓柱，成爲聖彼得堡的幾個主要地標與象徵之一，亦是他心所嚮往的原因。

　　現在，大牧首更委託他與羅賓洛夫同爲正教會使者，負責十二尊"血娃"的蒐尋使命，亦更使馬雷修士終日兢兢業業。因此，馬雷每天都浸淫在宗教文物的鑽研上，更常常上網搜尋世界上各博物館內的珍貴收藏品或是到處參觀，充實自己的專業。他每講十句話裡，就有九句是有關上帝的。但在其他神職人員眼中，他已有點走火入魔了。

　　兩年前，馬雷修士從一本古西伯利亞文的古籍中讀到有關俄羅斯套娃最早的敘述，「一千餘年前的古西伯利亞有個小男孩，在牧羊時和妹妹走散了，因爲想念可愛的妹妹，就刻了一個漂亮的木頭娃娃帶在身邊，過了幾年，心想妹妹應

該長大，於是又刻了一個，就這樣直到小男孩長大，身邊一直帶著自己刻的共十二個木頭娃娃，他把這些娃娃一個個套著，思念妹妹時就一個個打開。⋯終於有一天，小男孩遇到拿撒勒人耶穌的使徒雷歐九世，那些木頭娃娃被使徒雷歐九世逐一親吻祝福，並灑上小羊的鮮血，後來就演變成俄羅斯人們的許願娃娃。」

　　馬雷修士僅是讀這本古西伯利亞文的古籍，就曾先後去到蘇茲達里找一位女修道院的院長瑪莉安修女幫忙譯成現代俄文。今年初，馬雷又從一份歷史文獻中讀到，「這十二個最初的木頭娃娃失散了八百多年後，從西伯利亞地區陸續找回，被皇室收藏保存下來。十八世紀的俄羅斯女皇安娜・依萬諾芙娜依據相同樣式拷貝，重新以純金並鑲上鑽石製作一模一樣的十二個套娃，收藏在聖彼得堡的皇宮內。」

　　孜孜不倦的馬雷在這份文獻中查證到連續的記載，「至於原來的木製品因年代久遠，材質已龜裂腐朽，無法保留，在當時皇室大主教祭司的祝禱見證下將其燒成灰燼，代表舊的套娃要浴火重生。傳說中的第九世紀羅馬天主教女教宗“瓊安”（Johannes VIII,850 B.C.）她的兒子後來成為“奧斯提亞主教”，並於她死後連同保存下來女教宗瓊安早年的一小瓶處女寶血一起埋葬在其教堂⋯。」

　　這時，柯佐夫已經抽完他的第二根香菸，很滿足地解決了他的菸癮走進教堂裡，走在他們的最後面。

　　波良瓦修士一直默默無語的跟在馬雷修士後頭，仍是馬雷在繼續的講，「十八世紀時，狂熱的俄羅斯女皇“安娜・依萬諾芙娜”差遣烏克蘭主教前往羅馬打開了墓穴取出了那

瓶處女寶血，帶回俄國用來祭祀重新製作的純金套娃，故而這十二尊套娃又被通稱為“許願血娃”。」

洪紹寬這幾天也一直聽到血娃的種種傳說，現在聽馬雷講得這些記載，與坊間流傳的許多不同版本，大同小異。但是其中幾個版本還是略為有些不同之處，因而提洪紹寬出他的疑問，「我聽說，只有其中的五尊套娃才被滴了聖血。」

馬雷修士看看他，蒼白的臉上露出一點笑容，很平靜地回答道：「那天在莫斯科耶穌救世主大教堂裡，我並沒有說得很清楚。重新製作的十二尊血娃，剛剛開始，皇家工匠的技藝還不是那麼純熟，越到後面則製作的越發精巧細緻；正好，女教宗瓊安寶貴的聖血因為年代經歷久遠、保存環境不甚理想的關係，也只僅賸有五滴。所以，就只能滴在後面造型與做工最完美的五尊許願娃娃了。」

聽到這裡，洪紹寬這才明白其中的典故，其他人也是才恍然大悟。

「最後，廿世紀初，俄國布爾什維克黨推翻了沙皇王朝，聖彼得堡的皇宮被暴民洗劫一空，那十二尊價值連城的金質血娃此後一百多年來，就流落四方。」馬雷又繼續的說道，他將這些文獻上的記載一直能繪聲繪影的轉述，從早先的一個牧羊小童信手所製作的木頭許願娃娃，歷經滄桑，輾轉反側的被僧侶搜尋後，交由基督聖徒祝福，再由皇室收集保管後重新以貴重金屬與女教宗的聖血祭祀改造，流傳至今歷歷不朽。

現在，馬雷修士被東正教大牧首任命為其使者，執行搜尋血娃的任務。根據那上半張羊皮紙的位置圖上，他分別從

明斯克和斯摩稜斯克、阿斯特拉罕的幾個小村莊教堂裡找到共七尊比較大的血娃，現已存放在莫斯科耶穌救世主大教堂裡地下室的一個秘密石棺內。目前，被黎克文的"超感應力"也尋獲到了三尊，眼下還有兩尊流落在外。

　　這麼貴重非凡的血娃，有古老的歷史背景、聖人與聖血的加持、皇家的精湛作工、價值連城的鑲鑽。因此，不但宗教界人士將其視為聖物想將其收回，更引起黑道幫派"蛇鷹"的覬覦，"東突"也想藉此斂財，以便購買軍火充實革命戰力；俄國富豪一直以來也是夢寐以求的想要收藏，同時警方亦高度關注。

　　羅賓洛夫教授和馬雷修士都是大牧首委任的兩位使者，他倆人都具有這方面的強烈企圖心，兩人對宗教文物與歷史更有極為精湛深邃的研究。更何況，馬雷修士是羅賓洛夫教授的親弟弟，他們之間的"關係"並沒有任何外人知道，這是一個消失了很久的秘密；他們從小父母雙亡，都在孤兒院中長大；弟弟馬雷後來讀了教會學校，獲得神學士學位，畢業後當了修士，奉獻一生給教會。哥哥羅賓洛夫則一路讀公立學校，半工半讀刻苦自勵完成學業；自聖彼得堡大學畢業，又在莫斯科大學獲得碩士學位，之後再被送到美國芝加哥大學攻到博士學位，任教於莫斯科大學。一次因緣際會中，羅賓洛夫被大牧首"米亞斯尼科夫"相中，開始被派任為東正教大牧首的使者。

　　馬雷因為羅賓洛夫沒有加入教會當神的僕人而有些疑惑，羅賓洛夫為此曾經很嚴肅的對馬雷說道，「我沒正式加入教會，我無法忍受獨身的誡律與教條。但我倆一起為大牧

首工作，這才更是神聖的職責。」馬雷就很好奇的問到過，「您喜歡這個工作麼？哥哥，」羅賓洛夫很自信地回答，「我相信這才是上帝的工作！可以展現力量，兄弟。」

今天，遠從臺灣的這一群客人來到基督復活教堂，除了是黎克文為了要找到他失蹤的學生林煜以外，更重要的是要協助馬雷完成他尋找"血娃"的任務，這是大牧首米亞斯尼科夫直接賦予使者馬雷的任務。

「"基督復活教堂"從來不是普通的教堂，不作洗禮、葬儀與結婚儀式。聖儀區平常並不對外開放，只有復活節與耶誕節才舉行大型彌撒，教友也必須先預約才能獲准進入參加活動。但博物館區就開放給學術單位或學校作學術研究之用，也是要有專門的證件才能進來使用。」馬雷修士對他所設定的這項嚴謹管制規定，一向很自詡。他停頓一下又接著說，「但是這裡會"講道"，尼古拉二世皇帝被謀殺的那一天，則會作一壇"祭典"以茲紀念。」

黎克文和瑪莎米婭雖然在聽著馬雷修士的解說，卻都不停地左顧右盼，另外找尋馬雷修士說要會面的人是誰？

一行人沿著中軸線走到最前方的聖儀區邊，果然有兩個人跪在祈禱室門口的台階上。瑪莎米婭銳利的眼光一眼看出來其中的一人就是林煜，黎克文也立刻認出來了，他曾是林煜的指導老師，在中興大學那段時間經常接觸，自然立即認得出來。

「喂！林煜！」瑪莎米婭興奮地叫喊著並撲向前去，也不管在教堂裡面要保持肅穆安靜，憑空地一聲呼喊讓跪著的林煜緩緩抬起頭來，望著蹲在旁邊的瑪莎米婭，眼神充滿著

迷惘和疑惑，像是不認識的陌生人般。

　　米婭吃驚地呆在一旁，「你是怎麼了？」

　　跪在一起的另一位年輕人是位俄國男子，留著長髮穿著一身的白衫，臉上有一抹詭異的表情。

　　馬雷修士指著這位白衫年輕男子，「他是塞爾曼先生，是我們圖書館的研究員，」馬雷修士接著對大家說：「幾天前的晚上，塞爾曼到聖彼德堡大學圖書館借一批書時，在那裡面遇到林煜，他昏睡在圖書館的倉庫裡好幾天，經過確認後，才通知我，我要他們暫時留在這裡等我們。」

　　「林煜！你怎麼了？」黎克文也趨向前，拍著林煜；從他的外表看來，好像是被餵了迷幻藥。瑪莎米婭一直不停地搖晃著林煜。

　　「我那天晚上看到他時，他就怪怪地，一定是被人下了藥。」塞爾曼開口，以俄語說道，「今天早上他自己來到祈禱室一直跪著，我怕他發生意外，也就一直陪著他。」

　　瑪莎米亞不甘心，她千里迢迢地來到聖彼得堡，好不容易見到林煜，竟然是這樣的不死不活，她有點生氣的再次詢問林煜，「你到底怎麼了呀？！」。

　　林煜好像忽然清醒了一下，「永遠別問那些妳不想知道答案的問題！」林煜臉色有點沉酷的，過了一會兒又默然說道：「命運就像地心引力，你無法與地心引力抗衡！」

　　黎克文在旁邊也嚇了一跳，「沒關係，林煜，我是黎老師。」林煜這會兒好像又清醒多了，看到是黎克文教授站在面前，整個人就像一隻突然洩了氣的皮球一般，驟然垮了下來，就聽到叫了一聲「老師，…」後，又陷入了半昏迷狀態，

瑪莎米婭死勁地猛拍林煜的背，「喂！喂！」見他沒回應，急得又哭了出來。

　　三個禮拜前，林煜在莫斯科大學圖書館寫畢業論文時，無意間在一本古籍中翻到一張羊皮紙，好奇心的驅使下一再反覆查證，確定就是二百年前沙皇"亞歷山大一世"手繪的《血娃配置圖》，終於老天有眼，至今又重見天日了。但那是半截地圖，旁邊註記著一些他看不懂的古西伯利亞文；有一天，一個陌生人要交給他一個漂亮的許願套娃，並在他耳邊悄悄地說，「記憶是靈魂的刻痕！」他也未經思索的就接了過來，第二天他又將那娃娃和地圖交給了瑪莎米婭。自此以後，林煜就完全記不得發生過什麼事情了。

　　而且從那時開始，林煜也陷入一場噩夢之中，連續將近半個月以來，不但內心有一股邪靈在作祟，外面世界也好像有許多不知名的人不斷地威脅著他。然後，隱隱約約只記得跟著一個模糊的人影就不停地走，上車、下車、又不停地走…。

　　其實，林煜只要曾經有在莫斯科或聖彼得堡街道上或是公共場合出現過，他的影像都會被俄國警方設置於各重要出入口與交通要道上的攝影機和監視器拍攝到，影像至少會被存檔保存 20 天。另外，一些黑幫與秘密組織也都會在各個要點偷偷裝置隱形監控器，他們更需要反監控與蒐集情資。

　　黎克文和洪紹寬在旁邊看到了這個狀況，「要趕緊送他到醫院！他可能被長期下了迷藥，或是…中了邪。」站在祈禱室外邊的柯佐夫此刻毫不猶豫的馬上拿起手機撥電話叫救護車。站在一旁始終未講話的本教堂圖書館研究員塞爾曼卻

開口說道,「可能找精神科醫生或是驅魔師會比較有用。」

　　如今,失蹤的林煜已經被尋獲,將準備安置在醫療中心繼續觀察診治,黎克文較為放心些了,「看這情形,搞不好羅賓洛夫教授還要幫著他申請延畢。」黎克文跟瑪莎米婭說道。瑪莎米婭紅著眼眶回道:「只要他人平安,別的都是其次的。」

　　「但是,林煜是被什麼人"綁架"到聖彼得堡來的?還有瑪莎米婭小姐的案子,站在我們警方的立場,是一定要追究個水落石出,」柯佐夫組長在一旁,對著黎克文說道:「請您放心,若給我們一點時間,我們會有能力給出一個圓滿的交待。」

*17.*馬林斯基劇院的爆炸案

最後，知情的人全都消失了。

　　曾先後出現在莫斯科"前蘇聯國民經濟成就展覽場"和聖彼得堡涅瓦河畔"基督復活教堂"裡的艾瑞金，他是羅賓洛夫教授的助教，其秘密身分是"俄羅斯聯邦安全局聖彼得堡工作站"派駐在莫斯科的保安官，這次回到聖彼得堡透過辦案，偕"隱士盧博物館"研究員史汀和基督復活教堂圖書館的研究員塞爾曼找到林煜，對羅賓洛夫教授有了交代。

　　此刻，林煜被暫時送到聖彼得堡市醫療中心的精神科作檢查，他女友瑪莎米婭堅持要陪在身旁，據醫生初步判定：「林煜是心身都受到了很大的刺激，需要住院觀察一陣子，作些心理諮商輔導和藥物治療。」柯佐夫也商請了聖彼得堡市警方派人保護他，黎克文聽後也暫時放下了心。

　　而在莫斯科的羅賓洛夫教授特地來電指示艾瑞金，要他稍為空暇時，陪著黎克文等人去看看看歌劇。因為，來到聖彼得堡一定不能錯過這裡具有世界一流的歌劇展演。羅賓洛夫知道黎克文很喜歡古典音樂和歌劇，所以，就囑咐艾瑞金帶他們散散心，鬆弛一下連日來的緊繃情緒。

　　柯佐夫組長則認為，目前還是少到人多的地方，以免安

全上會有問題，但見他們興致甚高，也不便拂逆羅賓洛夫教授的熱情，只有自己辛苦些跟著一起去，多費心、多注意些吧！

由聖彼得堡市長裝扮的一般商業性質的"俄羅斯娃娃"，在"彼得與保羅堡廣場"前面宣告這一年的"俄羅斯冬季節慶"預定在十月份就要展開了。這個一年一度的活動，將在該市的高聳尖塔前廣場舉行，不僅給聖彼得堡人、也提供在此生活的北歐人，從音樂、舞蹈到美食各種具俄羅斯風味的節慶氣息。

艾瑞金從網站上查得的訊息："馬林斯基‧基洛夫芭蕾舞劇院及交響樂團"配合俄羅斯冬季節慶活動也推出了一系列的歌劇及交響樂演出。剛好趕得巧，今天晚上展開首演。

這個享譽全球的聖彼得堡馬林斯基‧基洛夫芭蕾舞劇院及交響樂團，成立於十八世紀，在一九九〇年代初蘇聯解體後，面臨如同其他大劇院財務與藝術型態過時的衝擊，但最終還是能夠走過困境。現在每年平均海內、外共有七百五十場演出，國際知名度大開。今天演出的"馬林斯基劇場"，是樂團的原始發源地，也是一九一七年布爾什維克人集結商議革命的所在；經過這些年的重新改建，這棟靠著涅瓦大街馬路邊的建築，已煥然一新。

艾瑞金領著頭帶著一夥人進到劇院裡，他們看見每個進來的觀眾都是盛裝打扮，包括在門口的收票員都打著蝴蝶領結。

饒大輝穿著一套早就褪流行的中山裝，卻還認為自己的一身還很體面，他常掛在口邊的一句話，「衣服衣服，低了

身份就不舒服！」但黎克文就很不認爲了，特別對他穿著的這套舊款中山裝，忍不住戲謔他，「如果你想殺人，你就先殺掉做這件衣服給你的裁縫師傅。」

收票員拉開大門後，更是別有洞天。豪華的大廳有三位穿著傳統俄羅斯鮮豔服裝的男女，對著來賓地唱著《小路》和《莫斯科郊外的晚上》等幾條俄羅斯民歌，以示歡迎。

艾瑞金偕黎克文和饒大輝兩個人上了台階，柯佐夫一如往常般跟在後面。出現在眼前的又是一個室內管絃樂團在拉奏動人的迎賓樂曲；穿過迴廊進到表演廳，舞臺與座位均甚寬敞。他們的戲票座位號碼在觀眾席中間偏右的位置，他們依序坐定，擴音器此刻傳來用俄語和英語的預報：「節目再十分鐘後就要開始，請各位觀眾把握時間，就到定位後請保持肅靜。」

黎克文教授也是慶幸能找到林煜，大家都沒有大礙，心情暫時爲之輕鬆下來。剛好，今天的演出劇目是他最喜歡的歌劇《波希米亞人》（La Boheme），於是趁著開演前，他暫時閉閉眼、養個神。他記得有一次在臺北國父紀念館聽這齣歌劇，剛好和某直轄市長坐在鄰座，開演前那位市長就很誇張的說，「沒有歌劇我活不下去！」

黎克文那時是第一次觀賞這齣歌劇，結果那天看完後，自己果然也是被她深深吸引，從此以後，就越來越愛這齣劇碼。他常在課餘之時，對學生們作些藝文教育。這時也順便和饒大輝與艾瑞金聊著說，「這是普契尼[1]作曲，以巴黎為背

---

1 普契尼（Puccini 1858-1924）義大利歌劇作曲家，代表作品：歌劇《波希米亞人》、《蝴蝶夫人》、《陶斯卡》、《杜蘭朵公主》等。

景的歌劇『波希米亞人』，是在一八九六年推出的，由著名的指揮家托斯卡尼尼擔綱推薦的首演，正符合普世對巴黎的高度興趣，在這種氛圍中因而獲得鉅大的成功。」

　　自從那次以後，黎克文只要聽聞臺灣不管是北、中、南各地區，若有歌劇演出，他都會請假前往去觀賞，特別是《波希米亞人》，「直到今日，這齣劇目仍然位居最受歡迎的廿部常演歌劇之列，證明它不只在當時令人耳目一新，也能通過時間的考驗，讓百年之後的觀眾認同，所以必定有其獨到之處。」

　　艾瑞金也迎合了黎克文的看法，「依我個人的感受，《波希米亞人》是歌劇中，比較有深度的作品。歌劇的歷史約四百年，其功能主要為了娛樂消遣，所以一般說來劇情簡單淺顯、表演誇張，達到 “喜劇哄堂、悲劇賺淚” 程度，就很具效果了。《波希米亞人》卻不同，它是普契尼作品中最不激情、最不濫情的一部。劇本沒有大悲大喜，只娓娓描寫平凡人物的小小快樂與憂傷。」艾瑞金的這一段評論，讓黎克文眼睛為之一亮，原來這位年輕人也很懂得歌劇，「平凡人物的小小快樂與憂傷不正是臺灣當下流行追求的 “小確幸” 嗎？」

　　舞臺上的擴音器響起了渾厚的男聲，「“馬林斯基・基洛夫芭蕾舞劇院及交響樂團” 歡迎您今天的光臨，現在為您呈獻今天的劇目《波希米亞人》，敬請觀賞。」節目準時的在晚上七時正開演。

　　歌劇第一幕是 “在四個波希米亞人的閣樓”，於第一首詠嘆調《妳那雙冰冷的小手》中揭開布幔，舒緩溫柔的音樂

聲從樂者手中的不同樂器流露了出來，所有觀眾開始聚精會神的聆聽與觀賞。觀眾席上都屏息靜氣、鴉雀無聲，只有舞臺上表演者生動的肢體語言和天籟般的歌聲，優美動人、繞樑不絕。

中場休息時，他們在座位上閒聊著，饒大輝有點故意吹噓的賣弄，「《波西米亞人》這齣歌劇讓我對法語充滿了好奇，」

黎克文有點納悶地問道，「《波西米亞人》這齣歌劇的整個劇文，不都是義大利文的嗎？」怎麼饒大輝竟然掰到法語，他大概是故意要搞笑，

黎克文比較懂得其中的分別與奧妙，「法語祖先的拉丁語很有規律性，而歷史上的因素及語音的演變，使得拼寫和實際讀音不一定相同。所以，饒兄您的看法很有創見。」學者之間的對話經常都是充滿意會而不需直接挑明。

「在我看來,法語與義大利語不都是一樣的難以理解？」果然，是他不懂這兩種語言到底有多艱深，「但這種語言打死我也不會學，更不會從我嘴裡講出來的！」饒大輝對法語與義大利語像是有很大的排斥感。

柯佐夫看他們倆為了不同的語言起了爭執，忍不住插上一句，「俄文字母一共卅三個，我認為已經是世界上最優雅的語言了。」艾瑞金也是俄國人，當然也有這種民族優越感，馬上附和著，「就是啊！」你一言我一語的，直到中場休息時間已屆，燈光漸漸的暗了下來。

劇場二樓的主控室裡，除了有兩位專業的聲控師與燈光師外，還有一位專門監控全場觀眾動態的安管工作人員，他

在中場休息時間仍然是很專注的監看著螢幕，劇場圓頂上方的四具攝影機和大門口與兩側邊門的各一具攝影機，清晰的傳來觀眾休息時進進出出的動態。

歌劇第三幕《我要回到自己的小窩》，在悠揚的小提琴協奏曲中揭開了下半場的序幕。這時，這位安管監控員從螢幕上發現到樓下左前方第一排有位觀眾留下一個背包，離開至今還沒有返回座位，"他怎麼沒有返回自己的小窩？"人到哪裡去了？監控員馬上將視線轉到大門口的螢幕上，正好傳來的影像可以看見一位容貌像似亞洲人的男子匆匆走了出去，他立即心生警覺。

正當台前布幔上升到一半時，在舞臺左前方突然起了一股騷動，好幾位觀眾站了起來，慌慌張張地竄了開來。柯佐夫的警覺性最高，他馬上感覺到將有事情要發生了。

果不其然，站在舞臺邊上的兩位安全人員也瞬間接到那位監控員的無線電話通知，跑過去查看情況。不久，臺上的音樂尬然停止、表演者也不知所措的先暫停演出；隨即，其中一位安全人員跑上舞臺，拿起劇院廣播系統的麥克風發出了俄語的警告通報：「親愛的各位觀眾，現在有緊急狀況發生，舞臺邊發現到一個疑似有爆裂物裝置的背包，請不要驚慌，請先跟隨我們的服務人員立刻由各疏散口向外疏散，千萬不要爭先恐後！」接著，報幕員又用英語再播報一次。

很顯然地，劇院有常作過類似緊急事件的防範演練，人有定職、事有分工，各個疏散口的安全門馬上全部打開，所有照明設施大亮，服務人員也就到定位，開始引導觀眾往外疏散。

　　觀眾們可是沒有經過演練的烏合之眾，大家還是免不了會慌張而爭先恐後，平時故作的斯文狀，此時都不見蹤影了。黎克文和饒大輝與艾瑞金也隨著柯佐夫朝著最近的一處疏散口在人群中一步步推擠過去。

　　「可不是每個人都喜歡《波西米亞人》哪！」黎克文邊移動還邊講著。

　　可容納兩千多人的劇院，兩旁各四個側門，卻只有各兩個疏散口；前面三個大門，也只有兩個疏散口；據估計，若滿座的觀眾要一次井然有序的全部疏散開，至少要十多分鐘；如果秩序較混亂的話，可能時間將增加一倍或是更多。

　　當黎克文等人被推擠出疏散口時，劇場內就轟然發出一陣巨響，有人引爆了那個裝有強烈爆炸物的背包。頓時天搖地動、火光四射、煙霧瀰漫；霎那間，場內所有燈光俱滅，烏黑一片，慘叫聲、尖叫聲大作。剛被推擠到外面出口的人都感到一股熱氣和壓力從身後猛地壓迫而來，很多人都踉蹌往後跌坐在地上，更有的人被撲倒在地上，一個堆一個、一堆疊一堆，又是一片哀嚎聲。

　　劇院就在大馬路旁，剛從劇院裡疏散出來的觀眾加上好奇佇足圍觀的過往人群，將劇院周邊擠得水洩不通；遠遠傳來消防車和警車的緊急警報聲與警笛聲，這些此起彼落的聲音也越來越近。忽地，劇院屋頂被衝起來半天高的火焰掀了開來，火舌順著舞臺四周的布幔迅速竄起，這下圍堵在劇院外面四周看熱鬧的人群才嚇得向外急速狼狽擴散。劇院前的道路，來往的車輛和看熱鬧的人群夾雜糾纏在一起，一團混亂，交通隨之打結。

　　柯佐夫拉著跌坐在地上的黎克文和饒大輝，趕緊再往後撤，艾瑞金也臉色鐵青的緊跟在後面。他們好在都沒有受到外傷，僅是有點受到驚嚇。饒大輝一路上跌跌撞撞，搞得披頭散髮的，但他很注重儀表還不忘了拿起梳子整理他的頭髮，他拍了下黎克文的肩膀，還能有心地問道：「我這頭髮不會很醜吧？」黎克文看看他，這個時候誰還注意到他的頭髮，於是說道：「不會，你的醜和頭髮沒有關係。」饒大輝沒好氣的還被消遣一下。

　　可能剛才擠出來時，饒大輝被旁邊的人踩到腳，現在感到有些疼痛，走路有點一拐一拐的，黎克文關心的問著：「腳要不要緊？」

　　「我寧願腳痛，那會讓我忘了牙齒。」饒大輝這幾天牙疼的老毛病又犯了，他強忍著一直沒有吭氣。

　　十幾輛消防車幾乎同時抵達劇院的周邊，十幾束強大的消防水龍立刻灌往四周冒出的火舌，傳統的消防水龍係以橡膠為內襯，外表面包裹著亞麻編織物；聖彼得堡消防局的這些消防車用的全是先進的消防水龍，都是以聚氨酯等聚合材料製成，威力強大，很快地就壓制住了各處亂竄的焰火。但劇院內的濃煙卻一直飄散不去，後面連續七、八輛救護車也呼嘯而到，救護人員跳下車馬上投入搶救傷患的工作。

　　柯佐夫正拿起手機，準備回報莫斯科特警隊隊長梅耶爾剛才發生爆炸的有關情形，梅耶爾卻已先來電，在電話那頭告訴他，「狀況我已知道了，我剛才也已經通知聖彼得堡的加諾夫斯基隊長了，他馬上就會到現場指揮。」

　　傳統上，莫斯科人與聖彼得堡人都是互不相讓，也互相

看不順眼。無形中，在俄羅斯區分為新俄羅斯人與舊俄羅斯人；新俄羅斯人為文化水平高，中產階級。舊俄羅斯人代表文化水平低，貧窮的工、農群眾。梅耶爾代表莫斯科的新俄羅斯人，加諾夫斯基代表聖彼得堡的舊俄羅斯人，兩人相互時而針鋒相對、時而戲謔消遣。然而在工作上，加諾夫斯基是聖彼得堡的特警隊隊長，經常和莫斯科特警隊合作辦案，雙方非常熟悉，也很有默契。

「他們已經到達現場了！」一輛警車跟在一輛救護車後衝到了柯佐夫身旁停了下來，艾瑞金認出來這是聖彼得堡市特警隊的警車。加諾夫斯基隊長跳下車來並主動和柯佐夫招手。柯佐夫回給了一臉的苦笑。

這時，自劇場裡走出來一位防爆小組的警官，「加諾夫斯基隊長您好，這狀況據我初步研判，是一枚放置在舞臺前觀眾席上的定時爆裂物，那兒有火藥燃燒過的痕跡。」這位警官是位訓練有素的專業幹員，他知道要先報告什麼，「現在還陷身在劇院裡面的觀眾約有五、六十人，目前正陸續被援救脫困中，概略估計全部的傷亡人數大約百餘人。目前，消防隊員還正在全力搶救。」

「還不知道是哪個恐怖組織幹的嗎？」加諾夫斯基朝著趕過來的另一位當地警方的小隊長則就沒有這麼和顏悅色了，臉色立刻轉變，開始大聲地咆哮。

「報告隊長，要等火勢完全撲滅後才能派鑑識人員進去採證，還要再等一會吧！」當地員警都知道這位特警隊長的火爆脾氣，但只能實話實說。

「把封鎖線拉起來，不可以讓那些可惡的記者們混進

來！更不准員警接受採訪，哪個敢多嘴，我馬上叫他回去吃自己的！」他特別的討厭新聞媒體，他常說新聞媒體總是搧風點火、唯恐天下不亂的，好事不會報、轉挑壞事爆；同樣的，新聞記者們也對他很感冒，總是想找機會修理他。

「貴國的反恐措施應該很有經驗，是否常會有這種爆炸事件？應該怎樣善後處理？」饒大輝一點也沒有沮喪的神情，他看上去精神蠻好的，也忘了牙疼；貿然的這麼一問，好像是新聞記者在發問，使得加諾夫斯基隊長有點難堪。

黎克文馬上打圓場，「這事件剛好是讓我國有個反省、檢討的方向，發生慘痛的事件，除了同表哀悼也要能相互學習與借鏡這些經驗。否則，老是成為"後人哀之而不鑑之"的歷史一再重演。」

站在一旁的柯佐夫立即接下話，「您問得很好，其實這些年，在我國國內不常發生類似案件，最近發生的一次較大的恐怖攻擊行動是在二○○二年十月廿三日，"車臣獨立組織"佔據莫斯科文化宮劇院挾持近千人質。當時，雖經我國軍警聯手並施放麻醉氣體救人，卻還是造成逾百的人質死亡，」他舉出才發生不久前的一次重大案件，那次事件柯佐夫也曾在現場辦案，所以印象非常深刻。

饒大輝亦記得那次事件，因為他平常在臺灣就很關心俄羅斯發生的重大新聞，於是他補充說道，「而幾十名車臣獨立組織份子昏迷後均被當場槍殺，這使得雙方仇恨更又加深，是吧？」

加諾夫斯基本想發作，但因黎克文和饒大輝是外國人，基於禮貌就接著說明，「經過那次事件後，我們對於公共場

所的安全防護措施已採取了更加嚴密的手段，也作了許多改進。對於挾持人質要脅政府的恐怖份子，我們的立場是絕不妥協，更不會姑息！」

「好了，你們在這裡已幫不上什麼忙，我還得要進入到劇院現場勘驗，你們先到醫院檢查檢查身體狀況吧！」加諾夫斯基隊長直話直說，柯佐夫也覺得這裡是聖彼得堡市的轄區，自己不要多管閒事，免得給人家添麻煩。於是順水推舟，用了這個下台階就帶著黎克文等人趕緊離開現場。

聖彼得堡市"馬林斯基劇院"發生這麼嚴重的爆炸案，馬上驚動"克里姆林宮"。位在莫斯科市"盧比揚卡廣場大樓"的俄羅斯聯邦安全局一處秘密指揮中心，立即接獲克宮關切的電話，要求"提升反恐行動層級，啟動反恐反制措施"。

不到廿分鐘，最高當局的"反恐指令"就通報到俄羅斯境內各主要城市的警察局和民防與邊防單位。平常就很綿密的空中與地面監偵系統，此刻提升戰情等級後，立即對所有重點區域展開連續不斷地反覆偵搜與監控。

「剛才，馬林斯基劇院對面大樓的樓頂發現有不尋常的"熱點"，現已派員前往查看中，有新發現會立即傳輸。」正在劇院裡爆炸現場勘查的加諾夫斯基隊長，他的手機立即傳來這份情資簡訊。

加諾夫斯基馬上轉頭看看對面那棟大樓，同時和那位跟在一旁的小隊長說，「這裡交給你繼續處理，可能還是"車臣獨立組織"搞的鬼，看來他們是要報上次"莫斯科文化宮劇院"之仇，準備全面發動反撲。我現在要回到隊上待命！

你特別注意對面大樓，可能有嫌疑份子還留在那裡。」

　　聞風而至的新聞媒體與電視台現場轉播車來回穿梭，已將劇場外面周遭圍得水洩不通，當她們看到加諾夫斯基的車子離開要出來，都認得是他的車，一起蜂擁而上，鏡頭和麥克風全抵到車窗旁，她們連續大聲的喊著，「隊長，傷亡有多少人？」、「隊長，是誰幹的？」、「你們警方有沒有找到線索？」

　　「我們的發言人會召開記者會，你們馬上去問她吧！」加諾夫斯基搖下車窗拋下這一句話，他知道要趕緊離開這群可惡又難纏的記者們，而且少說話。但不知道是哪家的記者追到他前面回敬給他一句，「別忘了，給您的制服上留下一個勳章的位置，我們記者公會一定頒發一枚金酸莓勳章給您。」

　　加諾夫斯基沒理他們，他的座車終於脫困而出，一溜煙地向聖彼德堡特警隊疾駛而去。

　　就在“馬林斯基劇院”斜對面大街一棟七層高的大樓樓頂上，有一位穿著灰色套頭衫的男子正拿著望遠鏡不斷地監看著馬林斯基劇院這裡。熊熊的大火已漸漸被撲滅，但還是有些殘餘的火光映照在這男子瘀青的臉龐上。男子拿起手機開始通話，「灰狼，我是灰狼四號，目標已經射中了，但未中紅心。我要馬上離開，下面已經有許多“螞蟻”圍過來了。」

18. 東突和車臣與蛇鷹的三角關係

生命很短暫，充滿了陷阱。

莫斯科市區 "高爾基大樓" 第十九層的 "東突組織" 秘密基地總部辦公室裡，一位身穿黑色西裝的中年人一邊看著電視新聞快報，一邊拿著電話說道：「灰狼四號，儘速離開那裡，靜候下一步指示！」隨即放下電話。旁邊的沙發椅上坐著兩個人，相互看一眼，其中一位穿著紅襯衫戴著金邊眼鏡的中年男子說道：「灰狼先生，謝謝你們派人協助我們，雖然不是很成功，但肯定已造成震撼的效果。」

「不用客氣，莫西里尼先生，在爭取獨立的革命道路上，會有很多障礙，我們一定要攜手合作。」被稱作 "灰狼" 的男子面無表情的講完後，再看著電視螢幕上的即時新聞快報，鏡頭正拍攝馬林斯基劇院火勢已逐漸被消防人員控制住的場面。

莫西里尼是車臣分離組織的代表，潛入莫斯科多日；這次提供一批資金請東突組織協助他們在聖彼得堡發動一次恐怖爆破事件，以聲東擊西的手段轉移俄羅斯當局的注意力，車臣組織自己則準備在莫斯科醞釀再發動一次更大規模的恐怖行動。東突組織訓練的人手較完備，但缺乏資金；而車臣

組織剛巧相反，他們的資金充裕，但卻人手不足；為此，這幾年來，雙方密謀合作，也聯合發動過幾次著名的所謂 "聖戰行動"，造成俄羅斯當局與中國大陸新疆地區不少的困擾。

高爾基大樓位於蘇卡列夫廣場（Sukharevskaya Ploshchad）旁，靠近西南方一條忙碌的街道斯連堅尼卡街（Ulitsa Sretenka）上，這時在這街道上轉角處的一家露天咖啡吧，一位東方面孔男子左手持著手機，不斷地在連絡，「…灰狼交代的，阿雷希你還是得和海格麗娜一組，準備到聖彼得堡待命。」然後又見他另撥個號碼，交代著話筒那邊：「米拉爾，你的那隻蜻蜓要隨時備便，灰狼說過，千萬不容許有差錯！」

東突組織近來的活動力展示出強勢的一面，灰狼家族的成員們不斷地身負各項任務，尤其是在臺灣方面季錚與黎克文等一行來到俄羅斯後，為了搜尋 "俄羅斯血娃"，東突組織他們這批成員更是精銳盡出。

前幾日，羅賓洛夫教授曾在 "蘇聯國民經濟成就展覽場" 將一張《血娃配置圖》的複影本，很巧妙地傳遞給 "東突" 的線民，這是他的助教艾瑞金保安官的一個獻策，目的是放長線釣大魚，也是要引蛇出洞。但那些東突線民亦是雙面諜，他們派老婦人撿拾了黎克文丟棄沾過口水的衛生紙，經過檢驗後，證實了黎克文的血型與傳說中許願套娃的血型相匹配，他們立刻將這寶貴的情報轉給了東突組織在莫斯科的領導人灰狼。

而那張配置圖他們起初並不知道，不是單純的憑著配置圖就可以尋獲血娃，還要有 "其他條件" 配合，這個秘密只

有俄國東正教大牧首米亞斯尼科夫和他的兩位使者羅賓洛夫和馬雷修士以及"隱士盧博物館"副館長勃朗斯坦等少數幾個人知道。這個"其他條件"，就是臺灣來的黎克文與血娃之間互動的超感應能力。

東突獨立組織這幾年來，雖然和車臣分離組織合作，另也頻頻和俄國黑幫集團聯手勾聯，他們覬覦"俄羅斯血娃"的連城價值，硬是形成一股很大的勢力，要強行劫奪《血娃配置圖》來找尋十二尊血娃。他們共推"蛇鷹組織"副首腦謝哈喬夫為這次案件的共同領導人，謝哈喬夫曾擔任俄羅斯聯邦安全局的第二副局長，十年前因為涉嫌貪瀆案而被革職入獄。前幾年出獄後，轉而加入"蛇鷹組織"，被延攬為副首腦。

"蛇鷹"這次出手的目的是和《血娃配置圖》有關連，他們在俄羅斯各地區都配有暗樁、眼線，甚至在政府單位與警方高層都佈有人脈，勢力無孔不入。"蛇鷹"他們也風聞了"隱士盧博物館"曾派人到臺灣找尋黎克文的這個消息。這一個多禮拜，臺北來的四個人到了俄羅斯各地的一些活動，都被蛇鷹組織佈建與買通的許多眼線，牢牢地掌握住。

俄國聯邦安全局對"蛇鷹組織"早就在嚴密監控中，尤其是他們和恐怖團體"東突"與"車臣獨立組織"也掛勾在一起，更對俄羅斯國家安全造成莫大的威脅；俄羅斯聯邦安全局指揮俄國警方準備伺機將之一網打盡，欲除之而後快。

近年來，俄羅斯黑幫正逐漸擺脫動刀動槍的傳統犯罪模式，與世界上許多先進國家的黑社會般，採取企業化、電子化的經營，運用電腦網路、智慧型手機等多樣現代化科技工

具犯案，將其經營的生意"漂白"；同時，又做起了港口貿易、銀行貸放款等項目，並把更多的精力用於官商勾結和幕後交易與非法移民的犯罪活動上。

此外，俄羅斯黑幫成員除滲透至國內各白道，包括有出入境海關、移民局、政黨及法官（多有收受賄賂）、還努力向國外發展，並與多個國家的犯罪團體建立了聯繫，完成所謂「接通天地線」的規模。前蘇聯解體後，俄羅斯將許多國營企業的股票分送給公民，但由於民眾普遍貧窮，急於將手中獲得的股票兌換成現金，因此很多大財團就大量收購了這些股票，進而掌握了很多的企業。也有部分大財團再與黑幫掛勾，則更形擾亂了俄羅斯社會的金融秩序，幾乎解構了整體的經濟動能。

蛇鷹組織的副首腦謝哈喬夫坐在他的辦公桌位置上，嘴上含著一隻古巴進口的 Cohiba 雪茄，左手舉起一隻酒杯，泯了一口杯中的蘇格蘭威士卡"約翰走路 XR-21"，滑動舌尖慢慢頂著上顎，厚實的胸脯緩慢地起伏着。然後，淡淡地對著肅立在他桌前的一位彪形大漢說道：「**你去請副執行秘書過來向我彙報最近的工作成果。**」

謝哈喬夫的辦公室位於莫斯科市區中央市場旁"波修瓦大樓"的四樓，進口處掛著"涅日企業公司"的一塊金色招牌，辦公室桌上的唯一擺飾品是一隻展翅的金鷹，露出一隻利爪抓住一條怒目張牙的眼鏡蛇，栩栩如生的木雕，讓人不寒而慄。另外一塊亞克力的名牌放在辦公桌前的中央位置，上面以俄文寫的"執行長謝哈喬夫"。這是他在公司的職銜。

剛才那位彪形大漢陪著副執行秘書進到辦公室，開始做

近期的工作彙報。副執行秘書岡薩雷斯是義大利裔的俄國人，原是義大利黑手黨柯里昂家族的核心份子，在義大利政府一次大掃黑行動中，不得不越洋渡海、遠逃至俄羅斯避難，從此就在蛇鷹組織落地生根，歸化為俄國籍，擔任涅日企業公司副執行秘書。

「謝哈喬夫先生您好，」岡薩雷斯以生硬的俄語說道。

「呃，先生你撿重點報告就可以了，請坐著講吧。」謝哈喬夫並不喜歡這位義大利佬，只因同在一個組織內共事，又剛好是隸屬關係，否則很多時候就都互不搭訕。

那位彪形大漢站在一旁不發一語，有點像是個機器人似的，他是謝哈喬夫的貼身保鑣~哈薩克人綽號大熊。

岡薩雷斯坐在謝哈喬夫面前的椅子上，拿著一份記事簿開始彙報說道：「廿幾天前，我們探聽到下半截的血娃配置圖是落在莫斯科大學一位臺灣留學生林煜的手中，雖然我們運用手段將那位留學生帶到聖彼得堡，但我們晚了一步，那半截地圖的原件和一尊血娃已落入到臺灣來的幾位代表手中，他們目前被特警隊嚴密保護著。」

「等等，我問你，為什麼你們要將那臺灣留學生帶到聖彼得堡？還有，他說了什麼？什麼沒說？與為何不說？」謝哈喬夫對其中的細節有點不解，於是插嘴連續著問道。

「哦，因為我認為莫斯科的情治單位太多，又有臺灣的代表處和中國大陸的大使館在此，會形成焦點；而且據情資顯示，聖彼得堡可能有兩尊血娃，我想就近好便於尋覓，…至於那個學生他什麼都沒說，他似乎陷於歇斯底里的狀態了。」岡薩雷斯對於每個狀況都瞭如指掌，只是派出去執行

工作的人，能力似乎差了些，最終還是讓林煜被"基督復活教堂"的圖書館研究員在無意間發現到，陰錯陽差的被帶回到聖彼得堡基督復活教堂，從而壞了他們的局。

「另外，我們也準備將他女朋友瑪莎米婭一併綁來要脅臺灣代表處，但功敗垂成，被我們吸收的那班列車長沒能辦好事情，」岡薩雷斯不疾不徐地解釋道，「還有一點就是，聖彼得堡的冬宮隱士盧博物館是這次邀請臺灣的故宮博物院來俄羅斯參展的主辦單位，他們一定掌握了更大的秘密，所以，…」

「好了，我知道了。」謝哈喬夫噴出一口煙圈，接著問道：「那為什麼馬林斯基劇院發生了爆炸案？」

岡薩雷斯愣了一下後說道：「這件事不是我們的主意，那一定是東突和車獨兩批份子幹得，他們就是想搞點破壞，弄些新聞，增加日後談判的籌碼。我覺得他們那批人的腎上腺激素特別的活躍。」

「這些一天到晚想搞獨立的革命份子，我看還是得跟他們切割開，長此以往絕對會壞我們的事。」

謝哈喬夫認為，他們既然是掛著已漂白的企業公司名目，就以賺錢為目的，非萬不得已，不要招惹警方；還有跟這些政治狂熱份子沾黏上，聯邦安全局也會來找麻煩，這都是很犯不著的愚蠢舉動。

「你千萬不要犯這些嚴重的錯誤，先生，記住我說過的話。」謝哈喬夫又飲下了半杯威士卡，提醒著岡薩雷斯，「灰狼是屬於激進的聖戰組織，那一組人馬現在已失控，嚴重違反了真主的原旨精神。他在莫斯科的行動有沒有經過他們總

部的許可？你也查清楚跟我回報！」同時，他將桌上的那隻展翅金鷹木雕，拿了起來轉了一圈，將那隻條怒目張牙攀附在金鷹身上的眼鏡蛇對向了手心不斷冒汗的岡薩雷斯。

「先生您說的是，大量警力正伺機而動，我知道現在不是行動的好時機。我們存在的宗旨和他們完全不一樣，不能混為一談…，有關他們總部究竟允許的範圍有多大，我會立即查明後再回報。」岡薩雷斯神情緊繃的附和著說，「但是，我建議目前還是暫時和他們保持合作關係，為了這次尋找血娃的目的，等到達成後這個目的後，我們再甩掉他們。」最後，還是又加上了一句但書。

「嗯，…你還是要約束他們兩個組織的活動範圍，我聽說他們準備在莫斯科的新處女修道院醞釀一個大的行動，到底是什麼事件，你要弄清楚。目前不能再搞大的破壞事件了，否則，若影響到我們的話，我們就立刻斷絕他們的資助。」謝哈喬夫乾了他杯中的最後一口威士卡後，斷然地裁示。然後，摩挲著他戒指上的紫水晶。黑鷹組織的爪牙眼線遍佈大半個俄羅斯，情報來源絕不比警方來得少，是以他們也常能掌握到許多特殊情資。現在這整個房間，似乎只有謝哈喬夫一個人在呼吸。

謝哈喬夫他又想到一件事，開始咧嘴露出笑容，但旋即笑聲嘎然而止的又說道：「我不是要恐嚇誰，但我保證世界上有比地獄更可怕的地方。」

岡薩雷斯一時之間還體會不出這句話是什麼意思？「你說得這一切都太隱晦了，我不敢妄加評論。至於您說的莫斯科新處女修道院，我立即去查明回報。」

　　謝哈喬夫對岡薩雷斯的工作彙報相當不滿意，認為他都是將過錯推給別人，「千錯萬錯都是別人的錯。」謝哈喬夫他剛才已意有所指的做了暗示，但他現在還暫且隱忍不發，就看著新處女修道院會發生什麼事再說。

　　距離"波修瓦大樓"僅七、八個路口遠的"禮花賓館大樓"，在第廿三層的"中俄文化交流中心"內，整個辦公室今晚燈火通明，張萬軍主任正在連夜召開工作會報。

　　「"東突"分離組織現在結合了"車臣"獨立組織，企圖要發動更大規模的恐怖行動，他們為了籌措資金購買武器，聽說也跟俄羅斯黑幫"蛇鷹"結盟合作，勢力將更形壯大，因此，我們還是要請大使館調派一些保安人員來維護我們的安全。」張萬軍對著坐在會議桌上的幾位同仁們宣達近期的情資與工作重點。

　　小楊舉起手報告，「主任，據許多外線傳回來的資訊，臺灣方面由他們國安局副局長季錚率領的一個小組，這十幾天來在莫斯科、蘇茲達里和葉卡捷琳堡等地區活動頻繁。經我查證的結果，大都是和幾尊"許願娃娃"有關連，他們叫這些娃娃為"俄羅斯血娃"。」

　　小廖聽小楊報告一個段落後，輪到他要報告了，想了想該不該講，而正在遲疑時，張萬軍主任那雙銳利的眼神掃了過來，「小廖，你怎麼不說話？！」

　　小廖被張主任一問，有點慌了神，剛想到嘴邊的話，硬是又吞了回去，「啊，…我…，」小李在一旁好奇地轉過頭看著小廖，心裡想到，「這個人平常不是這個樣子的呀，今天是怎麼回事？」

　　張萬軍看看小廖似乎有難言之隱，就沒再理睬他，轉過來又再問小楊，「有關這次臺灣來的代表與俄羅斯科學院簽署的那份協議書內容，你們到底搞清楚了嗎？」張萬軍主任有點不高興的問道，「北京已經連續來電詢問了好幾次，我再沒辦法回復，這個主任位置馬上就要換人來坐了。」

　　聽到張主任的問話，小楊顯得有點侷促不安，他再看看不動聲色的小廖，屏氣懾息地小聲回答，「這個嗎…，我們本來已經策動好俄羅斯科學院第三研究所巴爾夫斯基所長的女秘書，她說好要將複印件傳給我們，後來經過幾天都一直沒有收到，我就再問她原因，…」

　　張萬軍看著他的這三位部屬，怎麼講話都有些不靈光，其中一定有些名堂，他也不吭氣，掏出一隻香菸點上後，翹著腿再看看他們要怎麼說。

　　張萬軍幹過解放軍駐港部隊政治部副主任，見過大風大浪，這些人的一些小動作，他一眼望過去，動靜盡收在眼底。

　　小廖的眼神開始閃乎不定，他也瞭解張主任不是好唬弄的，只好決心坦白從寬，「報告主任，…我就老老實實地向您坦白，」張萬軍感覺得到小廖抬頭看著他的眼睛時，瑟縮了一下。

　　「前兩天，我和小楊一起到樓下的電玩店，我一時興起去玩了幾把，但可能是我的運氣不好，手氣一直很背，我們倆身上的現金都被我輸光了，連帶著把策動那女秘書的工作獎金也押了進去，所以就還沒匯款給那位女秘書，…，她一定以為我們沒誠意，到現在也還沒將文件傳過來。」小廖鼓起勇氣招認，貪賭誤事。

「好漢靠自己創造好運。你的好運卻是你自己弄砸了，要怪誰呢？真是爛泥補不上牆。」張萬軍聽後臉上並沒有露出任何表情，僅嚴肅地講了一些責怪的話語。張萬軍他自己曾親自到過法國大使館，透過一位秘密友人聯絡上俄羅斯科學院的關係人，卻因自己沒有親自掌握而交代小廖來做後續的工作，這是自己的疏忽，他雖然外表還未大動肝火，內心卻已恨得牙癢癢的。那筆公款一定要小廖加倍奉還。

這個時候，辦公室的門口有人敲門。小李過去探個頭，然後開了門，進來的是安東尚雷諾，那位法國軍火掮客。

「哈囉，各位親愛的朋友，大家好！」安東尚雷諾一進來，看到張萬軍他們幾位都在，很熱情主動地和大家打招呼。

小廖看有外國客人來，心裡稍微緩了緩，起碼有外人在，暫時主任不會破口大罵。小李趕緊去泡杯咖啡，小楊站了起來把座位讓出來，「安東尚雷諾先生，請這裡坐。」

張萬軍暫時按耐住不愉快的表情，起身和安東尚雷諾握個手，畢竟上次他寄放在這裡的一份物件搞丟至今，他都沒有任何責怪之意，算是個很夠朋友的人。「對於上次在我們這裡被劫奪走的那張血娃配置圖，我們始終感到很抱歉。」張萬軍首先再次致歉。

「哦，親愛的張主任，我上次就已經說明過，那是我計畫中的一部分，我還要感謝您的配合演出呢！至於那份協議書，目前還沒能弄到內容，這倒是我比較關切的問題。」安東倒並不在意那張配置圖，他比較希望能瞭解到協議書的內容，這跟他的軍火買賣有利害關係，也是現在他又再次過來的目的。

「我們再努力吧！」張萬軍拿出香菸遞過去一隻給安東。安東搖搖手，他不抽菸，但他併出一句：「張主任，我看必要時，透過這裡的 "蛇鷹組織" 來幫忙做這件棘手的工作吧？」

張萬軍也曾經考慮過這個方法，但他始終沒有下定決心，因為一旦和黑幫組織牽扯上利益糾葛，那真是與虎謀皮，哪天不當的付出恐會更多。「跟他們合作，我認為現在不太適宜，」張萬軍簡要地回應。

「嗯，」安東尚雷諾見張萬軍不願意，一時之間也沒有再表示意見，端起咖啡杯喝了一口後，摒出了一句話，「財路不能讓人擋著，障礙一定要想辦法排除。」

小廖始終低著頭不發一語，露出像是一位做錯事的小孩被大人責罰的表情；小李再去為安東的杯子添加咖啡；小楊則轉頭過去觀看桌上那部才修好沒多久的監視器螢幕，也不敢多吭氣。

「一無所獲也是一種進展吧。」張萬軍心裡想著。

19. 冬宮隱士廬博物館

> 隱士廬博物館內收藏豐富的畫作、雕刻、古董和古文
> 物，仍然是聖彼得堡和俄羅斯的權力象徵。

　　季錚身負這次俄羅斯之行的整個統籌策劃與督導執行的
重任，他分配黎克文和饒大輝一組先行搭火車到聖彼得堡尋
找失蹤的留學生林煜。自己和洪紹寬留在莫斯科完成與俄羅
斯科學院第三研究所簽署《協議書》的一些後續核實事宜。
其中，最要緊的是保密措施，因為根據俄羅斯聯邦安全局獲
得的情資：有第三國積極在蒐集該《協議書》的原件或是複
印本，研判可能想從中破壞這項協議。季錚知道事關重大，
已請代表處將簽署完畢但尚未完成俄羅斯法院公證的《協議
書》，儘快走完最後的程序，以便請代表處用外交秘件火速
寄回臺北。

　　但是，聖彼得堡"馬林斯基劇院"爆炸案發生後，季錚
在莫斯科獲知黎克文和饒大輝都在現場身歷其險，相當震
驚。他擔心恐怖分子要提前發動所謂的"聖戰"，因而對這
幾天連續發生的情況，感到似乎有些難以掌握，特別要求大
家抽出時間見上一面，當面交換意見以免狀況失控，無端被
捲入其中。

　　所以，他決定聯絡大牧首使者羅賓洛夫教授，提前偕洪紹寬到聖彼得堡與其他人會合，支援他們找到剩下未現身的"血娃"，也要洪紹寬儘速將"隱士盧博物館"的環境和設施完成現地勘查，早點返回臺灣交差。「如果把那十二尊血娃都找齊，我也都能許願了。」洪紹寬自嘲地說道。

　　一七○四年，彼得大帝希望他的聖彼得堡皇家宅第比法國凡爾賽宮建造得還要氣派，因此從俄羅斯各地和歐洲帶過來各樣的植物，按照當時的流行風尚，佈局規劃了一座"冬季花園"。但歷經幾百年來的水災、火災、風災等禍害的肆虐，以前的特點只剩下林蔭道與大部分的雕刻像；再經數十年來的重新改造，成為現在"隱士盧"的概略樣貌。

　　"馬林斯基劇院"爆炸案發生後的第二天上午，季錚立即就帶著洪紹寬搭第一班飛機從莫斯科趕來聖彼得堡，臺北代表處江組長也仍然陪著一起來。洪紹寬在當初要從臺北出發時，他們故宮博物院院長周煥融就已經再三交代過，也是他這次來俄羅斯的最主要目的，「務必在聖彼得堡冬宮仔細勘查"隱士盧博物館"的內外環境，以便妥善安排臺北故宮接受該館邀展的諸般布展事宜。並且，協助黎克文教授完成俄羅斯東正教般切要尋獲全部"血娃"的使命。本館珍藏的"巴拉拉卡古琴"將會隨同前往展出。」

　　羅賓洛夫教授帶著他的助理艾瑞金一起到聖彼得堡機場接季錚，並且約好黎克文與他們在「彼得與保羅堡廣場」前面涅瓦河碼頭搭船，到右岸一家叫做"特林姆"的露天咖啡座見面。

　　涅瓦河兩岸建築相當雄偉、氣勢非凡，她的河面較莫斯

科河寬廣，下游一帶水面波濤洶湧；涅瓦河流至靠近芬蘭灣
處的下游河道匯入彼得格勒河，合而爲一注入芬蘭灣。從涅
瓦河碼頭搭船不到廿分鐘的航程就可以抵達右岸。洪紹寬覺
得這一小段航程有點像是荷蘭阿姆斯特丹的遊河，從市區的
小運河再穿過涅瓦河主河道，來回在不同的河面上穿梭。

羅賓洛夫教授站在船頭，看著右前方岸邊的一群建築物
又開始主動地介紹著，「那是彼得格勒河右岸的“彼得保羅
要塞”，係在一七〇三年開始建設的。傳說中，曾經有一段
時間，裡面曾發現過一尊血娃，但為了躲避布爾什維克黨人
的破壞，被當時的聖彼得堡教區主教帶往愛沙尼亞的邊境某
個小教堂藏放。」

季錚順著羅賓洛夫手指的方向極目望去，又繼續聽著羅
賓洛夫說道，「目前，要塞是歷史建築保護區和博物館。這
裡的建築計有：圍牆角落上強大的防禦工事、五角形的稜堡、
單人囚室、禁閉室、鑄幣廠以及最早藏放著一尊血娃的彼得
保羅教堂等。從彼得一世開始，俄羅斯所有的皇帝、女皇及
皇親國戚死後都埋在“彼得保羅教堂”。」

俄國人顯然對本國的歷史都了然於胸，也很喜歡跟外國
朋友炫耀，不管是好的或是壞的那段過去的歷史。「我們俄
國人的力量不是來自憤怒，而是對人類的悲憫。」羅賓洛夫
如此自詡，倒教季錚有點聽不下去了。

「等會兒大家一起到彼得保羅教堂旁的這個露天咖啡
座，品嘗我們彼得格勒河的“右岸咖啡”，可以比較一下她
與巴黎塞納河的“左岸咖啡”有何不同。」羅賓洛夫熱情地
邀約實在令人感到盛情難卻。

　　隨即他又補上了一句話，「這座露天咖啡座已有兩百多年的歷史了，我們曾一度相信彼得保羅要塞裡的那尊血娃在移往愛沙尼亞的邊境時，一度曾經先滯留在這裡過，也或許就此留下來了。所以，等下要請黎先生試試看，會不會有特殊的感應？」

　　季錚這下才明白，當即點點頭，「原來如此，不然何必要多繞此一舉。」黎克文也恍然大悟，不過他臨時卻有個憧憬，「如果能帶老婆來此地浪漫一下，也很不錯。」

　　接著，羅賓洛夫還對這幢名叫 "特林姆" 的露天咖啡座作了一段免費的廣告宣傳，「 "特林姆" 是傳統俄國式半開放的庭園，整幢房舍看來確實很有歷史價值，古典雅緻。 "特林姆" 在俄羅斯語中有多重意思，最初是指位於屋頂最高處、少女在婚前居住的塔樓，現在則泛指俄羅斯傳統木屋，或童話故事中各種動物開心地生活在一起的樂園，甚至甜美的夢。」

　　「特別值得一提的是，每天中午和晚上用餐時間，都會各有一段現場的音樂演奏，是用我們傳統的樂器 "巴拉拉卡琴" 演奏的，」羅賓洛夫對這家咖啡座的節目相當的熟悉。當他講到巴拉拉卡琴時，洪紹寬眼睛為之一亮。

　　羅賓洛夫知道臺北故宮博物院裡有一把真正具有千年歷史的 "巴拉拉卡古琴"，「特林姆演奏的琴是一把現代的複製品，她的音質與音頻和那把古琴相差不遠。」他也主動的解釋，「待會兒就會有演奏，我們可以慢慢地欣賞，也是很不錯的享受。但最主要的是讓各位聆聽這種琴聲，感受一下吧。」

　　「不是相當專業的音樂家，其實也無從比較。音樂只要能讓聽者感到愉悅與感動，就是她對世人最精采的貢獻了。」季錚持平而論，黎克文在旁也心有同感的點點頭。

　　當羅賓洛夫等人進來"特林姆咖啡座"隨著女侍者就到座位，並且點好了招牌咖啡後，他再又說道：「我請來了三位重要的朋友，等會兒會與大家見個面。」

　　隨後有三位俄國人一如所約的來到此地。女侍者很快地引導他們來到羅賓洛夫位置旁，「嗨，我親愛的好朋友們日安，請坐下，我來為大家介紹。」羅賓洛夫愉快地向來人打招呼。

　　進來的三位俄國人，一位是聖彼得堡冬宮"隱士廬博物館"的副館長勃朗斯坦，他在三個多月前曾到臺灣面見臺北故宮博物院的周煥融院長時，洪紹寬當時也在場充當翻譯，彼此有過很深刻的一面之緣。洪紹寬很快地站起來和他來個親切的擁抱，「勃朗斯坦先生，您好！」

　　另一位是聖彼得堡的特警隊隊長加諾夫斯基，裡面除了羅賓洛夫外，僅只有莫斯科特警隊柯佐夫組長認得他這位官階比他大一級的同行，黎克文和饒大輝在昨天"馬林斯基劇院"剛發生過爆炸案的現場也才見到過他，印象不是很深，只感覺到他的脾氣爆烈。最後一位進來的是馬雷修士，大家都很熟了。加諾夫斯基隊長不喝咖啡，他另外單點伏特加萊姆，「不要摻雪碧！」特地又囑咐女侍者，他這方面頗為挑剔，他時刻都在控制身體的血糖值。

　　這麼前後加起來有十一個人坐在一起，占了三張靠河邊的桌子，相互之間正忙著握手寒暄。黎克文啜了口手中加了

柚子果醬的俄國右岸咖啡，眼光越過杯緣，直望著河邊。那個表情，平視，帶點迷惑，他是在品嘗這個未曾感覺過的奇妙滋味。

這一年多以來，羅賓洛夫教授被任命為大牧首的首席使者，藉由官方的協助與配合，統籌尋找血娃的任務，直到最近這段時間，工作才有一些突破性的進展和成果。

羅賓洛夫打破了沉寂的空氣，「好了，右岸咖啡也喝差不多了，現在該言歸正傳，討論我們接著這幾天的工作。」的確，這幾天大家分別都去執行了許多工作，有得有失。特別都來自不同的國家和單位，中間需要不斷地加強聯繫和商討協調，更要分工去完成未竟的任務。

「我們現在來檢視一下，到目前為止的成果，」羅賓洛夫從他的腰包裡拿出一台中國大陸製"HUAWEI"的手機，打開裡面的內容開始逐一檢視，季錚掛起一副老花眼鏡也湊在右邊一起看。馬雷還年輕，眼力都還好，他直接歪著頭站到羅賓洛夫的左邊，瞅著那隻手機。

那具 6.1 吋手機的螢幕畫面很清晰，羅賓洛夫熟練的用右手手指輕滑著畫面，首先顯現出一張地圖，「這是那下半截的"血娃配置圖"，我將她轉拍到手機裡，再結合"Google-Map"與"GPS"系統，我們很快就知道那剩下兩尊"血娃"的確實相關位置了。」

「嚇！有了現代化的智慧型新手機，什麼事都能將之搞定。」洪紹寬在一旁也不得不奉承一下得意的羅賓洛夫。羅賓洛夫一直自認為他很跟得上時代。

「我擔心有一天科技充斥人間時，世界將僅剩下白癡的

一代，」黎克文有點不以為然，他馬上引用了愛因斯坦曾說過的一句話，並加上註解，「幾十年後，這一天終於要來了。」

羅賓洛夫沒理會他們，接著將手機螢幕滑出大排的俄文字幕。馬雷修士在旁協助一一解讀出來，用他慣常用的語氣，「還剩下的兩尊…」

「編號“第十”的那尊血娃被巧妙地藏在聖彼得堡一個古教堂內某個確切的地方，就在上帝的聖所內，」

「編號“第十二”的血娃藏身地，是在俄羅斯與愛沙尼亞邊境上納瓦城外瓜摩尼亞小鎮上的一座教堂內。」

勃朗斯坦突然發現到什麼事，很驚訝的說：「從手機螢幕上顯現的編號第十的血娃藏身地，和即將前往的我們隱士廬博物館所在地的影像似乎重疊到一起了？」

羅賓洛夫和黎克文與洪紹寬聽了都不禁好奇的再看一遍，手機螢幕上果然出現的圖像是一個重疊在一起的指標，不停的在閃爍，非常醒目。

洪紹寬也不得不佩服“智慧型手機”被人設計出的確是超人的智慧，能夠自動轉圖為文字或是其他易懂的代碼。百年前手繪的配置圖，利用現代科技解析，謎團都可以迎刃而解。

黎克文仔細的端詳後，很高興的對羅賓洛夫說道：「若真的是如圖所示，這真是印證了我們中國人的一句古語，“踏破鐵鞋無覓處，得來全不費工夫”。」

季錚也同意，「那麼，這尊血娃就不是在這個咖啡座裡了，一切皆是只緣身在此山中，反而是當局者迷啊！」

羅賓洛夫亦是相當高興的說，「勃朗斯坦館長先生，就

煩請您趕緊帶著我們到貴博物館去尋寶。事不宜遲，我們就出發吧！」

　　"冬宮"是聖彼得堡市以及"皇宮廣場"的中心，也是八代的俄羅斯沙皇的主要宅邸。幾個世紀以來，冬宮演變成巨大建築群，裡面有住房、教堂、圖書館、郵電局、藥店、辦公室與花園，以及員工和皇家警衛的住宅與輔助房間。可以說，冬宮是一個完整的建築群，一個全功能的超級社區，是在城市裡的小城市。

　　當他們一行從特林姆咖啡座搭船轉回到彼得格勒河左岸，很快地就來到冬宮隱士廬博物館。勃朗斯坦副館長回到館內時，他就一馬當先的在前面一路引導大家直驅館院大廳。加諾夫斯基隊長另外有事已先行離開，柯佐夫組長則留在大廳門口沒有跟著一起進去，他還有一些電話要聯絡，況且進到館內又不能抽菸，大廳門口有間專設的吸菸休息室。

　　在長廊上，羅賓洛夫和勃朗斯坦他們邊走邊聊，「隱士廬博物館內收藏豐富的畫作、雕刻、古董和古文物，仍然是聖彼得堡和俄羅斯的權力象徵。」勃朗斯坦亦為隱士廬目前的地位做一番說明。

　　「你們可知道嗎？傳說中冬宮和北京故宮一樣，宮中每一個主要宮殿，都對應著天上的星宿。」洪紹寬常去北京進行古文物學術交流，對北京故宮配置的理解也相當透徹，這次要來俄羅斯，對莫斯科和聖彼得堡兩個代表性大城市的幾處重點建築物，事先都做過嚴謹的研究。他同時一直很留意隱士廬博物館的內外環境，不時的拿著手機四處拍照，他要為故宮來參展的配置與動線預作規劃，這也是他此行的最主

要任務。

　　黎克文一邊走一邊在仔細感覺自己身體上有無起變化，他已經有了三次與血娃近距離親身互動的體驗了，那種如觸電般震撼的感受令他印象深刻、終身難忘。

　　隱士盧博物館原文為“艾米塔吉博物館”，位於涅瓦河的下游岸邊，她的六座主要建築為多宮、小艾米塔吉、舊艾米塔吉、艾米塔吉劇院、多宮儲備庫、新艾米塔吉。勃朗斯坦館長繼續介紹著說：「我們共有一千個展覽廳，對公眾開放的有三百五十個。展出的藝術品約佔全部收藏品的百分之五。據保守估計，如果遊客在每一件藝術品或畫作前佇足待上一分鐘，看完整個冬宮將要花上七年的時間。參觀完所有開放的近四百間大廳，走路須要經過廿二公里。」

　　黎克文聽後，暗自想到，「這麼說，就算知道有一尊血娃藏身在此博物館，那也得要花上多少時間才找得出來？還是像在大海裡撈針啊！」

　　在這個建於十八至十九世紀的建築群中，冬宮是一座主要建築，也曾經是俄國沙皇的宮邸。建築群總面積近一百卅萬平方公尺。隱士盧博物館每年在國外舉辦相當多的展覽，並積極地在不同國家開設自己的分支機構。它在倫敦、阿姆斯特丹都擁有展覽中心。「每年參觀我們這個博物館的遊客人數，將近約二百萬之多，」勃朗斯坦很自豪的說著。

　　隱士盧博物館外表的雕像裝飾豐富多樣，別具匠心的門廊設計、奢華的科林斯柱式（雅典的宙斯神廟採用的正是科林斯柱式）、複雜的飛簷曲線、造型各異的雕塑與花瓶、絢麗多樣的色彩，使多宮具有俄羅斯巴洛克建築所特有的豪華

風格。在約兩百五十年的時間裡，隱士廬博物館收集了近三百萬件從石器時代至當代的世界文化藝術珍品。「現在，藉助現代科技手段，隱士廬博物館製作了自己的數位博物館，全世界皆可以在網路上一窺全豹。」勃朗斯坦滿臉驕傲的一再介紹著。

「這樣好了，請洪紹寬先生和勃朗斯坦館長繼續環繞著本館的參觀路線，你們慢慢地選擇理想的展出空間；我和其餘的人陪著黎克文先生來搜尋那尊血娃，不然我們可能也要花上七年的時間都還出不去。」羅賓洛夫當即建議。

勃朗斯坦看看洪紹寬，聳聳肩表示，「大概也只能這樣子了，」然後看看腕錶，「那麼，我們兩個鐘頭後，再在此地碰面；洪先生，我們就自己先走吧。」於是，他們分成兩路，各自進行各自的工作。

馬雷修士此刻好像想起了什麼事情，立刻走到羅賓洛夫面前說道：「教授，可不可以再將您手機裡的配置圖打出來？我想到了一件很重要的圖示。」

羅賓洛夫知道他這個從未對外公開過兩人之間關係的親弟弟，是位非常聰明靈光的人，既然說發現到有線索，那就一定是的。他馬上就打開手機開始滑，「哪，等一下！」馬雷站在旁邊看著羅賓洛夫滑動手機面板，當停格在隱士廬博物館的大畫面時，眼睛銳利的馬雷已經發現到他所要找的位置。

黎克文和饒大輝等幾個人也圍在羅賓洛夫一旁好奇的看著他的手機，馬雷手指著畫面一角說道：「你們看這個閃爍光點停留的位置，…」馬雷和羅賓洛夫都是俄羅斯人，馬雷

更是聖彼得堡當地人，對本地區在地圖上的相關位置都比較清楚，與現地對照後一看就一目了然。

馬雷準備從手機畫面上解釋那尊血娃可能藏身之處前，他對著黎克文說道：「不管事情開始於哪個時刻，都是對的時刻；無論發生什麼事情，那都是唯一會發生的事。」

羅賓洛夫拍拍馬雷的肩膀，「修士兄弟，您不要再宣示神諭了，直接講明白吧！」馬雷笑笑，右手將胸前掛的十字架項鍊拿起來放在嘴邊親吻了一下後，說道：「各位走過來到這裡，」透空的中井內一個龐大的剪影映在石壁上，正悄悄的移向他們現在站立的櫃子旁。他們隨著馬雷修士不斷地在移動腳步。

黎克文抬起頭順著日光的斜影，看到大廳外的半圓形柱廊有幾位遊客或坐、或臥的正在柱廊旁廣場上，享受草地上散發的自然芬芳氣息。但是，他已隱隱約約的開始感覺到一股微微的電流從不遠處投射到他四周，有感覺卻並不強烈。他知道快要接觸了。

現在他們所站立的位置是在隱士盧博物館內院的小教堂正門中間，這小教堂的建築風格為典型的拜占廷式建築。教堂為磚石結構，分兩層，由鐘樓和大廳組成，大廳分裏、外兩間，裏間為聖所，設置寶座、祭台等，外間為祈禱場所。

馬雷修士小聲的跟大家說著，「這古老的小教堂已有三百多年的歷史了，原來是沙皇家族專用的，現在則是僅供博物館內工作人員使用的聖所，不對外開放。」

羅賓洛夫有點恍然大悟，「古老的秘密將開始要浮升顯現了，」馬雷修士接著再說明那將要發生的，「是的，被遺

忘的歷史從陰影中浮現，那就是唯一會發生的事。」

「剛才的那句話，"編號第十的那尊血娃被巧妙地藏在聖彼得堡一個古教堂內某個確切的地方，就在上帝的聖所內"，指的應該就是這裡了，」黎克文很有把握地雙手開始緊握拳頭，顯示出他內心的一些激動，眼看著他們就又要尋獲一尊血娃了，心情愉快地說道，「我們準備享受這一刻吧！」

黎克文記得才在葉卡捷琳堡滴血教堂的那一次，與血娃近距離接觸到後的那種特殊的顫慄感覺，是那麼深刻難以忘懷。而這一次，他除了越來越覺得強烈不止的觸電感覺圍繞著他身邊外，還有隱隱約約一陣陣的電磁波光束直接對著自己。照理說，那應該是一種心電感應。

祭臺上方有一組造型襯托出古典、優雅、不凡品味的"維多利亞"吊飾燈組。他抬頭看著，「這組吊飾燈係將玻璃澆鑄、聚合、搓撚、拉制、交疊而使得玻璃似有布匹的質感。」黎克文對藝術品都有些涉獵，能觀察出一些製程端倪。

饒大輝也看得有點出神，他想起兩年多前曾經在參觀土耳其伊斯坦布爾"聖索菲亞大教堂"時，也見到過這種玻璃吊飾燈組，「嗯，這是以清朗搭配彩色的背景來呈現出葉飾花紋的紋理，立體的格線和纖柔的混合色彩使玻璃片營造出五彩繽紛，光彩奪目的效果，整塊玻璃就像剪集在一起的彩色斷片。」

「那盞玻璃吊飾燈組就是輻射電磁波的來源，它吸收了來自四面八方的波源。」黎克文似有所悟的說道。

羅賓洛夫教授本身的專業是"基礎物理"，想了一下遂反駁道：「你所說的能四面八方傳播的是機械波，比如聲波，

水波。這些波的傳播依賴於介質。只要波源擾動了周圍的介質跟著它一起振動，波動就會傳播出去。」

「而"光"是電磁波，不是機械波，它的傳播不需要介質。電磁波的傳播方向是由電磁波中電場和磁場的振動方向決定的。」黎克文也是具有物理學的專業知識，「這兩者的方向在傳播過程中沒有介質干擾的話不會發生變化，所以傳播方向也不會改變。」黎克文根據物理學的原理，很肯定的指出，源頭就是那盞玻璃吊飾燈組。

現在的情形和葉卡捷琳堡滴血教堂內的一樣，要找一組工具梯攀高到上面來仔細觀察。馬雷修士轉身到外面跟一位教堂裡的雜役說了一聲，搬來一個梯子和一個要墊在下方的桌子。

又是由黎克文站到梯子上面，饒大輝和馬雷修士扶著兩邊的梯腳並且用腳頂著下方的桌子。「注意啊，那燈飾的底緣有銳角，不要被割傷了，」羅賓洛夫抬著頭也特別叮嚀著黎克文要小心。

勃朗斯坦帶著洪紹寬正在另外一棟的大廳裡觀看展示櫃的大小和方向，洪紹寬丈量完了四周的尺寸後，立刻紀錄到他的平板電腦中。「其實，就按照你們現成的展示場地，當作是撤換成下一批的展示品，不需要變動什麼，這樣是最簡單也最方便，更不會破壞原有的寶貴物件。」洪紹寬提出他的看法與見解，勃朗斯坦點點頭，也一致認為，「這樣最好，大家省心省事，更不用製造無謂的損耗。」

「同時，」勃朗斯坦又補充著，「這間大廳還可以一併參觀到古埃及、美索布達米亞、古希臘及其黑海邊的殖民地

文物，可以認識伊楚利亞或西伯利亞原始部落的文化，還可看到埃及的木乃伊、雅典的陶器、塞西亞人的文物等。」

那邊，黎克文還站在梯子上，他正緩緩的將右手伸到頭頂那燈飾組具上的一個外罩，忽然一股不知從哪裡發出來的強勁電流就「啪！」一聲，重重撞擊到他右手掌五個指尖上，他本能的一個反應，急忙抽回了手，卻剛好被燈飾底緣鋒利的銳角劃開右手掌一道長約五公分的傷口，又是一陣抽痛，真是被羅賓洛夫教授不幸而言中。還好，黎克文沒有從梯子上摔下來。

羅賓洛夫和馬雷都瞧見了這情況，「啊小心！黎先生，您要不要先下來包紮一下！」馬雷一邊講、一邊趕緊伸手攙扶黎克文步下梯子。

「沒事的，一點點小傷而已，」黎克文看看右手掌被劃開的傷口已冒出了鮮血，所幸傷口不深，僅是劃傷表面皮肉，但已滲出好幾滴血從黎克文的手掌滴到了地下的石板上。

剛才一陣子忙亂的搜尋，黎克文只感到周邊的電流輻射力道十分強勁，卻不知道那尊血娃到底藏身在何處？這不小心被劃傷了右手掌，血滴濺灑到了地下的石板上以後，忽然奇妙的事情發生了，三滴血滴濺灑的形狀也立刻自動地從圓形變成驚嘆號的形狀，而且驚嘆號尾端的小點位置瞬間都轉動到朝往大廳旁的一扇落地大櫥窗方向。一個非常清楚的方向指標。

這個滴落到地板上血跡的變化，讓大家都感到非常驚訝，「再多的解釋都不及神秘本身有趣。」黎克文邊走邊說著，拿出一條手帕簡單的將受傷的手包紮起來，現在一點都

沒感覺到疼痛，不自覺的又舉起腳步走向大廳旁的那扇落地大櫥窗。

「你今天一定能一展長才，黎先生。」羅賓洛夫驚訝地望著他，不由分說的開始預先稱頌起來。黎克文感到有一股很大的吸引力使得他走到大廳旁的落地大櫥窗前。但是，先前那組高掛著的吊飾燈組，為什麼讓他認為也是來源？難道還是他原來所推測的並沒有錯，「那盞玻璃吊飾燈組就是輻射電磁波的來源，燈組本身構建的材料與巧妙的角度讓它吸收了來自四面八方的波源，包括皮膚的導電量與腦電波訊息。」

羅賓洛夫經過這幾次的近距離觀察，他已經得到一個小結，黎克文具有與正常人不一樣的腦電波，因此腦神經反饋功能和正常一般人的腦電波不同。也正因此，他能感受到平常人所無法能及的頻率範圍。

「有發現了！」黎克文突然發出一聲驚呼，他蹲下來用另一隻沒有割傷的手掰開緊貼在牆壁上的一塊磁磚，不仔細看那是絕對發現不到的一個細小裂縫。站在旁邊的羅賓洛夫和馬雷修士與饒大輝都聚精會神的注意著黎克文的動作，他們不敢發出任何聲響，生怕有任何驚擾。

就當黎克文將那塊磁磚掰下來之時，一個約廿公分高、十公分寬和深的小洞窟就露了出來，裡面有一個豎立的木盒，打開來後就見到一尊金質娃娃現身了。

黎克文頓時感有點奇怪，按照前幾次的經驗，他此刻應該有強烈的被電擊到的感覺，怎麼這下卻一點反應都沒有，他馬上產生了懷疑，「莫非這一尊不是真的血娃？」黎克文

小心翼翼地將這尊娃娃抱出來捧在懷中，反轉過來看她的底部，上面刻有 "10" 的阿拉伯數字號碼，「她的外貌、質材、神韻都和其他幾尊已取得的血娃相同，應該是編號 "第十" 的了。」黎克文喃喃自語說道。

馬雷修士在旁邊終於開口說話了，「我敢確定她就是第十號的血娃。幾個月前，我到蘇茲達里請求瑪莉安院長解釋一段古西伯利亞文時，她就引述許多資料證明，重新煉製的俄羅斯金質套娃的相貌，就如同現在的這一尊。她說，十八世紀時，狂熱的俄羅斯女皇 "安娜‧伊萬諾芙娜" 取用了第九世紀女教宗 "瓊安" 留下來的處女鮮血冶煉後，其中那五尊套娃渾身會透出暗紅的血色。你們看，…」馬雷修士指著黎克文抱在懷中的血娃，果然正如他所言，就是通透的暗紅血色。

黎克文卻還在思索著他與這尊血娃的感應強度不足，羅賓洛夫似乎透視出黎克文的疑問，俯在他耳邊小聲地說道：「據我的理解研判，應該是您剛才流出的幾滴鮮血，適時化解了血娃的憤怒，她又能重見天日可能就此抵消了雙方的感應強度吧！」這個說法聽來尚很合理，也就取得了大家一致的認同，總算尋獲到編號 "第十" 的俄羅斯血娃了。

勃朗斯坦副館長和洪紹寬此時也從旁邊一棟連結的長廊走了進來，他們已經看好了幾間大廳展館的配置與動線，洪紹寬很滿意隱士盧博物館這裡的一切，他沒有其他的意見，也已經將所有的影像拍攝下來，準備帶回去再向周煥融院長作簡報，「一切都合乎理想。」

20. 納瓦城外的瓜摩尼亞小鎮

小鎮有小鎮的人情，城市有城市的世故。

愛沙尼亞（Eesti Vabariik）是北歐波羅的海三小國之一，西向波羅的海，北臨芬蘭灣，南面和東面分別同拉脫維亞和俄羅斯接壤。納瓦（Narva）是俄羅斯與愛沙尼亞邊境上的一座大城，位於納爾瓦河西岸，屬於愛沙尼亞所轄的範圍。從聖彼得堡前往納瓦，坐車走"E-20"州際公路向西行，約要一天多的時間。

為了到納瓦尋找編號"第九"的一尊血娃，黎克文決定偕羅賓洛夫教授第二天早晨動身。那幾份與「俄羅斯科學院」簽署的《協議書》雖經「俄羅斯聯邦技術和出口管制總局」及「魯賓設計局」相關單位核實，但在送至俄羅斯法院公證時，法院卻要各方簽署人或代理人親自在場驗證，才能具有法律效力。

所以，現在必須由黎克文或是請季錚作為代理人，親自到莫斯科地方法院公證處簽字才能生效。季錚綜合眼前的情況，謹慎考慮後，他還是必須要先要和饒大輝與洪紹寬一起回莫斯科。此處請黎克文偕馬雷修士去尋找出編號"第九"的"血娃"。這裡還有柯佐夫組長陪著黎克文與羅賓洛夫和

馬雷修士，相互可有個照應，而且俄國警方已通知第二天一早就會派一架直升機載他們前往，應該很快就可以完成最後的工作了。

　　"米－2 警用直升機"在俄羅斯及其他東歐國家是警方的制式裝備，該型號直升機的座艙可容納一名駕駛員和八名作戰人員或是十名一般乘客，動力裝置為兩台渦輪軸發動機，並排安裝在座艙上部。"米－2"不受地形限制，可在極地、熱帶等不同氣候區域飛行，最大飛行時速為二一〇公里，巡航時速一九〇公里，最大飛行距離五八〇公里。

　　第二天一大早，俄國警方派來的"米－2"就停放在聖彼得堡海軍部大樓樓頂待命。黎克文一行由柯佐夫組長引導坐電梯直達頂樓，推開厚重的鋼製防護門，直升機駕駛員和一名機工長已站立在機旁等候。柯佐夫經常搭乘"米－2"辦案，他很熟悉這款直升機的構造，不用踏板就能直接跳上去。他跳到扶梯上後，再一個個拉著黎克文、羅賓洛夫和馬雷修士陸續上機。

　　駕駛直升機的是位年輕航警傑瑞，具有很嫻熟的操作技巧，將直升機拉起後一個大盤旋，就沿著聖彼得堡往愛沙尼亞邊境城市納瓦的方向，他們在"E-20"州際公路上空，順著明顯的道路朝西南方向直掠而去。天上有一層薄雲，但還不會影響視界。

　　黎克文從後座的窗戶看著下方地上的景貌，漸漸遠離視線的聖彼得堡港灣內停泊的船隻，由大變小，心中不禁想著季錚他們剛才先離開時，季錚單獨跟他叮嚀交代的話，「記得嗎，我對你說過這條道路十分危險，連《真理報》都曾在

頭版上叫它"奪魂之路"。」黎克文當時說道：「我記得，就是納瓦到瓜摩尼亞小鎮的一條鄉間小道，那是條十分彎曲的小山路。」黎克文特地上網查了"谷歌地圖"，也對照了手機上的"全球衛星定位系統"。好在他們是從空中搭直升機前往，不必要走那條比較危險的小道。

黎克文等人來到俄羅斯已經一個禮拜多了，這期間除了完成他們主要的工作－代表國科會與俄國國家科學院及莫斯科大學簽署《合作備忘錄》，另外也與"魯賓設計局"簽訂了《協議書》，可以說第一階段任務已經接近完成，下一步的進程就要看臺北當局爾後的政策與所能提供的條件了。總之，在俄國教會與政府可以互相服務。

當前的主要工作就是找到"第十二號"的那尊血娃，現在按照那張標示圖上的位置，只知道是在瓜摩尼亞小鎮附近的一座教堂裡。「最後，季錚要我們速去速回？這其中到底有什麼蹊蹺？」黎克文覺得有點納悶，感到事情一直都很神秘莫測。

柯佐夫組長坐在機上最後一排的座位，手裡仍是拿著他的手機在不斷地滑著，他一直在接收從特警隊總部傳來的資訊與指令。忽然，他臉色緊繃了起來，他看到一條從"Line"傳來的立即指令，只有他們自己人看得懂的一行密語。

"中俄文化交流中心"張萬軍主任此刻坐在一部旅行車上，連同法國軍火商安東尚雷諾和兩位大使館派來支援的安全人員，也正在"E-20"州際公路上由聖彼得堡往納瓦城疾駛中。張萬軍抬頭看著一架俄國警方的直升機剛從頭上呼嘯飛過去，他心中正在琢磨著大使館昨晚半夜又傳來的密令，

「那個情報來源可靠嗎？」

　　昨天下午，張萬軍他們一行從莫斯科來到聖彼得堡，馬上就得到最新的消息，在禮花賓館大樓被劫走的那一張血娃配置圖確定是落到“東突組織”的手中。從種種跡象顯示，有一尊血娃是藏匿在愛沙尼亞的邊境城市納瓦附近，目前引得好幾路人馬都前往該小鎮。俄羅斯聯邦安全局的情報偵搜功能真的舉世無雙，中國與俄國間的邦誼相當緊密，雙方簽訂了很多項的互助合作協定，包括《國際反恐情報交換》、《國際警察治安互助》、《打擊跨國犯罪與罪犯引渡》等，而且實施多年，成效卓著；現在也是靠著這些關係推動工作。

　　安東尚雷諾認得出來那是一架俄國警用直升機，「眼前剛飛過去的警用直升機，也是朝著納瓦方向，莫非也是和那隻標的物有關連的嗎？」

　　上午九時許，納爾瓦河下游的河面上一艘快艇從芬蘭灣出海口奔馳而來，旋即停靠在 E-20 號公路大橋下納瓦城東岸渡船碼頭邊。快艇跳下來兩個人，他們是剛於兩個小時前，從聖彼得堡港駛出芬蘭灣趕來的“東突組織灰狼家族”阿雷希與海格麗娜。這對男女鬥士他們一離開快艇踏上岸，駕駛快艇的一位年輕人立即掉轉頭開到對岸愛沙尼亞國境內的碼頭停靠。

　　阿雷希與海格麗娜他們經過屬於俄國境內的簡易海關，出了碼頭，跳上一輛在路邊備妥多時的草綠色吉普車，插入鑰匙，逕即駛上 E-20 州際公路往東的方向。

　　不久之後，「就是那幢在前方山丘上的小教堂，」阿雷希看著車窗外約數百公尺遠一座霧茫茫的小山丘，對著他的

同伴海格麗娜說。

　　綠色吉普車隨即轉出州際公路，駛入旁邊的一條通往小教堂的小路上。他們對這條泥濘不堪的山路路況不熟悉，好幾次車輪都差點掉落道旁邊的山溝，雖然是四輪傳動的吉普車，但也不停地會打滑，好在阿雷希是越野車的玩家，這些狀況還都難不倒他。不過，車子的速度就比預計時間慢了許多。

　　這座位在俄羅斯邊境小鎮瓜摩尼亞（Garmoniya）的小教堂，是俄國金環上弗拉迪米爾市"聖德米契大教堂"的分堂，建於十七世紀末，它以教堂四周牆上繪有精美繁複的鳥獸植物和狩獵情景圖案著稱，也是它最傲人之處。

　　整個吉普車都是泥濘，它終於開到教堂旁邊一個停車場停靠，阿雷希和海格麗娜從車後座取出兩個背包，各自背著迅即下車，他們身上也沾到了許多泥巴。上到台階推開教堂半掩的大門，探頭看了看教堂裡內部的陳設和佈置；有一屏風將至聖所與教堂中殿隔開。祭壇前方有一大門，兩邊各有一小門，門和屏風上繪有精緻的聖經故事、人物、天使長等聖畫像。有一位年輕的修士正在至聖所的祭壇上靜坐唸經，他也早就聽到有車子來到這裡的聲音，卻仍和平常一樣，自顧自的仍唸著他的經文。其他沒有旁人，沒有雜音。

　　此刻，從遠方傳來直升機巨大的引擎聲音，漸漸靠近。教堂旁邊的停車場僅停著剛才阿雷希開來的吉普車，另外有一部小型摩托車停靠在教堂大門旁的石墩邊，空間足夠直升機降落。這座教堂很久沒有外人造訪，有直升機降臨更是少見，瓜摩尼亞小鎮附近的農家村民們都被這巨大的直升機聲

響吸引，紛紛探著頭看個究竟。

　　阿雷希和海格麗娜還沒來得及準備妥當，直升機已經在降落了。他倆趕緊蹲在教堂大門口的門柱後，匆匆地從一隻背包拿出一管火箭發射器，另一隻背包取出一枚火箭彈裝填進膛，阿雷希舉起發射器開始瞄向正在緩緩落地的直升機。

　　直升機裡的自動反飛彈裝置警報器同時響起連續短促的嗶嗶聲音，駕駛員傑瑞很快地反應，「啊！好像有人要攻擊我們！」自動反應儀器的警告聲響連後座的幾個人都聽到了；依照平日嚴格的訓練和處置程式，傑瑞馬上按下反制鈕。阿雷希的瞄準器紅外線瞄到直升機，直升機立即有感應，但畢竟反應時間太短了，那邊阿雷希也同時扣下了板機。

　　「咻！」地一聲，不到三秒鐘接著就是一個沉悶的爆炸聲，火箭彈擊中了直升機的尾翼，爆開一團火球。駕駛員傑瑞喊了一聲後，反而沉穩地說道，「很抱歉，各位旅客，我們恐怕無法正常降落，大家要自己小心了！」

　　所幸，機頭要降下來的位置是朝著靠外側停車場，火箭彈沒有直接命中機身或主旋轉翼，只是擊中尾翼，僅迫使直升機提早個幾秒鐘往下墜，「碰！」地一聲，造成重落地，瞬間掀起一股飛沙走石。坐在最外側的柯佐夫則被拋出機艙，他畢竟經驗老到，一個滾翻就從地上爬了起來，立即掏出手槍朝著教堂大門方向搜尋剛才攻擊他們的敵人，並掩護其他人員儘速脫離滿是煙霧籠罩著的機艙四周。

　　阿雷希正準備裝填第二管火箭彈，看到機上已有人跳下機，手裡還拿著槍，他馬上丟掉火箭筒抽出身上的一把手槍，現在就是比看誰眼明手快了。

　　柯佐夫不愧是老警探，身手矯健，他已看到在教堂大門柱子後面蹲著的是最大的威脅者，不待瞄準好迅速就朝著那裡開槍，"碰、碰、碰！"子彈連續擊中大門柱子上，飛濺的水泥塊差點打在阿雷希的臉上；海格麗娜這時也已抽出她懷中的貝瑞塔手槍，立即和阿雷希一起還擊；羅賓洛夫教授剛好趴下，好幾顆子彈從他耳邊穿過，擊中機艙門，其中一顆反彈到駕駛座上的傑瑞左大腿，擦破一點皮。

　　黎克文這個時候正準備跳下已開始著火的直升機，卻見從教堂大門口射來的子彈不停地擊中機身周邊，竄起一陣陣火花，一聲悶哼，「啊呀！」機工長右肩也挨了一槍，在這槍林彈雨中，黎克文也不敢貿然跳下不斷冒出濃煙的直升機了。

　　柯佐夫見狀，舉起槍瞄向海格麗娜，連搬了兩次板機，但都被海格麗娜巧妙地依附門柱後躲過。已著火的直升機，火勢迅速竄起，黎克文不得已，馬上要快點跳離開，他大喊道，「掩護我們！」那位直升機駕駛員傑瑞從駕駛台旁取出一把短衝鋒槍，顧不得左大腿的疼痛立即跳下直升機，舉槍連續射向教堂大門口，逼使阿雷希和海格麗娜他倆翻滾到教堂內關起大門。那兩人的身手相當矯捷，一定都是受過嚴格的訓練，每個動作都很俐落。

　　黎克文拉出右肩受傷的機工長跳下直升機，連滾帶爬的躲到廣場上的一塊石墩後面。羅賓洛夫則從另外一端跟蹌地翻滾下去，駕駛員傑瑞仍繼續不時地朝阿雷希與海格麗娜兩個人方向強力回擊。教堂大門上已有十來發的彈孔，教堂內的那位唸經的修士亦早已不知躲到哪兒了。

　　柯佐夫和傑瑞兩人一前一後、交互掩護，衝到教堂大門口，正準備踢開大門，忽地，阿雷希從教堂內的一個窗口丟出來一枚手榴彈，剛好滾到傑瑞腳邊，傑瑞還來不及舉腳將它踢開，「轟」地一聲手榴彈爆開了！頓時，傑瑞被炸飛到三公尺遠摔落地上。柯佐夫距離稍遠些，而且眼明手快馬上趴到地下，沒有受到波及；機工長見狀，顧不得自己右肩也受了傷，奮不顧身地衝到混身是血的傑瑞身旁查看他的傷勢，羅賓洛夫也立刻半蹲著跑過來，兩個人連忙合力揹負起傑瑞到教堂外的石柱旁，七手八腳地給已昏迷的傑瑞施作急救與包紮傷口。

　　瓜摩尼亞小鎮附近的居民看著遠方山丘上直升機降落處，冒起濃濃黑煙與不停的槍聲和爆炸聲此起彼落響起，知道教堂發生大事了，好幾個人都忙著打電話通報附近的消防分隊與警察分駐所。

　　柯佐夫看到傑瑞被手榴彈炸成重傷，也馬上拿起手機撥號，請求警局支援。但剛從教堂裡扔出一顆手榴彈爆炸後，爆炸的餘聲在長廊裡迴響不一下，教堂裡裡外外剎時就全然歸於寂靜。柯佐夫趴在窗臺上小心地探頭往裡面搜尋，教堂裡已空蕩蕩的沒有一個人，只有捲起的一股沙塵還在四周飄浮。

　　位在聖彼得堡市的特警隊連續接獲各方通報，有從瓜摩尼亞小鎮傳來的，也有從地區民防組織傳來的，更有從俄羅斯聯邦安全局下達的。特警隊長梅耶爾接獲通報後，決定再派一架直升機趕過去支援，另外指派當地警方配合民防隊就近全力圍捕恐怖份子。

　　中俄文化中心的張萬軍主任一行，此刻也趕到瓜摩尼亞小鎮，遠遠地他們在州際道路上就發現到教堂方向有很大的一股濃煙竄起半天高，路上的消防車、警車和救護車都往那個方向疾駛。小鎮上所有人都知道，出大事了！

　　當救護車趕到時，傑瑞躺在地上已抽蓄了好一陣子，雖然黎克文已拿著一大疊衛生紙堵在他的許多處傷口上，但從他腹腔流出的大量鮮紅血液，早已把教堂旁邊排水道的人孔蓋淹滿了。

　　搶救小組跳下救護車，立即將傑瑞抬到擔架上，再移到救護車裡開始以止血帶包裹住傑瑞的腹腔，也一邊做心肺復甦 CPR 搶救。接著，又給傑瑞插上了管子輸鹽水，並拿出電擊器反覆實施電擊以消除心臟纖顫。右肩受傷的機工長也跟著上到救護車幫著照顧。救護車發動後，一邊鳴笛、一邊閃著車頂上警示燈衝往小鎮的醫院。

　　但，傑瑞的心臟好像去意已定，不管急救小組施展什麼招數，都難以挽回死神的召喚。傑瑞疼痛而瑟縮的身子，還來不及到達醫院，嚥下最後一口氣後就不再動彈了。

　　醫院的兩位外科醫生就在急診室門口接人，「沒用了，他救不過來了。」看到抬下救護車的傑瑞，兩位醫生相互望了一眼，「先生，現就只有送他到停屍所去了。」施救小組也慢慢地將搶救用具收回到救護車裡，跟著一起下車的機工長轉過頭難過的嘆口氣。

　　教堂四周現在已被當地員警團團圍住，消防員正灌水將燃燒中的直升機殘骸澆滅。剛才一台救護車送傑瑞和機工長下山前往小鎮醫院，還有一台留置在停車場旁待命。

「兩個歹徒還藏身在教堂內，我要進去逮捕他們。」柯佐夫要求當地員警主管支援後，換上一個新彈夾，帶著支援來的四個地區員警交互掩護衝進已是空蕩蕩的教堂裡。

「那兩個男女暴徒和原在教堂裡的修士都不見蹤影了，一定是有地下秘道。」柯佐夫心想。其中一個員警是這教堂的教友，他比較清楚教堂的配置，一個快步就帶著柯佐夫來到神龕前。

果然，神龕底下布縵遮蔽著僅容一個蹲著的人進出的一扇小門，柯佐夫一馬當先領頭衝進去。狹窄的通道階梯一直往下，通道內走動一定得彎腰屈膝，牆上每隔五公尺有一盞馬燈亮著，可見這條通道平常就有人在使用。

黎克文也和馬雷修士跟著後面也來到神龕旁邊的祭壇上，「東突組織的殺手來此的目的為何？若僅是為攻擊警用直升機，沒有必要在這個偏僻小鎮動手，若也是為了那尊血娃，也沒有必要攻擊直升機來打草驚蛇？」黎克文此時正苦思不透。

張萬軍和安東尙雷諾等一行也來到教堂的封鎖線前，正和當地員警交涉要通過封鎖線進入教堂。

這麼多路的人馬聚集在這裡，肇因這起墜機與槍戰事件，卻也使得瓜摩尼亞小鎮上很久沒有這麼緊張和熱鬧過。小鎮駐警所主管查證過張萬軍身份後，又請示他的上級長官並獲得應允，始讓張萬軍等人進入封鎖線內。

黎克文轉身看到進來幾位華人，一看就知道是中國大陸官方人員。張萬軍前幾天在禮花賓館的監視器裡已見過黎克文，有印象知道他的身分，過來主動和黎克文握手，「黎教

授，您沒事吧？」

「哦，我沒事。您是張主任是吧？」黎克文本來不認識張萬軍，但這幾天代表處也有傳來中共派駐在俄羅斯大使館幾位要員的背景資料，其中特別有提到中俄文化交流中心的底細，單位的領導就是張萬軍主任，所以他也有印象，可以立即認得出來。

張萬軍看看四周，小聲地對黎克文說道，「黎教授，有沒有需要我們幫忙的？請不要客氣，兩岸華人要一致對外。」張萬軍隨時都不忘了拉攏臺灣同胞的感情。

黎克文已經整理出一個概略的頭緒，他感謝目前張萬軍主任的關心，但他覺得事情還是不要搞得太複雜，禮貌上還得要回應，「謝謝主任，現在還沒需要。」

已進入教堂內地下通道進行搜索的柯佐夫組長，正快步一馬當先彎著腰往前衝，小鎮的四位員警緊跟在後。柯佐夫想到剛才被偷襲，心中就很惱火，尤其是有兩位同僚受傷，更令他氣憤，誓言一定要親手抓到那兩位殺手繩之以法。不久，他們來到通道盡頭，一扇鐵門被從外面反鎖，一時竟然推不開，柯佐夫不假思索，從腰間的小彈包裡取出三顆"7N31"穿甲手槍彈換進手中的"雅利金"手槍彈夾，對著門把連開三槍，這種槍彈的威力果然強大，門把應聲而落。柯佐夫反手拉開了這扇門，那四位小鎮員警不約而同地讚嘆，「果然不愧是特警隊的長官！」

通道外是一片密林，巧妙地遮掩了進出口的那扇鐵門，旁邊是一條連接外面道路的小徑，而小徑地上有摩托車輪剛碾過的痕跡，旁邊草地上躺著的一人，是那位教堂修士，頭

上流下一大攤的鮮血，已然沒有氣息了。很顯然，就是那兩位殺手強押著這位修士帶他們從這秘道逃離，出來後就順手殺了已無用處的修士，這也是不同宗教間的仇恨，幾千年來始終都無法化解。

那幾位當地的員警見狀，都不約而同難過地在胸前畫了一個十字，「卡利修士，願你平安地回到上主懷抱，安息了！」他們這個小鎮的人，幾乎相互都認識，尤其是這座教堂的修士們。柯佐夫見狀，「各位同仁，你們必須謹記一件事，曾經殺過人的人，以後還會再殺人…而且反覆好幾次、好幾次…。」他的意思是對惡人決不能姑息，必要時就得替天行道。

兩位殺手才剛離開，是兩個人一起併騎著這位修士放置在這裡的摩托車，空氣中還殘留著油煙味。柯佐夫連忙叫旁邊的一位員警打電話通報當地警方設攔截點，並且派救護車來載運屍體。他請前面兩位員警留在原地看守修士的遺體，等待擔架來抬，自己帶著另外兩位員警轉身再重回地下通道，回返教堂裡。

黎克文和羅賓洛夫坐在教堂中殿的一張長板凳上，他們在等待進一步的消息。利用這會兒的空檔時間，黎克文拿起手機撥號給季錚。

那頭剛下飛機步出莫斯科機場的季錚接到黎克文的電話，還沒講話直覺上就感到不妙了，「我是季錚，請講！」

「我們在到達瓜摩尼亞小鎮教堂降落時，遭到不明人士伏擊，直升機中彈摔落，駕駛員被炸重傷有生命危險，已被送醫急救。剛經過一陣搏火，特警隊柯佐夫組長現正追緝歹

徒中。其他人都還好！」黎克文一口氣將狀況簡述一遍。好在直升機沒有在空中被擊毀，才使得他們能夠死裡逃生。他還不知道，傑瑞已傷重不治了。

「你們先要沉著穩住、見機行事，這邊我會想辦法的！」季錚掌握狀況後，立即叮嚀黎克文一定要注意自身安全，他趕緊通知代表處再向俄國警方求援。

張萬軍和安東尚雷諾則坐在教堂另外一邊，彼此之間都未再交談。他們現在心中盤算的，都是想著那份故意設計遭劫走的《血娃配置圖》，好不容易追蹤到這裡來，卻還是晚了一步。

另外，他們倆也在設想如何獲取日前黎克文和葉蓮娜在俄羅斯科學院第三所簽訂那份《協議書》的內容。張萬軍考量的是，臺灣方面不斷地分散軍購來源，現又要從俄羅斯洽購更尖端的軍備，這對大陸與臺灣和平統一的發展進程造成重大妨礙。況且，北京方面也一直來電急催：一定要掌握那份《協議書》的內容，以便採取對策。張萬軍原本以為交代小李可以買通俄羅斯科學院的女秘書，但卻給他們搞砸了，又得另起爐灶。

而安東尚雷諾是位法國軍火掮客，凡是有利可圖的軍火買賣，他都有興趣開發。這次，消息靈通的他獲悉臺灣方面秘密尋求俄羅斯軍購的可能方案，他也想從中分一杯羹，撈些油水，因而希望利用和張萬軍的良好關係，插身其中牟取利益。但他還不知道自己已遭到法國警察國際事務局的國土安全官盯上，正在蒐集他的犯罪證據中。

張萬軍也知道這位法國朋友的企圖，為了彼此之間仍能

維持良好關係，各取所需，在同行的路上曾謹慎的勸誡尚雷諾，「我們中國人有句古話，"意外之財，易生意外"尚雷諾先生，」安東尚雷諾聽後，似懂非懂，但他絕對不是笨蛋。他一直以來都是從多方面來拓展財源，包括與東突或車臣兩個組織，甚至是蛇鷹黑幫他都有秘密管道去接觸。只要是有利可圖的，他都有興趣。

馬雷修士此刻正在聖壇上跪著作禱告，「我主是和藹仁慈的上帝…。」就當馬雷他抬起頭來望著高高掛著的一幅《聖尼古拉有靈者》聖畫像時，一旁靠過來的黎克文突然感到一陣觸電的感覺，渾身打了個寒顫。這是他來到俄羅斯連續第四次的經驗了，「我又和血娃發生感應了！」他立即看到兩尊卅餘公分高的聖徒雕像和一尊非常小，大約僅高十來公分的金質雕塑娃娃一起矗立在聖畫像下的窗櫺內，「確定就是那尊！」黎克文立刻興奮地喊出聲。那尊金質雕塑娃娃也一直不停地輕微顫動著，像是在回應黎克文，引發祂的身軀也跟著抖動。

若不是黎克文受到強烈的感應，絕對不知道那尊較小的雕塑娃娃是件價值連城的聖物。馬雷修士趕忙從祈禱室搬來一張高腳椅放置在聖畫像下面，旁邊的黎克文一個箭步過來幫忙扶著椅子，馬雷站了上去，劃個聖號然後極端恭敬地將櫥窗打開來，再將那尊金質雕塑娃娃取下來。在聖壇下的幾個人，都圍過來仔細的端詳著這尊娃娃，祂就是編號"第十二號"的俄羅斯血娃。

這時，教堂裡又走進來兩位神色匆匆的修士，他們是這教堂的修士司祭和助祭誦經士。上午他們到小鎮裡幫一戶人

家主持安魂彌撒，彌撒主持完後，即聽說教堂出事情了，才急急忙忙地趕回來。前面那位修士司祭一進來就看到馬雷修士已從聖畫像下的櫥窗裡搬出來一尊雕塑娃娃，幾個人正圍觀著，他即大聲喝叱，「喂，那是我們教堂裡的聖物啊！」

「哦，親愛的兄弟很對不起，我這裡有大牧首米亞斯尼科夫的親筆函，請您看一下。」馬雷修士從隨身斜背的跨包裡拿出一份小文件夾，從夾中抽出一張紙，打開來交給這位司祭過目。

「以上帝的聖名，我令羅賓洛夫和馬雷為我的使者暨代理人，完成送回十二尊血娃的神聖使命，凡在我教區內所有神的子民，均請協助他們，不得有誤聖名。」這是一份證明信物，上面蓋有東正教主教區的戳記和大牧首的親筆簽章。羅賓洛夫也在身上帶著一張，上次在俄羅斯科學院就曾用來證明過。

「啊，莫非這就是血娃？」這位司祭馬上劃了一個聖號，讚嘆著，「蒙上帝恩典…，這是我們的恩寵。」他在這教堂擔任修士司祭將近十年了，竟然不認得這尊娃娃就是傳說中的血娃聖物，還以為是一般的俄羅斯套娃，自己也感到有點慚愧。既然是大牧首親自下的指令，則必須要遵從這神聖的指示。

馬雷修士見已無問題，再將證明信函收好放回跨包中的小文件夾內，另用一張圍巾將血娃包了起來貼身置妥。此刻，柯佐夫帶著兩位員警從神龕下的秘道走了出來，其中一位當地員警看到本堂的修士司祭已經回來了，難過地走過去和他低聲說道，「司祭，很遺憾地告訴您，卡利修士已殉教回父

家了。」低頭劃了個聖號。

　　本堂的修士司祭和馬雷修士聽到這話後，都吃了一驚也非常地難過，同為神職人員休戚與共，雖然這也是為主獻身，但作為殉道者時間似乎來得早了些，那位修士司祭默默哀戚地說道，「上帝啊！為什麼我們在最需要祢的時候，祢都不來幫助我們？」

　　馬雷修士則藉著一位東方智者說過的話來回答，「如果你向上帝求助，說明你相信上帝的能力；如果上帝沒有幫助你，說明上帝相信你的能力。」修士司祭自我安慰道，「無常永遠比明天先來臨，也或許是上帝祂另有安排吧！」

　　柯佐夫指揮著當地員警將封鎖線撤除後，跟黎克文和馬雷修士說道，「剩下來後續的緝捕工作會交給聖彼得堡特警隊來接手，我們現在準備回去吧！另一架直升機馬上就到了。」

　　現在將要準備離開，馬雷修士才覺得渾身開始顫抖起來了，羅賓洛夫走過來拍拍馬修士的肩膀，「馬雷兄弟，還好吧？」

　　「今天又是一個驚險血腥的一天！但總算尋獲那第十二號的血娃。」馬雷仰望著那幅高掛在神壇上的聖畫像，心有所感的回應著，也同時轉過身向著黎克文點點頭，表示真心的感謝。因為他知道，大牧首米亞斯尼科夫曾在任務提示中說過，唯有黎克文在現場，其他的"血娃"才會被引喚出來，此刻看來真得深信不移。

　　張萬軍和安東尚雷諾來這個瓜摩尼亞小鎮的目的，是為了截堵阿雷希那對"東突份子"。因為，根據中國大使館設

定的衛星定位系統連線追蹤，他們算出阿雷希會在這裡出現。但卻晚了一步，「看來阿雷希應該已離開這個小鎮了，那些地區警力所設置的攔截點可能都無法攔截到他們。」張萬軍說出了他的推論。

柯佐夫看到安東尚雷諾，他認出這位是被俄國境管黑名單的份子，但他沒有動聲色，因為還沒接到逮捕令，可能上級暫且還別有用意，不想驚動他背後未曾露面的大腕。

聽到張萬軍說俄國警方無法攔截到阿雷希，柯佐夫忍不住稍作了辯護，「我們俄國警方現在很講求人權了，為了顧慮一般民眾的觀感，民選政府現在特別要求警方不能隨意攔街盤查。」他意有所指，有的國家比較蠻橫些。

安東尚雷諾有點不以為然地，「在法國，法律保護的是警察而不是罪犯。」他又補上一句，藉機戲謔柯佐夫，「如果我再笨一點，我就可以當警察了。」柯佐夫馬上回敬他，「肯說自己笨，就還不算太笨了。」

「他好像不太喜歡我嗎？」柯佐夫看著安東尚雷諾，然後問著張萬軍。

張萬軍笑笑，「不是每個人都是你的粉絲。」

他們千里迢迢的跑到這個小鎮，卻一無所獲，很是不甘，而且安東尚雷諾一直不喜歡警察，他再說道，「警察總是在錯的時間出現在錯的地方，而且，他們光靠竊聽就能無所不知。」

柯佐夫不再搭理他們的毒舌，拿起手機打開 "LINE" 往回搜尋，重新再確認那條出發時收到的訊息，但他的手機好像電力不足，有的訊息暫時收不到。

　　安東尚雷諾看柯佐夫沒有理他，也就轉過身拿起手機馬上傳出一份簡訊，旁邊的張萬軍猜想，「那可能是傳給他的同夥。」

　　"金吉謝普市"位於俄羅斯瓜摩尼亞小鎮東方一百多公里處，靠近盧加河邊的一個私人大莊園裡，一對男女開著一輛汽車停放在大草坪的倉庫旁，他們是剛從瓜摩尼亞小鎮脫困逃離過來的"阿雷希"和"海格麗娜"。他們此次在瓜摩尼亞小鎮教堂的任務並沒有成功，還差點被當地警方攔截到，好在他們從教堂秘道出來時，很機警地將座下的摩托車又換上一輛順手竊自路邊農宅的這輛汽車，開了一百多公里的路程來到金吉謝普市這裡。他們運氣很好，車子裡才剛加滿油，不用臨時再去找加油站，可以一路奔馳到此。

　　一位俄籍青年從倉庫內走出來，向他倆人打個招呼，「嗨，兄弟！」

　　阿雷希過去放下背包和他擁抱，「嗨，米拉爾，很抱歉我們要按預備方案來做了，」海格麗娜也過去和這位青年擁抱了一下，「親愛的米拉爾，好久不見，麻煩你了。」

　　這位被叫做米拉爾的青年臉上有一條很明顯的刀疤，他苦笑著說道，「沒關係，剛才也收到了一份灰狼發來的簡訊給我，一再交代我要趕快將你們送回到莫斯科，事不宜遲，飛機已準備好了，我們馬上就走吧！」

　　原來這座倉庫是一個機棚，裡面停放著一架僅供四人乘坐的單引擎小飛機，米拉爾坐進到駕駛座發動引擎後，用一條花格子圍巾將臉和頭部完全包紮了起來，再回過頭和跟著進來的阿雷希和海格麗娜說，「這是架波南紮 "Bonanza-36

型"的小飛機,因為她很輕,飛行途中可能會比較顛簸,你們要先綁上安全帶。」

兩人綁上安全帶後,海格麗娜看著阿雷希說道,「我們還真的要繼續嗎?已經連續幾次失敗了。」

「真正的失敗是你不再嘗試。妳通知灰狼七號,我們已經要出發了。」阿雷希是位意志堅定的狂熱份子,他握緊拳頭回答著。

小飛機慢慢滑出機棚,在嗡嗡作響聲中滑到跑道頭上,一大片草坪的跑道雖然簡陋,卻足夠這架小飛機起降用。小飛機往北頂風升空後,一個大迴旋繞過頭沿著盧加河朝著東南往莫斯科方向飛去。

21.新處女修道院

所有失落的東西都該被找到，世界的變化果然神秘。

在俄羅斯最多的大型建築，大概就是教堂和修道院了；位於莫斯科市郊西南方的"新處女修道院"，是莫斯科第二重要的宗教中心，由大公"瓦西里三世"於一五二四年興建，整個建築群形成於十六、十七世紀年間。

院外被一座大型的公園包圍著，公園裡的池塘倒映著美麗修道院的身影，紅頂白牆水天一色。但她的歷史卻是無奈多舛，堅固的城牆和塔樓是用來監禁鬧事的女性貴族，許多貴婦流落至此，包括彼得大帝同父異母的姐姐索菲亞和第一任妻子艾弗朵琪亞。

走在這幽靜的公園裡，周遭林木鬱鬱蒼蒼，有一處路中央的空地上，非常有趣的裝置了一組一九九一年美國總統夫人芭芭拉布希贈送給莫斯科市長夫人的小石雕，"一隻母鴨帶著八隻可愛的小鴨"，代表冷戰結束時"美、蘇和解"之友誼象徵。

在公園的南方有一塊四周透空的大草坪，上面有許多老老少少的民眾在草坪上放鬆地休憩，有的在放風箏、有的在玩飛盤、也有許多人在做日光浴。

　　這時，有兩位騎著單車的年輕男子正沿著大草坪旁邊的單車專用道往「新處女修道院」的方向飛快地騎去。他們一前一後地並不時按著車把上的小鈴噹，單車道上也有一些小男孩騎著小單車，聽到這兩個男子呼嘯而來的聲音，都嚇得往兩邊閃躲，也引來附近民眾的側目，有人就大聲的喊著，「喂，小夥子，這裡是公園，不是賽車場！」這兩個男子仍是置之不理，繼續衝往新處女修道院方向。

　　新處女修道院平時對外開放時間爲上午十時至下午五時卅分，這個時刻已是下午五時廿分了，兩位男子顯然知道馬上要關門了，所以拼著命的趕。

　　事實上，現在這個時刻起，修道院內已不再開放讓遊客進入了，裡面的遊客也馬上開始清場，擴音器連續廣播著，請他們在五時卅分鐘前，全部都要離開修道院大門。院規是很嚴格的被要求，無論是誰都得遵守。

　　這兩位年輕人衝到院門口時，最後一批遊客正要跨出大門口離開，「喂，兩位小夥子，不能再進去了，我們馬上就關門了！」門口兩位保安人員喝止正要衝進去的年輕人。

　　「我們有急事要找院長，請幫個忙吧！」兩位年輕人將單車倒在大門旁邊，氣喘如牛的拜託這兩位保安員。

　　「對不起，我們必須按照規定，這個時候就是不能再進去了！」保安員兼任守衛員，真是堅守職責，說什麼就是不讓進。

　　「喂，我們真的有重要事情，非得馬上見院長不可，你們再攔阻的話，將會發生嚴重的後果，你們可是負不起責任的！」比較壯碩些的年輕人發火了，開始大聲咆哮起來。

　　他們爭吵的聲音驚動了值班修女，她從值班室探頭出來看個究竟，「是誰在這裡嚷嚷？」那位壯碩的年輕人看到這位修女，趕緊大聲叫著：「琴娜拉修女，是我啊！彼得金哪，」

　　琴娜拉修女年約四十多歲，她認識這位叫做彼得金的年輕人，他是這座修道院裡老園丁昆可夫的兒子，從小在修道院長大，現正在喀山讀大學，已住校快一年了，這期間一直都沒有回來過，這次換來兩位新的保安員就不認得他們。

　　「哦，是你啊，滿頭大汗的，這麼晚了還有什麼事嗎？」琴娜拉修女有點好奇的問道，她整個人也走出了值班室，「讓他們倆進來吧！」她跟那兩位保安員說道。

　　「修女孃孃，您說了我們一定悉遵吩咐，」兩位保安守衛員只得按照琴娜拉修女的指示，只是那位年輕人彼得金和同伴轉眼就不見蹤影了。

　　琴娜拉修女回到值班室，立即看著桌上的監視器螢幕內的分割畫面，只看到其中一格的畫面顯示彼得金那兩位年輕人正急促的奔向院長室，她趕緊拿起桌上與院長室直通的對講機，「院長，我是值班的琴娜拉修女，」

　　隨即對講機那頭傳來院長凱薩琳修女的聲音，「什麼事啊？」

　　「昆可夫先生的兒子彼得金急著要見您，現在大概快到院長室了。」琴娜拉修女握著對講機通報狀況。

　　新處女修道院的院長凱薩琳修女，她和蘇茲達里女修道院的院長瑪莉安修女是莫斯科大學哲學系的同班同學，畢業後都一起奉獻給教會，至今各自擔任一方之修道院院長，也常互有聯絡。

　　這些天，從莫斯科到聖彼得堡及葉卡捷琳娜堡所發生種種尋找血娃的事件，正教會都有人通報給這些修道院和所屬各教堂，他（她）們之間也互通訊息，都能掌握著最新的狀況。

　　「院長嬤嬤，院長嬤嬤，」彼得金還沒跑到院長室門口，就開始大聲地喊著。

　　「什麼事情，讓你急成這個樣子啊？彼得金，」凱薩琳院長對這位老園丁昆可夫的兒子有點視若己出，因爲早年彼得金的廚娘媽媽在生下他時，就因難產而死，老園丁帶著他從小在這個修道院長大，每位修女都非常疼愛照顧彼得金，直到彼得金長大後，才被送到外地讀住宿學校，如今在喀山讀大學，她們始終都視同他爲院裡的一份子。

　　喀山位於距離莫斯科正東方八百餘公里的伏爾加河與卡讚卡河的交匯處，是俄羅斯韃靼共和國的首府及最大城市，居民約爲一百一十萬餘人，爲俄國第八大城市；而又與莫斯科和聖彼得堡同列爲俄羅斯的三座 A 級歷史文化城市。

　　「院長嬤嬤，可想死我了，」彼得金見到凱薩琳院長，一頭就栽進她的懷抱裡。凱薩琳院長已有一年多沒見到他了，看他長得比她高出一個頭，現在都摟不著他的頭，已像個大男人了，還跟小時候一樣和她撒嬌，心裡當然也是很高興，「跟嬤嬤說什麼事？都長得這麼高了。」

　　跟著彼得金一起來的那年輕人也是跑得氣喘吁吁地站在一旁，看著她們倆的親熱勁，臉上露出微笑很是羨慕。「噢，嬤嬤，這位是我的高中同學阿南，他是中國人，他現在就讀莫斯科大學。」彼得金差點忘了介紹和他一起來的這位同學。（阿南是黎克文第一次在莫斯科大學餐廳遇到的同學，黎克

文曾向他和小劉打聽過林煜的消息。）

「都先坐下來，喝杯紅茶再開始說吧，」凱薩琳院長轉身要他們坐下來，然後在桌上拿起兩個茶杯到屋角的一個茶炊準備倒茶。俄羅斯人泡茶的茶炊稱「薩莫瓦爾」，以前茶炊是用銅製、中間放木炭、會冒煙的桶子，底下放煮水的鍋。現在凱薩琳院長的這具俄羅斯茶炊有一水龍頭，水用電熱器煮開後，就從水龍頭放水泡茶；「我這紅茶泡得很濃，我泡紅茶喜歡濃一點，」但凱薩琳院長為他兩倒到茶杯裡則只倒一半，再加一半熱開水，然後加兩塊方糖與檸檬片，「味道喜歡嗎？」

「好極了，嬤嬤，這是我最喜歡的紅茶味道。」彼得金最喜歡喝凱薩琳院長沖泡的紅茶，他這已有好幾年沒喝了。

這時天色已漸漸的有點暗了下來，天氣不是很好，看樣子可能晚上會下雨，俄國的初秋，黃昏是一片蕭瑟。

「我的父親還好吧？」彼得金喝完杯中的紅茶後，詢問凱薩琳院長。他從喀山大學直接回到莫斯科就急急忙忙來到新處女修道院找院長，還沒來得及見他這位老園丁父親。「他還好得很，他現在應該在後面墓園裡整理環境吧，要不要我現在通知他過來？」凱薩琳院長以平常時間老園丁昆可夫的工作習慣上所做的合理判斷，昆可丁這個時候應該在後面墓園裡忙著。

「哦，沒關係，嬤嬤，待會兒我再去看他。」彼得金搖搖手，他要先和凱薩琳院長講事情。

修道院後方的墓園裡安葬的大多為當代共黨領導人，在舊園裡有契柯夫和斯克里亞賓，克魯雪夫和其他蘇聯高級官

員的墓碑則在新墓園。

「你現在可以講講這麼急切的跑回來見我，是有什麼重要的事情了吧？」凱薩琳院長接著繼續問著彼得金。

「院長嬤嬤，這是我在昨天上午才聽到的一個千真萬確的消息，也是我這位高中同學阿南告訴我的。」彼得金和他一起來的同學阿南，兩人臉上的表情都開始變得很嚴肅了。

「當阿南在電話中告訴我後，我就趕緊利用今天週末的假期搭昨晚的夜車趕回來，」彼得金一直在講過程，卻都還沒講到主題，凱薩琳院長倒是很耐得住性子，從彼得金一路喊著進屋子裡到現在也快有十多分鐘了，還不知道他到底要說什麼事情？他是故意賣關子，還是因為見到院長嬤嬤一時高興，不知從何說起來了，還是另外有什麼的…。

「我本來平常假日時，都在“喀山大教堂”的圖書館度過一天，除了將一週以來的功課做個複習，也將下一週的課程提早預覽一遍。」彼得金也順便將他在喀山大學讀書的情形和凱薩琳院長做個描述，「上週我無意間經過學校教堂裡左側的祭壇上，看著兩邊的壁畫，它是介紹一八一二年我國庫圖佐夫元帥打敗法國拿破崙侵略者的光榮史蹟，牆上掛著的戰勝六個城市的六把鑰匙，以及祭壇下埋著他的遺體…。」

彼得金非常的用功上進，靠著他父親在“新處女修道院”當園丁的微薄薪水生活，遠赴喀山讀書更是節儉度日，假日中都是窩在圖書館或是教堂，省吃儉用，刻苦自勵。這趟臨時回來莫斯科的旅費，已預支掉他一個月的伙食費，但他覺得還是必須趕回來，將這件非同小可的事情和凱薩琳院長詳細的報告。

「我無法終止還沒起頭的事，」凱薩琳院長不想打斷彼得金的興頭，「您就直說吧！親愛的彼得金。」

「我還是請阿南他來說吧！那會比較清楚。」彼得金示意阿南，不要再經過他來二手傳播，請阿南親自說。

於是，阿南才開口說道：「最近兩個多禮拜以來，我們在莫斯科大學都一直聽說從臺灣來了一批官員代表，協助我們正教會尋找五尊具有特別歷史價值的許願娃娃，」阿南從小在俄羅斯長大，他的俄語講得比中文還流利。

「我們莫斯科大學一位叫做林煜的臺灣留學生，曾因為無意間發現到一張地圖並獲得其中的一尊許願娃娃而失蹤一個多禮拜，」阿南慢慢的說著，這是他親身遇見到的。

凱薩琳院長對於東正教大牧首積極尋找俄羅斯血娃的情事，也是最近從蘇茲達里女修道院那裏聽說來的，她沒有出聲，仍耐心聽著阿南繼續講。

「那批臺灣代表中的一位黎克文教授，還為此找上我們來查詢林煜的下落，後來聽說林煜在聖彼得堡的"基督復活教堂"裡被他們發現到，那時林煜似乎中了邪，現在整個人住進了醫院做精神療養。」阿南說的不像是一位普通大學生應有的能力可以獲得的消息，他的消息來源管道令凱薩琳院長感到有點好奇，但她還是沒有吭氣，只是默默的看著阿南，聽他再接著講。

「院長嬤嬤，您一定以為我怎麼會知道這些事情吧？」阿南挺懂得旁人的心理，自己先將可能的疑問說出來。

「不會的，你一定有你的辦法的。」凱薩琳院長不疾不徐的回應。

「您知道莫斯科特警隊嗎，嬤嬤？我就是在那裏當工讀生的，莫斯科特別勤務警察隊，」阿南難怪都能獲得第一手的消息，他這個學期的暑假期間，都在特警隊打工，負責整理一些社會情資，一筆一筆的鍵入到莫斯科特別警察勤務指揮中心的資料庫中，所以經常都能看到很多的社情犯罪資料。

「事實上，林煜在被轉送到聖彼得堡之前時，是先被押解在喀山大教堂的祭壇下，」阿南將他在特警隊中看到的資料，不斷地逐次還原真相。

「哦？」凱薩琳院長並不瞭解其中的不同處，只是順口回應著，「那位林煜同學失蹤後，又怎麼會在基督復活教堂被尋獲呢？」

阿南解釋這件事情發生的原委，「俄國黑幫裡的份子不是每個人做事都很慎密，也是有些粗枝大葉的人，不小心就會惹出事情或留下麻煩。」阿南不但過目不忘那些資料，也善於分析其中的意涵。

「那喀山大教堂祭壇下的地下室，是一處俄羅斯黑幫的秘密贓款轉運站，他們藉著教堂的掩護，不定期地將販售黑槍、毒品和多種不法利益的贓款，利用這裡分配到其他各個管道。」阿南停頓一會兒又說道，「林煜在被押解到這裡時，可能就目睹到他們的秘密分配活動，後來錄口供時，曾經被旁證過確有其事。」

「那麼，這些事情和我們新處女修道院又有何干係呢？」凱薩琳院長終於說出她心中的問號。

「有一筆巨額的美金現款，將於這兩天內交付給〝東突厥斯坦組織〞在俄羅斯的代表，那是用來支助〝東突〞預定

近日在新疆烏魯木齊發動一次最大規模的恐怖行動，她們所謂的“聖戰”。」阿南娓娓說道，「交付地點就是在我們新處女修道院內的某個地點。」

「他們為什麼要用“現金交付”這種古老的笨方式？用郵匯或電匯不是多麼方便和快捷嗎？」凱薩琳院長又問道。

「他們絕不笨，因為特警隊和電監與訊息偵測單位早就聯手鎖定了他們的所有帳戶，只要有不尋常的資金往來，立刻就會被發現到。前一次，就截獲了東突和車臣獨立組織的一筆約五百萬美金的資金來往，當即扣留，造成其重大損失，他們現在則不敢再用電匯或是轉帳了。」阿南將他在特警隊內獲得的所有情報資料，都源源本本的提供出來。

「那是什麼人提供的金援？」凱薩琳院長再追問。

「大部分是軍火商，有一部分是黑幫組織和特殊的利益團體，」阿南回答後，又在想想是不是有講得不對的地方。

「特警隊的人員馬上就要秘密的部署到我們修道院的四周，屆時一場腥風血雨的拼戰可能免不了，我們修道院裡的人在不知情的狀況下，難免會受到牽連。因為我知道，彼得金出身在修道院，他從小是我最好的朋友，我就急忙的通知他了。」阿南很真誠的為了從小一起長大的比兄弟還親的同學，就忍不住的擔心。

「我耽心您和我父親會被捲入到這場是非中，所以就急急忙忙的要阿南和我一起回來向您稟告。」彼得金也在補充解釋著他們倆個的好交情。

「院長孃孃，您可千萬不能說出消息來源是從我這裡獲得的呃，因為這是犯了洩露機密罪，雖然我是工讀生，但還

是會被重罰的。」阿南耽心發生事情後，自己的處境也會很艱難。

　　這時候，修道院的教堂內有修女開始做晚課，鋼琴引唱著聖歌，肅穆莊嚴。凱薩琳院長看看掛在牆上的吊鐘，已是晚上七點了，「你們兩位都餓了吧？彼得金你趕緊帶著你的朋友到廚房裡找些吃的，這些你都很熟的！還有，彼得金你這次跑回來的車票錢，由我來負擔，你千萬不要推辭！」凱薩琳院長說完，就從抽屜裡數了兩千元盧布馬上交給彼得金。

　　「好的，孃孃，我真的是沒什麼錢，而且我們確實也餓了，我就先離開了，等會兒您要找我，我會在我父親那裏的。」彼德金也不客氣，收下了錢，立即偕阿南步出院長室，三步併作兩步的往廚房走，他倆確實很餓了。

　　凱薩琳院長見他倆離開後，自己一個人就轉身到院長室內一間專設的禱告室裡，跪了下來，她禱告著上主賜給她智慧與力量來解決剛才阿南告訴她的這些麻煩問題。她堅信，禱告是一個人享受的快樂，更是智慧與力量的泉源。

　　修道院後院裡的一間庫房裡，微弱的燈光照映在老園丁昆可夫黝黑瞿瘦的面龐上，他看著才回來的兒子彼得金坐在他前面的小板凳，心裡激動地幾乎說不出話來。有一年多的時間沒有見到兒子了，能送兒子到喀山讀大學，是他畢生最驕傲的事情，每天再辛苦的工作都是值得的。

　　「爸爸，您不要擔心我，我過得都很好，您要放一千萬個心。」彼得金心疼老爸每天還要在烈日當頭整理修道院的裡裡外外庭園，雖然這也是他最熱愛的工作，但畢竟有些年紀了。這間庫房除了可以放得下兩張單人床外，還有足夠的

空間可以用來放置一個衣櫃、擺一張書桌和幾張板凳，一個床頭櫃上有一部老舊的電視機，就是平常昆可夫休息時的唯一娛樂。彼得金看著這些熟悉的傢俱物品，是陪伴他從小一起長大的，那種親切感則是無法取代的。

「你這次突然的跑回來，是有什麼特別的事情嗎？」昆可夫看著兒子和站在一旁的阿南，關心的詢問著。

「爸爸，的確是有一些事情，我們剛才都已經和院長嬤嬤報告過了，她會有辦法處理的，您就不要操這個心，我很久沒回來，現在看到您健康如昔，我就很高興了，等會兒我還要趕夜車回學校呢！對了，從現在開始，院裡可能會發生一些不尋常的事情，您可一定要注意自己的安全，千萬不要多管閒事，您要答應我！」彼得金瞅著昏暗燈光下的老爸容顏，發現他額頭上的皺紋又加深了。

昆可夫看著長得比自己高出半個頭的唯一寶貝兒子，知道他大學課業相當繁重，雖然很捨不得剛看到他就又要離開，但顧及到他將來的前程，只有暫時犧牲親情，鼓勵他一定要加油好好讀完書，「我也不用你操心，你只要好好讀書，注意飲食健康，那就是我最大的快樂了。對了，你還缺錢用嗎？」

「現在不缺了，剛才院長嬤嬤還塞給我兩千盧布呢，她怕我買車票錢不夠。剛才我告訴您的話，請要記得呀。」彼得金很耽心地蹙著眉頭，他非常不放心他的老爸即將面臨可能到來的狂風暴雨。

「人在一生中，總有許多遺憾，過錯和錯過，」彼得金這位年輕人的思想很成熟，他的看法很有些超齡，「我希望這次的判斷是錯的。」

22.打開網中的結

天不老，情難絕；心似雙絲網，中有千千結。中國北宋・張先《千秋歲》。

一架小飛機從莫斯科西北方向沿著莫斯科河飛進莫斯科市區中心上空，僅離地面只有十來公尺的高度，巧妙地避開許多高大的建築物，地上有許多群眾都可以聽到機翼掠過樹梢的聲音。現在這架小飛機緩緩地降落到郊區"新處女修道院"外的一大片草坪上，引起地面上來往的人群一股騷動。

這是波南紮"Bonanza-36 型"的輕型小飛機，連機師與乘客共三個人，他們是昨天傍晚從俄羅斯西北方"金吉謝普市"起飛的，中途在"大諾夫哥德羅市"停留了一晚加油休息，下午才飛過來莫斯科。

飛機停妥後，他們三個人：駕駛員米拉爾、灰狼家族的阿雷希和海格麗娜，很快地順著機翼旁掛著的腳架走下來，迅速地鑽入到後方樹蔭下一輛接應的悍馬車上，車子立即就駛往修道院後方的一片小森林中。

不遠處的停車場有一部小貨車上，坐著兩個頭戴棒球帽都是工人裝束打扮的中年男子，其中一人放下望遠鏡拿起手機發話，「他們已經到了。」

　　另外，草坪上一個小丑模樣妝扮的賣氣球小販，也用掛在耳邊的藍芽收發話器輕聲地說道：「麻雀入巢了。」說完這句話，他就匆匆地帶著他所有的氣球沒入在修道院外的一段圍牆邊。

　　附近的群眾們很好奇地看著這架從天而降的小飛機，幾個小朋友跑到飛機旁東摸摸西碰碰的，也有的人拿起手機不停地拍照。不久，從公園旁的馬路上衝過來兩輛警車和一輛軍用大卡車，跳下來幾個員警和十幾個武裝士兵，很快地在這架小飛機旁架起三角錐、拉起封鎖線，將這架小飛機隔離起來。

　　隨即又開過來一輛黑頭大型廂型警車，停在封鎖線邊緣，這是一輛莫斯科特警隊的行動指揮車，柯佐夫組長和助理達沃警佐出現在車門外。

　　柯佐夫看了看手上的腕表，時間是上午九時過五分。達沃警佐抱著一部手提電腦，他看著螢幕上顯示的資料說道，「據報，從小飛機上下來的三個人已經搭著一輛悍馬車進入到修道院後面的小森林裡去了，現仍在我們的監控中。」柯佐夫聽完後，指示旁邊的一位警官，「等會兒就會有軍方的貨櫃車來將小飛機拆卸帶走，這裡一部分人留下來集中待命，另一部分人管制交通、疏導群眾馬上遠離此地。」

　　這些不尋常的景象，對常在附近散步、活動的群眾們而言，真的是感到異常奇怪，引得三三兩兩的人群不斷地交頭接耳，交換著不同的意見。有的較膽小的遊客則急忙拉著小孩趕緊走避，他們知道將有特殊的事情要發生了，大概不會是什麼好事，但絕對精彩可期。

停車場那輛小貨車上的兩個工人，其中一人手裡的行動電話一直沒有離開他的臉頰，他不停地將眼前的狀況傳遞出去，也在接受對方的指令，「現在特警隊和國民兵已經將修道院圍了起來，…呃，…好的。」

修道院後面院子的墓園裡，雖然整體的環境看來是整齊乾淨、井然有序，卻仍然是充滿著陰森的感覺，尤其是舊墓園裡許多墓碑上的刻文已磨損或是褪色，活著的人已難以辨認哪塊墓碑的主人究竟是誰？只有老園丁昆可夫還保管著一冊舊名簿，上面仍清楚的記載著編號與墓主人的名字。

新舊墓園之間隔著一道高大的鐵柵門，平常都是半掩著，從不曾上過鎖。這會兒，老園丁昆可夫匆匆忙忙地提著一大串鑰匙和鎖頭快步走過來，他一早才奉到院長凱薩琳修女之令，要他趕緊過來將這道鐵柵門鎖上。昆可夫真弄不明白，他在新處女修道院生活與工作了大半輩子，還是第一次來鎖上這道鐵柵門。他也還沒來得及問是什麼原因，反正先照作再說。

新處女修道院後院還有一道後門，平常都是供採買車、送貨車或工程車出入的，有一位值班的保安人員負責管制。這位保安人員也剛獲得通報：「修道院四周都被警察和國民兵封鎖了，在修道院前面的大草坪中也才降落一架不明的小飛機，從機上下來的三個人坐著悍馬車好像已來到我們修道院後面了；馬上關閉所有進出大門，嚴防這些不明人士潛入。」這是從值班室裡傳過來的指令。

保安人員趕緊拉起後院的大門，正當他要扣上門上鐵環時，一輛悍馬車忽地從拐角處出現，衝向後院大門。一位用

花格子頭巾蒙著臉的男子坐在前座，上半身伸出車窗外，手上握著一具人員攜行式的榴彈發射器，朝著那座大門就發射出一枚榴彈，「轟！」地一聲，精確擊中了大門正中間，可憐的保安員還沒來得及反應，就被炸翻倒地，當場不得動彈，大門也應聲垮了下來，悍馬車瞬即從爆煙中呼嘯而入，壓過倒在地上的鐵門和那位保安員，捲起一陣黑色煙圈。

在修道院前門值班室的值班修女琴娜拉從監視器螢幕中，清清楚楚的看見後門發生的這個狀況，剛才也是她通知後門這位保安員的；當見到這個驚恐的情形，嚇得她全身發抖，馬上抓起直通電話打給院長。但抖動不止的手指頭卻很不聽使喚，一再按錯鍵，越緊張越是按錯。她已連續值班快十二個小時了，可能也是很累了的緣故。

凱薩琳修女在二樓院長室也聽到那一聲爆炸，她探出頭到窗外，循聲望去，看見後門附近一陣煙塵，鐵門倒在地上，壓住在滿身血泊的保安員身上，衝進來一輛悍馬車已停在院長室樓下。本來，她對昨天傍晚趕回來示警的彼得金所講的那段話，還有點半信半疑，這會兒看到她一輩子都料想不到的驚心動魄場面，也有點驚呆了，嘴裡直唱諾著，「*聖母瑪利亞、聖母瑪利亞…。*」

這時，尾隨而至的一輛警車也從後門衝進到內院。剛停在院長室樓下的那輛悍馬車跳下三個人，那位蒙面男子米拉爾握著榴彈發射器蹲在悍馬車旁，轉頭就瞄向衝過來的警車，咻地一聲，一枚槍榴彈就射向還來不及躲避的這輛警車，接著就「轟！」地一聲爆炸，警車整個車頭引擎被擊中，整輛車連著幾個滾翻就著火躺到內院旁的水溝邊，車上的兩名

員警都被摔到地上，身上也著了火。米拉爾身手相當俐落，馬上跳到他們前面，順手將發射器丟在一旁，從腰間抽出一隻手槍，毫不猶豫的朝向在地上翻滾的兩位員警開槍，「碰！碰！」一槍一個，兇狠地立即就結束了那兩位員警性命。然後，又撿拾起發射器退向樓下門柱旁，似乎在擔任警戒。

　　另外從悍馬車上跳下來的兩個人，正是阿雷希與海格麗娜，他倆握著手槍飛快地衝上二樓，樓梯口正站著一位保安員向他倆打招呼，他是早就在此準備接應的人，代號"灰狼七號"。他前一陣子才混入新處女修道院接替另一位生病的保安員，潛伏在此一段時間已熟悉了修道院的內外環境；剛才，接獲修道院外早就佈置的眼線~那一位賣氣球小販的暗語通知，他即算準時間埋伏在這裡等候，現在適時帶著阿雷希與海格麗娜直奔院長室。

　　修道院前門值班室的琴娜拉修女，稍為恢復了一下緊張的心情，終於按通了院長室的直通電話，「院長，院長，…」琴娜拉修女抓著話筒不停地喊著。

　　凱薩琳院長拿起電話正要回答，可惜為時已晚，阿雷希與海格麗娜已經一口氣衝進到院長室內，那位潛伏於此的保安員"灰狼七號"則握著一隻俄製"托卡瑞夫 0.33 口徑"手槍，他沒有跟著衝進到裡面，而是守在院長室門口外，注意著走廊上的情況，並且對著胸前的隱形麥克風小聲說著，「走廊安全！」

　　「放下電話！」凱薩琳院長聽到剛衝進來的阿雷希這一句厲聲喝道，嚇得將電話話筒丟到地上，接著衝進來的海格麗娜立即上前按住凱薩琳院長的頭，拿出一張貼布將凱薩琳

的嘴巴塞住，動作熟練地再將她雙手用一條粗橡皮筋反綁的牢牢的。凱薩琳院長幾時受過這種粗魯無禮的對待？又驚又痛的渾身直打哆嗦，滿臉脹得通紅，眼淚從眼角不斷地流出來。

停靠在修道院外封鎖線邊緣的那輛莫斯科特警隊的行動指揮車裡，柯佐夫組長已經察覺那三位東突的恐怖分子剛衝進到修道院內部了，他們的一部警車跟進去時並遭到攻擊，兩位員警當場被格斃殉職的畫面也經過無線監控系統，同步傳遞至達沃警佐的手提電腦內。

柯佐夫組長當場大發雷霆的說道，「可惡極了！這些無法無天的恐怖份子，達沃你馬上帶人進去，死的活的都拖出來！」

達沃警佐放下手上的行動電腦，向著身後的兩部警車招手，馬上跳下來四位戴著黑色頭盔、蒙著黑色面罩的特勤隊狙擊手，每人握著一挺短巧的 SR2 衝鋒槍，達沃帶著這四位特勤隊狙擊手換上一輛裝甲車，準備從前門衝往修道院內。「我會讓他們死得更透徹！」達沃警佐拋下這句話。

「你去加派人手，將後面的大門徹底封鎖起來！」柯佐夫又回頭指揮另一位警官，他想要甕中捉鱉。那位警官迅即帶了兩輛警車和一輛軍用卡車駛往後門執行柯佐夫的封鎖命令。

一輛黑色的轎車此刻也出現在封鎖線外，「怎麼有這麼多的員警與國民兵包圍在這裡？」車裡坐著中俄文化中心主任張萬軍和法國軍火掮客安東尚雷諾，司機小廖慢慢停下車，好奇地自顧自的問道。張萬軍和安東尚雷諾昨晚才聯袂

從瓜摩尼亞小鎮趕到聖彼得堡轉搭今早第一班飛機飛回莫斯科，小廖開車從機場直接就載他們到新處女修道院前的這塊大廣場草坪上。他們一直掌握住俄羅斯特警隊柯佐夫的行蹤，所以緊隨不捨。

　　站在封鎖線旁的兩位國民兵端著步槍朝著他們揮揮手，示意要他們離開這裡，因為已有兩部軍用貨櫃車和一輛工程車正在拆卸那架小飛機，怕他們會影響作業。

　　柯佐夫又看到張萬軍和安東尚雷諾兩個人出現在這裡，昨天下午才與他們在瓜摩尼亞小鎮見過面，才過一個晚上，今天又在莫斯科遇見到，柯佐夫實在很不喜歡安東尚雷諾，更討厭他的毒舌，真是冤家路窄。不過，柯佐夫倒是內心產生了一股警覺，一個中國人和一個法國人為何這兩天一直如影隨形的跟著他？

　　這時，修道院大門口出現一群倉皇奔逃出來的修女，後面緊跟著一輛悍馬車。柯佐夫看到這個狀況，趕緊阻止正準備要衝進去的裝甲車，避免衝撞到無辜的修女們。那輛悍馬車上就是方才從後院衝進去的阿雷希與海格麗娜，他們正押著院長凱薩琳修女在車上作為人質，米拉爾握著駕駛盤以車頭壓迫著一群修女奔跑在前後左右，替他們擋著可能來自四面八方的警方火網。那位做內應的“灰狼七號”並沒有跟著一起出來，他在沒有被識破前還是要繼續潛伏在裡面，還有工作要做。

　　院外停車場那部小貨車現在開始原地發動了，它慢慢地倒入左右兩旁剛好也各有一輛大貨卡的空位置裡，將自己夾在中間以掩人耳目。小貨車上面坐著那兩個工人裝束打扮男

子，其中副駕駛座上的一個人抽出一支火箭筒，扛在半露在車窗外的肩上，雙眼緊盯著修道院大門前的那部警用裝甲車；他們原來是掩護策應悍馬車的同一路人馬。而附近的員警卻一直沒有注意到這部小貨卡，他們還在看著那輛工程車上的技師很熟練的將那架小飛機拆卸成好幾大部分，分裝到兩部貨櫃車上。

修道院大門前硬闖出來的悍馬車上一具揚聲器被打開了，傳出了海格麗娜以俄語發出非常激昂的警告聲音，「凱薩琳院長現在是在我們的手中，各位員警先生請千萬不要輕舉妄動！」連說了兩遍後，故意將凱薩琳院長的頭露出來在車窗旁，以證明所言非假。

「他們衝進去的目的就是為了擄獲凱薩琳院長當人質嗎？」面臨當前的這個狀況，老練的柯佐夫組長冷靜下來了，他需要沉著思考，「這事絕非這麼單純，他們一定還有其它的目的，我應該會想出更好的辦法，…」

修道院內目前是一團慌亂，大部分的修女已被那部悍馬車隨車趕到前門外，少部分的修女和雜役則從後門零零散散的奔跑出去。只有值班室的琴娜拉修女和另一位守衛員還堅守崗位，但都嚇得臉色發白、呆若木雞的站在窗戶前觀看院內、外的慌亂景象，一時之間也不知該做什麼。

老園丁昆可夫鎖上了院內新舊墓園間的鐵柵門後，正準備到舊墓園裡一處空著的墳塚內打掃，忽然聽到巨大的爆炸聲響，接著又聽到不斷的槍聲和慘叫聲，他知道院裡出了大事情，現在也總算曉得兒子彼得金昨晚趕回來的原因了。但從院長到他自己，卻始終都沒有一點警覺心，也未能採取任

何應變措施與準備，現在發生了事情就慌了手腳。恰巧這時，他從墓園圍牆邊的一塊缺口處看到凱薩琳院長被一對男女押上一部悍馬車，旋即車子就經過舊墓園旁開往前門。

「這還了得？！」昆可夫大喊著，從他隨身攜帶著工具箱裡抓起一把斧頭，他顧不得對方有好幾個人還帶著武器，馬上就追出去要攔截悍馬車來救凱薩琳院長，剛好此時旁邊閃出一個人，伸手攔下了他，「喂，老兄慢點！」昆可夫被嚇了一跳，定睛一看，是那位新來不久的保安員，「你來得正好，我們趕快一起去救院長！」

然而，這位保安員卻是剛才引導阿雷希衝到院長室的潛伏份子"灰狼七號"，他突然來到墓園是有其他目的。他反應極快地回話道：「外面有好多員警和國民兵在守著，槍林彈雨中我們起不了作用的，反而礙事。」他除了攔阻昆可夫，不讓他莽撞的從中壞事，也是為了假裝還是在負責保安員的任務。

昆可夫經這一喝阻，雖然也馬上回過神來，可他還是堅持認為：「無論如何都要追出去，我不放心院長的安危！」說罷，提著斧頭作勢就要再往前衝；灰狼七號見狀，「好，我跟著你！」瞬間就起腳跟著昆可夫一起邁出步伐，但他在昆可夫奔跑開來的同時，突然地從後伸出一腳，立即就將昆可夫絆倒，緊接著就掏出手槍，一個箭步向前，用槍柄猛力一擊剛跌倒在地上昆可夫的後腦勺，昆可夫頓時被擊昏，這一時之間恐怕不再能動彈了。

灰狼七號是要來檢查新舊墓園間的出入走道是否暢通？剛才遠遠地就已看到昆可夫在鎖這道鐵柵門，現在趕緊從昏

厥倒地的昆可夫身上找鑰匙，不一下子就從腰間找出一大串鑰匙，他看了一眼，挑出一支最大號的又比較斑駁的鑰匙試著插入大鐵鎖的鎖孔裡，那鎖立即讓他打開了。

柯佐夫一直在思考，「為何這些恐怖分子要綁架凱薩琳院長？一定是有什麼特別目的，」他突然想到，「會不會是要聲東擊西，來個調虎離山？」想到這裡，趕緊拿起手中的對講機，開始小聲呼叫著：「達沃，你帶著獵殺小組趕緊從後門進去搜索那兩座墓園，我隨後支援你們！」情況緊急之下，柯佐夫直接就用明語通知了。

米拉爾開著悍馬車一直緩緩地前進，逼迫著幾個修女在車旁一起朝向大院前門草坪廣場移動。柯佐夫似乎有點投鼠忌器，凱薩琳院長還被夾持在車內，所以暫時還不敢採取激烈的動作；其實，他已另外比出暗號，指示旁邊的警官準備瓦斯槍和催淚彈。

張萬軍和安東尚雷諾見到目前的狀況很混亂也很危險，他們實在不適宜和辦案的警方攪合在一起，趕緊坐回到自己的車子裡，要駕駛員小廖再向後倒退十幾公尺，避開火線。

那輛藏身在停車場兩部大貨卡中間的小貨車駕駛員，他頭戴著一副耳機，剛從警用頻道截收到柯佐夫下給達沃的指令，他馬上轉頭對著隔壁緊握著火箭筒的同夥說道：「喂，該我們幹活了！」

一旁的駕駛員將掛在脖子上的圍巾將臉一蒙，僅露出雙眼，右手排檔推上前進檔，放下手剎車，腳一踩油門，小貨車就衝了出去。一旁的副駕駛員也同樣將臉蒙住，手握火箭筒提把瞄準了還遠在五十多公尺開外的柯佐夫乘坐的箱型行

動指揮車,小貨車在疾速晃動下蒙面漢子他就摳下了板機,「啾!」地一聲,一枚火箭彈劃空而出,緊接著就擊中了行動指揮車的駕駛座,「轟!」地震耳欲聾的一大聲響,行動指揮車上一陣劇烈的晃動,發出一陣火光後冒出一大股黑煙。

駕駛座裡面兩名員警滿臉是血的彈跳出來,倒臥在車旁草地上。柯佐夫坐在靠裡面,有座椅擋在前面,沒有被直接打到身上,但霎時也被震得眼冒金星。

柯佐夫很快地就回過神,看到目前的狀況心想,「這下不得不對著硬幹了!」跳下滿是煙硝味道的指揮車,取出配槍就朝向衝過來的小貨車射擊,同時用左手打出手勢,要求其他員警發射催淚瓦斯彈。

另外押著凱薩琳院長的那輛悍馬車此時也開始加速往外衝,坐在副駕駛座上的阿雷希又舉起手上握著的 RG-6 輕型榴彈發射器,首當其衝向著兩部並列的警車連續發射出兩枚槍榴彈。其中一枚擊中右邊的一輛警車,轟地一陣火光,車內三位員警似乎都受傷了。左邊一輛警車所幸未被擊中,車上兩位員警也顧不得對方車上還有人質,馬上跳下車舉槍還擊,但都射向輪胎。

RG-6 輕型榴彈發射器是一種真正簡單實用的高效武器,係 40 毫米六發轉膛榴彈發射器,主要特點是重量不大(約五公斤重),發射速度快又可連續發射。阿雷希立刻又朝著這輛警車再發射一枚,這次這輛警車就沒這麼幸運了,直接命中車頂,轟地炸出一個凹洞,兩名正在還擊中的員警趕緊趴倒在地上躲避。

凱薩琳院長眼睛和嘴巴都被海格麗娜用貼布矇了起來,

看不到也叫不出來，但她耳朵卻聽得很清楚，槍榴彈爆炸和槍彈在耳邊四竄的嘶厲聲響，嚇得她心臟都幾乎要停止了，雙手又被反銬更是動彈不得，此刻又聞到濃鬱嗆辣的催淚瓦斯氣味，咳又咳不出來，雙眼則被嗆得開始直掉眼淚，「**莫非這是上帝對我的嚴酷試煉啊！**」，凱薩琳院長被扣押在悍馬車裡只有不斷地痛苦的暗自祈禱。

　　守在外圍的國民兵僅有一個排的兵力，一位中尉軍官是現場的指揮官，接受柯佐夫的指揮調度；他剛才奉命派了兩個班到修道院後門封鎖進出路，剩下一個班守在前門第二線，現在已無多餘的人手再支援柯佐夫。

　　柯佐夫的防線被這輛悍馬車從正面突圍，另輛小貨卡用火箭彈從側邊夾擊，一下子措手不及的被打得人仰馬翻；好在特警們發射的催淚瓦斯彈也發揮了功效，那輛小貨卡的駕駛員雖然蒙著臉，也仍被射過來的催淚瓦斯彈嗆得握不緊方向盤，一個打滑撞到旁邊的一座燈柱上，車子當場就翻了過去。幾位特警和國民兵見機不可失，一擁而上，連擒帶拿地立刻制伏了那兩個暴徒。

　　而悍馬車上的阿雷希見到特警們發射了許多催淚瓦斯彈，趕緊搖下車窗，收回手中的輕型榴彈發射器，暫避一下這些嗆辣的催淚瓦斯。海格麗娜亦立即用手摀住口鼻，但駕駛悍馬車的米拉爾卻騰不出手來掩住口鼻，悍馬車四個輪胎亦都被擊破，他一時之間難以控制車輛的行進方向，眼明手快的阿雷希很快地一把要將駕駛的方向盤導正，但方向盤根本不聽使喚，「碰！」地就卡在路旁的一顆大樹根上。

　　又有後續增援而來的三輛警車閃著警示燈衝到了現場，

瞬間也圍了上來。柯佐夫抓起麥克風喊道：「你們已經被包圍，無路可走了，趕快放下武器投降吧！」一群警察都伏身在警車後面掩護著，他們所有的槍支都對準著那悍馬車。

阿雷希一把抓著凱薩琳院長，另一隻手仍握著 RG-6 輕型榴彈發射器，海格麗娜拿著槍頂著凱薩琳後背，慢慢打開車門一起走了出來，依靠在車門邊。米拉爾雙腿則卡在駕駛座上，似乎無法移動，但他手裡也握著槍。

柯佐夫不敢靠得太近，他領教過這些"東突恐怖分子"都是殺人不眨眼的狠毒悍匪，現在阿雷希與海格麗娜又仗持著扣押了凱薩琳院長作人質，弄不好來個玉石俱焚，他就不好交代了。

雙方如此僵持下去總不是辦法，柯佐夫最後還是得攤牌，但他站在警方的立場是絕不能妥協，他再次拿起麥克風喊道：「放下武器吧！也快將院長放了吧，我們會放你們一條生路。」

阿雷希哪裡聽得下去，果然是心狠手辣，毫不畏懼的伸出頭來舉起手中的槍榴彈就要射向柯佐夫。

就在此時，在他們身後無聲無息地出現一組戴著黑頭盔、穿著黑色防彈背心裝束的特警人員，精準地用狙擊步槍連發兩槍擊中阿雷希的後背，一旁拿槍抵住凱薩琳院長的海格麗娜驚訝地轉回頭的一剎那，她的頭部也中了一槍，瞬間噴灑出來的鮮血濺滿了凱薩琳院長一身，海格麗娜倒地前，她的手指頭也摳下了板機，好在槍口射向已偏離了一些，只擦過凱薩琳的右手臂。夾在車裡的米拉爾見到他倆個夥伴都被撂倒了，手裡的槍也朝著凱薩琳就射擊，所幸因他雙腿被

夾著，影響到他無法靈活轉身，連著幾發都沒打到她人。

　　此刻，柯佐夫掌握住機會，一個飛躍就到了悍馬車前，朝著米拉爾持槍的右手臂就連開幾槍，那幾乎就快將他整條右手臂打斷了才止住。米拉爾痛徹心扉的立即昏厥過去，另外兩個警察一把將他按在車窗前，將他剩下的一隻手扣在車窗的吊環上。柯佐夫再將受困在車廂邊的凱薩琳修女解開臉上蒙的黑巾和口中塞的一塊布條，再將兩手鬆綁後攙扶下車。

　　剛才突如其來出現在阿雷希身後的這組特警人員，就是早先達沃帶著從後門衝往墓園的獵殺小組。柯佐夫原是料想東突份子可能想聲東擊西、調虎離山，才派達沃從後門進去修道院裡搜索。達沃他們衝進去時，只見到墓園裡躺著一個園丁，兩個墓園之間的鐵柵門也是敞開的，空蕩蕩的沒見到半個人影。於是，他們一路再往前院衝，同時也電召一輛救護車前來搶救那位園丁。當他們衝出前院大門時，正好看到阿雷希的悍馬車卡在大樹根上不得動彈，他們立即出其不意地就從後舉槍射擊，順利地也制伏了這三名暴徒。

　　凱薩琳院長被扶出悍馬車外後，第一件事情就是問道：「昆可夫呢？」

　　站在柯佐夫身旁的達沃警佐立即接著回答：「是那位園丁嗎？他已經被救護車載走到醫院了，頭上受了點輕傷，應該沒什麼太大的關係。」

　　現在表面上的一些狀況都被肅清了，柯佐夫對著達沃說道：「清查人員傷亡與裝備損失狀況，準備收隊。還活著的暴徒將他們馬上帶回去審訊。」任何人被俄國警方審訊過，他都會供出任何俄國警方想要知道的事情。

　　張萬軍和安東尙雷諾見到目前的狀況已經完全被警方控制住了，又要駕駛員小廖再向前開到柯佐夫身旁，「柯佐夫先生，你們幹得真漂亮！」張萬軍由衷的推崇著。

　　柯佐夫見到他們又過來了，僅以眼角餘光看他們一眼，「謝謝你們幫忙，還好沒來妨礙我們的工作。」他不在乎旁人虛情假意的褒貶，他已習慣於挺身面對困難和挑戰。

23.故事拼圖收網了

你不要離開這裡…信仰可以製造奇跡。

　　就在"新處女修道院"事件落幕，柯佐夫組長將這次出任務的特警隊人員和國民兵解散各自歸隊後的第二天，新處女修道院很快地又恢復了以往的平靜。一些常在旁邊大草坪散步以及住在附近的群眾，也三三兩兩的開始他們的日常活動了。只不過，他們都在交頭接耳，議論紛紛，有的拿著今天的早報，邊看邊說著針對"新處女修道院"發生的這起重大事件的頭條新聞，有的是昨天在現場不遠處，隱隱約約目睹發生經過的一些人。

　　於是，其中有人陸續開始談論起來，「這是從來沒有發生過的事，好幾個搶匪劫持修道院的凱薩琳院長，她還受了傷，…」

　　有人接著說，「凱薩琳院長好在只受了點輕傷，沒有大礙。但聽說有一位修道院內的保安員被打死了，還有一位新來的保安員失蹤了，…」

　　另外一個人也在說，「特警隊的警察也打死了好幾個匪徒，警察也有一些傷亡，…」

　　馬上有人回話，「聽說還有漏網之魚的搶匪呢，…」

「我看到飛來的小飛機被兩輛神秘的卡車拆解載走了，」又有一個人言之鑿鑿的說，「後來，又有幾輛貨車和起重機來載走槍戰中一些損毀的警車與一輛匪徒的悍馬車。」

將這些一問一答之間的對話拼湊起來，大致就能還原昨天發生事故的概略真相了。這些話也不必經過新聞媒體的採訪，自然而然的組合就是一大篇新聞稿。

莫斯科市區“高爾基大樓”的第十九層，在“東突組織”秘密基地總部辦公室裡，一位坐在沙發上穿著紅襯衫戴著金邊眼鏡的中年男子，正對著坐在主人辦公桌前身穿黑色獵裝的中年人說道：「灰狼先生，對於昨天的行動，我們真得很遺憾！」

身穿黑色獵裝的“灰狼”放下手上的煙斗，看著窗外一眼，吐了一口煙圈說道：「莫西里尼先生，我們雖然不是很成功，但總是將這筆資金送了出去，聖戰的路上必然會有許多殉教者。總之，還是很謝謝你們車臣革命夥伴的資助。」

沙發另一頭的一張靠背椅子上還有一位男子面無表情的坐著，他是新處女修道院那位潛伏的保安員“灰狼七號”，「我昨天的任務是負責將藏匿在舊墓園地墳塚裡的那口箱子運送出來，也很順利的交付給灰狼二號，並且掩護他由修道院的密道遁逃出去。但我來不及回頭支援阿雷希…，」他有點難過而咽嗚，沒有再繼續說下去了，他很自責的向他的頭領回報，這句話他已說了第二遍了。

灰狼看看他，又吸了一口煙斗說道：「也不能怪你，各有各的職責，阿雷希和海格麗娜盡了他們的責任，也是阿拉的旨意。…這次，我們還是輕忽了特警隊的能力，也怪我們

策劃上有許多失誤…。我們折損了大部份的精英了，…」

灰狼七號低頭不語。那位車臣的代表莫西里尼站了起來，也有點感傷的說道：「我還得回去交差，希望我們還能繼續合作，一同努力爭取革命最後的勝利！」莫西里尼朝著灰狼點個頭揮揮手，然後頭也不回地就開門走了出去。

灰狼也揮了揮手，又抽了一口他的煙斗。灰狼七號站了起來，不知該說些什麼，很尷尬的瞧瞧灰狼的臉色，說道：「我也可以離開了麼？」灰狼瞪他一眼，頭轉了過去，「你先別急，灰狼二號現在是什麼情況？你馬上問問看？我等下還要去連絡站辦一件很重要的事，換好衣服後你跟著我一起去。」

「是的，…，」灰狼七號有點哆嗦的回答著。

中俄文化中心張萬軍主任心裡一直納悶著，接連跟著那位法國軍火掮客安東尚雷諾好幾天，都在烽火裡打轉，怎麼回事？好像連俄羅斯警方也對他很不放心，似乎都有派人一路緊盯著不放。於是，張萬軍起了戒心。

昨天他們從新處女修道院離開後，安東尚雷諾就說要到法國大使館辦事情，才分手沒多久，張萬軍他就接到另外一個電話，一通自稱是法國警察國際事務局國土安全官路易卡瑞打來的電話，約好今天到禮花賓館大樓"中俄文化交流中心"來拜會他。張萬軍同意這個會晤，他也立即請莫斯科中國大使館查證並確認路易卡瑞的身分，同時將狀況回報給中共外事辦駐莫斯科黨組書記熊安華。

安東尚雷諾告訴張萬軍今天要到法國大使館，其實他並不是去那裏，他鬼鬼祟祟地一個人搭著計程車卻是來到"前

蘇聯國民經濟成就展覽場"。他一下車就很迅速的走到其中
的"吉爾吉斯共和國展覽館"一旁的側門邊，舉手敲了敲
門。不一會兒，一位老婦人打開了門，「犀牛先生，請進。」
"犀牛"是安東尚雷諾對外用的化名。

　　「謝謝您，嬤嬤。」安東回頭張望一下後，立刻隨著老
婦人走進屋裡。

　　房間裡，坐在一張桌子旁的中年男子起身站了起來，打
招呼，「你好！」

　　「灰狼先生您好，」安東尚雷諾上前和灰狼握了握手。

　　灰狼帶著另一位~灰狼七號，兩個人剛從莫斯科市區的
高爾基大樓趕回來，他們都將原來穿著的獵裝換成現在的民
族服裝，頭上圍著頭巾。

　　「載運那批貨的船已經剛通過土耳其海峽進入黑海了，
大約再一週就可以送到吉爾吉斯坦，」安東尚雷諾將這次最
重要的事情先說明，他確實能夠掌握住那批自法國馬賽港發
航的貨運時程，這是一宗提供給東突組織的軍火大買賣，昨
天從"新處女修道院"載運出來的現鈔就是灰狼募集與搜刮
而來所付的頭期款。

　　「錢都點收了嗎？」灰狼問道。

　　「我還得要問一下我的友人，」安東尚雷諾拿起手機就
撥了一通電話。灰狼倒是皺了一下眉頭，隨即點燃起他的煙
斗。

　　莫斯科市區中央市場旁的波修瓦大樓四樓，蛇鷹組織辦
公室裡副執行秘書岡薩雷斯正在看著一份當天的《莫斯科真
理報》，腰間的手機突地發出了震動聲，「嗯？」他放下報

紙拿起手機頓了一下，看著來電顯示後，僅是發出簡短的一句：「犀牛是嗎？」

化名"犀牛"的安東尙雷諾，在電話那頭用俄語回道：「是的，」同時也發問：「烏鴉回巢了嗎？」

岡薩雷斯看看桌上電腦裡的畫面，那是瑞士一家國營銀行的一個私人帳戶網頁，上面有一行美金數字正在不停地閃爍，岡薩雷斯戴上老花眼鏡仔細的又瞧了瞧，「卅分鐘前回的巢，六千萬隻。」

在"國民經濟成就展覽場"外面轉角一個街道旁，一輛莫斯科特警隊的電子監偵電台車停在那裏，「又還是上次的那個電話號碼發出來的訊號，」車裡一位監聽員手扶著耳機，很仔細的在監聽剛偵測到的一段可疑通話內容。另一位作業員也馬上用車內附設的"I-24-7"加密"全球警察通訊系統"上傳方才錄到那段"犀牛"撥出去的通話內容，反復核對。不久，電話那頭傳來一句話，「可以收網了！」

禮花賓館大樓"中俄文化交流中心"裡，法國警察國際事務局國土安全官路易卡瑞依照約定的時間前來拜會張萬軍主任。之前，張萬軍也查詢清楚了路易卡瑞的身分，並且獲得熊安華書記的明確指示：「務必要全力配合辦案，這是一件反恐大案。」

辦公室裡只有張萬軍主任一個人，其他幾位工作人員都暫時被使喚到外面，路易卡瑞希望能和張主任個別見面。因為事涉機密，兩人一見面，稍為寒喧再交換名片後，即開始正式切入主題，不再客套。

「我於日前曾與莫斯科特警隊梅耶爾隊長見過面，針對

我們一位海外犯罪嫌疑人的動態，交換過一些情資，」路易卡瑞開門見山的說道。

張萬軍也從大使館那裡得到一些資訊，他知道不單是俄國特警隊就連俄羅斯聯邦安全局都在關切這件案子，甚至這次臺灣來的饒大輝教授與臺北故宮博物院洪紹寬研究員等人都和路易卡瑞見過面，這使得他感到心裡很不踏實。

「嗯，…」張萬軍沒有多吭氣，他只想聽路易卡瑞要怎麼講。

「我知道連著好幾天，你們都跟我們法國達梭公司的一位亞洲地區代理商安東尚雷諾在一起，他就是那位犯罪嫌疑人。」路易卡瑞直接的說。

張萬軍心裡在思索著，臉上表情卻始終沒有改變。他在琢磨著該如何接下路易卡瑞的話，因為他這幾天的行動，好像都被這個人掌握住了。

「我們法國當局早就對這位軍火掮客的一舉一動，掌握得一清二楚，只是時機還未成熟，所以和俄國聯邦安全局取得默契，等待恰當的時機才會下手。如今，我剛接獲最新的情資，俄國警方已傳來指令了，」路易卡瑞這時是有了十足的把握，才將這些話講出來。

張萬軍顯得有些懊惱，這一個禮拜以來，他為了想取得臺灣方面和俄羅斯科學院簽訂的協議書內容，也委屈求全的陪著安東尚雷諾前往瓜摩尼亞小鎮和新處女修道院等地裡外奔波，雖然他也在懷疑安東尚雷諾的真正企圖，但為達目的必須要屈從手段。

「現在，我們已掌握住確鑿的證據，並且法國當局已批

准，即刻要逮捕安東尚雷諾歸案，俄國警方也會協助我們。」
路易卡瑞從上衣口袋掏出一份法國當局傳來的電稿，亮給張
萬軍過目，藉以證明所言非假。

「貴國要逮捕他，也不需要經過我們的同意與否，為何
要來知會我們？」張萬軍有些不解的問道，內心亦是有點不
高興，他也順口講了出來：「關我們什麼事？是不是認為我
們也被牽扯到其中？」

「啊，那倒沒有，請不要多心，」路易卡瑞笑笑，搖了
搖手繼續接著說，「請恕我直言，整個事情是這樣的，…」

張萬軍將桌上的那盒中華牌香菸抽出一支來，先遞給路
易卡瑞，他又搖了搖手，「謝謝，我沒有抽菸。」於是張萬
軍自己點燃一支，深深的吸了一口。

路易卡瑞開始講出那整個事件，「安東尚雷諾擔任法國
達梭公司亞洲地區的代理商，已經有兩年多的時間，他在這
段期間的所有不法犯行，早就被我們監控很久了。這次，他
領導的一小批代理商收受了東突組織的大筆賄款，非法運送
了五個貨櫃最先進的武器軍火，準備從黑海進入到吉爾吉斯
坦的港口，再由陸路轉運到中國新疆地區的喀什，資助疆獨
的革命行動，…」

張萬軍聽到這裡，驚得一身冷汗，這還得了，「這不是
恐怖份子搞疆獨嗎？」若將他牽連進來，那還得了？他肯定
要被槍斃的。

「您對鬆懈安東尚雷諾的戒心，做出了鉅大的貢獻，我
還要代表我們法國政府特別感謝您呢！」路易卡瑞解釋了這
段期間，剛好藉著 "俄羅斯血娃" 的神秘傳說，成功地轉移

了東突組織與軍火掮客的注意力。

「弄了半天，原來法國大使館和俄國警方還是利用我來當誘餌，」張萬軍這才有點恍然大悟。「那麼說，臺灣方面與俄羅斯科學院所簽訂的協議書又是怎麼回事？」張萬軍問道。

「據我的了解，那是雙方一項高敏感度的購案協議，可能是高科技項目的技術轉移，但目前還不至於用在軍事方面。」路易卡瑞通過俄國警方掌握的情報，透露一些給張萬軍，他也十分明白中國大陸與臺灣方面仍是處在諜對諜的狀態，這方面的情報，張萬軍肯定是非常有興趣的。

「我也想要有一份該協議書的影印本，但是俄國科學院管制得很嚴密，前兩天有一位該院的女秘書被調查了，可能是與此有關。」路易卡瑞消息來源有很多管道，他講的這件事也讓張萬軍嚇了一跳，因為，張萬軍曾經要他手下的小廖去買通那位女秘書以便提供一份影印本，但卻一直未談妥，現在好像是出事了，讓他不免有點耽心。「這個小廖真是會惹麻煩！」張萬軍心中暗幹一頓。

「如今最重要的工作，」路易卡瑞開始講到重點了，「我們要通知國際警察組織，必須趕在公海上扣留那批船貨，如等那艘船進入到吉爾吉斯坦共和國的港口時，那就會徒增許多查扣上的麻煩了。」

張萬軍想了想說道，「吉爾吉斯坦是我們"上海合作組織"成員國，與我們中國簽訂有《反恐合作協定》。」

"上海合作組織"起源於一九八九年，是中國、俄羅斯、哈薩克斯坦、吉爾吉斯斯坦、塔吉克斯坦等五個國家為解決

前蘇聯遺留的問題，特別是解決中亞同中國邊界、軍事、政治問題等，包括聯合打擊民族分裂主義、宗教極端主義、國際恐怖主義等方面，所建立的密切合作與鞏固世界和平的國際組織。後來，又加入烏茲別克斯坦，成為六個國家，該組織現有兩個常設機構，分別是設于北京的秘書處，以及設於烏茲別克斯坦首都塔什干的反恐中心。

「是的，就是因為如此，我才來拜訪您請求協助，張主任。」路易卡瑞又笑了笑，「我們要確保萬無一失，如果在海上不能全部截獲，也必須在岸上將之一網打盡。所以，請貴國要協助我們。」

張萬軍沉默半响後才說道，「讓我打個電話，我要請示一下我們的領導。」

「那是當然，我可以喝杯水嗎？」說完後，路易卡瑞好整以暇的坐在沙發上，張萬軍從茶几上遞了一杯礦泉水給他。路易卡瑞不再說話，喝了一口水就靜靜地等著張萬軍向他的領導熊安華書記回報。

莫斯科"前蘇聯國民經濟成就展覽場"的停車場中沒有停幾輛車，也沒幾位遊客，這時悄悄的駛來了四部警車和一輛警備車，相繼都停好在各個停車格位裡，沒有鳴笛也沒有開警示燈，但馬上就引起了附近攤位上許多位遊客的注目和騷動。一位站在附近的一位少年男子，馬上拿起衣袋裡的手機打電話，像是要通知什麼人來示警。旁邊突然冒出一位便衣警探一把奪過那少年手中的手機，隨即將他的手反扣起來，「少年人，不要輕舉妄動，你休想通風報信！」

五部警車立刻分別跳下來共二十幾位荷槍實彈的武裝警

察，隨著這一位早就埋伏在此地的便衣警探湧向"吉爾吉斯共和國展覽館"一旁的側門邊，並將展覽館其前後包抄得水洩不通。

那位便衣警探輕輕地敲了敲門，不一會兒一位老婦人以俄語回應，「是誰？」這位便衣警探小聲地回答：「是我！」

老婦人拉開門正有點狐疑的探出頭，「是個誰？」五、六個武裝警察一見門打開一個縫，不由分說，立馬一手持著盾牌、一手握著短衝鋒槍踹開門衝了進去。

房間裡面，安東尙雷諾拿著手機還在講電話，灰狼也在抽他的煙斗，突如其來的狀況，兩人還措手不及，就已被這群武裝警察用衝鋒槍抵住了腦袋，「統統不准動！你們的好日子結束了。」連那老婦人也嚇得趕緊舉起了雙手。

另外跟著灰狼一起過來的灰狼七號，剛巧內急在蹲廁所，他一聽到外面的聲響與吆喝聲，立即明白發生狀況了，舉手就抓起了放置在洗臉檯上的"托卡瑞夫 0.33 口徑"手槍，一手將褲子皮帶繫上，站上馬桶蓋就去掀氣窗，他想從那個小窗口翻出去。雖然他是相當的機警，動作也非常敏捷，但這群武裝警察早已經將這展覽館前後都圍了起來。

就當灰狼七號以一個倒栽蔥的方式從廁所氣窗爬到外頭時，那裡已經有三個武裝警察守株待兔的站在窗戶下面，灰狼七號仍想負隅頑抗，他還沒看清楚狀況，急急忙忙將手裡握著的槍朝著當面的警察開始射擊，這幾個警察是以逸待勞，看到一個人從窗口爬出來，人還沒站穩就開槍攻擊，馬上毫不留情的也開槍一陣回擊，連續五、六槍都擊中灰狼七號的要害，立刻地就將他撂倒，倒掛在窗戶上。

　　灰狼和安東尚雷諾與老婦人在房間裡都被上了手銬，被押上了停在外面的警備車上，灰狼和老婦人都不發一語，安東尚雷諾則一邊不停地扭動、一邊嚷嚷著：「我是法國公民，我要法國大使館派人來！你們沒有權利扣留我！」

　　帶隊的警官沒有理睬他，「一切回警局再說！」車隊迅速的就離開了"國民經濟成就展覽場"，留下好多圍觀的遊客，在那裏議論紛紛；一輛救護車閃著警示燈也將被擊斃的灰狼七號遺體從窗口抬下來一起帶走了。

　　禮花賓館大廈的中俄文化交流中心裡，張萬軍已將剛才路易卡瑞告訴他的狀況源源本本地向大使館外事辦熊安華書記報告了一遍。「原則上都沒問題，但這牽涉的層面很廣，我們立刻要上報北京中央和知會公安部，請吉爾吉斯坦配合將這批軍火物資在該國上岸前扣押下來。」電話傳來熊安華書記的工作指導，「境外殲滅，不將問題帶入國境內，這是我們的反恐原則。」

　　路易卡瑞又補充說道：「灰狼組織是東突在俄羅斯的一個主要激進派分支，但他們許多的行動並沒有得到東突總部的允許，尤其是他們與俄國蛇鷹黑幫的掛鉤，更得不到東突總部的諒解，」

　　張萬軍又點起了一支香菸。路易卡瑞繼續的在說，「這次，灰狼籌措了一筆約六千萬美金的現金贓款，經由安東尚雷諾幫忙漂白，轉帳到瑞士一家銀行裡的蛇鷹首腦私人帳戶裡。這些個的具體情況，我們現在都有確鑿的證據了。同時，東突總部的鴿派暗地裡也希望透過國際警察來壓制他們自己的激進派勢力。所以，有意無意地讓我們獲得了一些可貴的

情資。」

　　張萬軍的手機又再響起了簡訊傳進來的信號，他拿起來仔細看一下，是從北京中央駐外辦直接發來的簡訊，一則工作指導方針：「要成功地打擊暴恐份子必須多管齊下，結合各方的力量，統一戰線才會勝利。暴恐活動必須消滅在萌芽階段，將隱藏在暗處和幕後的暴恐犯罪活動教唆者、極端思想傳播者、武器裝備提供者一查到底、防範圍堵、早期瓦解。」

　　張萬軍很慶幸自己能保平安，他差點莫名其妙地被捲入到疆獨的恐怖行動中，還好，熊安華書記沒有誤解他，上報中央還繼續傳來工作指示。在國外工作真是處處陷阱，今後更要格外小心。

　　路易卡瑞身上的手機亦響了起來，「哈囉，我是路易卡瑞，請說，…哦，…好，我知道了！」

　　張萬軍看看他，也看了看自己手腕上的錶，現在是中午十一時過廿分了。路易卡瑞將手機放回腰間的口袋中，也看了看手錶後說道：「張主任，時候不早了，我還有事必須要離開；但在離開前我告訴您一個好消息，俄國警方已經成功地將嫌疑人安東尚雷諾和東突組織在俄羅斯的首席代表 "灰狼" 等人逮捕歸案了。」

　　張萬軍這才真正的放下了心中的那塊大石頭，心存感激的說道：「謝謝貴國在反恐任務中所作出的貢獻，我謹代表中國政府表達感謝之意，希望今後雙方繼續加強合作。」張萬軍陪著路易卡瑞走到電梯口，互相又握了握手才分開。

24. 證道與正道

> 慈悲確實在改變我們的世界；人只要具備慈悲心，每
> 一個困境，就一定會有它的出路。

臺北外雙溪故宮博物院院長周煥融博士站在辦公室樓上，他看著對面樓下的參觀人潮，都還很井然有序的排隊進入各個展廳，體會出自己現在的工作環境一切都覺得很滿意。他時常在想，擔任院長應該是他公職生涯的最後一個職務，再過兩年就準備申請退休，完成最大的一個願望則是帶著老伴去環遊世界了。忽然地，器物處胡秀真處長拿著手機從辦公室外走進來，「報告院長，您的電話，洪紹寬從莫斯科來電。」

這次派赴俄羅斯出任務的器物處研究員洪紹寬前幾天已有過兩次的回報，現在是第三次了。周院長接下電話，「紹寬，怎麼樣還順利嗎？」

「報告院長，答案已經在問題裡了。一直以來我們都還很順利，您所交付的任務，目前已完成冬宮隱士廬博物館的現地踏勘，那裏可提供的場地足夠我們展出五個貨櫃的物件。我也完成參展的腹案，…」洪紹寬大致將展場的規模簡要的描述一下，每個國家級的博物館都具有相當的內容與空

間，要能有成功的參展就看動線如何規劃和分配了。

周煥融院長曾經帶隊到國外巡展過很多次，經驗豐富，而這次到俄羅斯的展出，附帶了好幾項的目的，任務並不很單純，他是被層峰委以重任，絲毫不能疏忽。所以，也請洪紹寬在這個期間不但要定期回報，若有重大事故則隨時隨地都要打電話詳細報告，以防萬一。

洪紹寬繼續在電話那頭說明最新的情況，也順便請示著：「還有個重大的消息要向您回報，俄國東正教大牧首將召集他們所有教區的主教，在莫斯科的主座教堂舉行一個盛大的會議，我們這次去的四位和駐莫斯科陳代表也都被邀請，應該是和我們故宮受邀展出，以及完成那些古物的蒐尋有關。請示院長，您還有沒有特別的指示和交代的，要我在會議中發言？」

「你多聽、多看，就是少表示意見，我們故宮完全是站在配合當局的立場上，切記！切記！就這樣了。」周院長再三提出他的交代，然後就掛上電話。周院長的個性就是不喜歡張揚，凡事低調，他深諳官場上的鬥爭法則，"柔弱者生之助、剛強者死之徒"，快退休了，一切以平安為上。

莫斯科時間星期四上午九時正，在莫斯科河畔的宗座教堂"耶穌救世主大教堂"裡，東正教大牧首米亞斯尼科夫召集了全俄羅斯境內所有各教區的主教，舉行閉門秘密宗座會議。教堂外圍最少有五十多名警察和保安人員部署在四周的進出要道，戒備森嚴、管制嚴密，這些安全人員都由莫斯科特警隊柯佐夫組長親自現場統一調度指揮。

歷代沙皇對東正教的存在總是愛恨交織，有些皇室權貴

利用教會組織擁立親戚擔任主教，有些人則利用教會掌控百姓的權利，但有些人也會對教會有所猜忌與疑懼。蘇聯時代，大多數教會的土地和財富都被國家沒收充公，但教會組織和主教們苟延殘喘地掙扎下去；一直到現在，一個比較自由開放的時代來臨後，教會勢力又再度捲土重來。

米亞斯尼科夫擔任大牧首已長達十五年，對政治與宗教間互動的奧妙，洞見癥結，他從容地周旋其間、很能得心應手。現年七十五歲的米亞斯尼科夫仍然精神抖擻，頎長的身段，典雅、考究的僧袍，謙虛、穩重的舉止，使他氣度非凡、軒然昂止、慈祥中又不怒而威，再搭配上留著長達胸口的花白鬚髯，一雙充滿悲憫的眼睛，他就儼然如中古世紀從天而降的先知與聖者，一看即是十分有聖德的人。

一〇五一年，"智者"雅羅斯拉夫任命《教條和神恩講話》的作者伊拉里翁為基輔的都主教，這是擔任都主教一職的第一位俄羅斯人。爾後，才開始漸漸有其他的俄羅斯人擔任主教職位。米亞斯尼科夫是白俄羅斯人，擔任東正教大牧首十五年的期間內，比較著重經營政教間的互動關係，他認為要將宗教發揚光大，必須藉助政治的力量，最起碼不要受到平白無謂的阻礙。

此刻，在會議室裡一張環形大會議桌主席臺的正中間，大牧首米亞斯尼科夫擔任主持人。這張環形大會議桌至少可以坐得下六十個人，後面還有三排預備位置。會議桌上每個位置前面都有一隻觸控式麥克風、一面液晶顯示器、一具自動語言翻譯機和一付無線耳機，很現代化的設備。正面設有一面約三百吋寬的大銀幕電視牆，直接收訊會議室裡的四具

攝影機投射的影像。

　　米亞斯尼科夫緩緩打開座前的麥克風，輕柔的說了一句：「願主與你們同在，」場內全體齊聲應答：「也與你的心靈同在！」接著，米亞斯尼科夫環視全場後才聲音宏亮地說道：「主內兄弟們，大家早安，我們會議就開始吧！」

　　此次會議的說明官，係由來自聖彼得堡"冬宮隱士廬博物館"代理館長勃朗斯坦擔任（他原來是副館長，因館長日前甫病故而受命代理）。米亞斯尼科夫的首席使者羅賓洛夫教授擔任司儀，他首先介紹了參與會議的四位副主席~俄羅斯四位牧首，以及七位總主教和卅二位都主教。米亞斯尼科夫的另一位助理使者馬雷修士則坐在主席臺後面第二排的座位上，擔任此次會議的紀錄員。

　　東正教（Eastern Orthodoxy）乃指在東羅馬帝國發展起來的基督教支派，又稱正教，與天主教（Catholicism）、新教（Protestantism）並列爲基督教（Christianity）三大派別。教會歷史背景原受羅馬帝國壓迫的基督教，並沒有因爲羅馬帝國的種種迫害而消失，相反地愈傳愈遠、愈傳愈旺。

　　現今，東正教仍只有四個由使徒所建立的牧首區（大主教區）。牧首區下轄管數個首府主教區，主教區領袖稱爲主教，所有主教都職掌同樣的聖事職責，依教區的大小不同，有些主教被稱爲總主教（主要主教）或是都主教（一個大都市裏的主教），範圍更大的地區或是國家教會的主要主教，則被稱爲大主教。主教以下有修士大司祭、修士司祭、修士輔祭、助祭、誦經士等教職人員。主教人選必須爲修士大司祭，或是領聖職後保證效法修士生活的司祭。六世紀《教規》

規定，主教必須是獨身者。一個主教的任命至少需要其他三位主教通過；助祭及其他教職的任命，則是由各主教依權責決定。

接著，司儀羅賓洛夫教授又介紹了一些貴賓，「今天出席的，包含我們俄羅斯政府的三位官員：俄羅斯科學院第三研究所所長巴爾夫斯基博士、莫斯科與聖彼得堡的兩位市長，以及社團法人"外交事務發展協會"東亞小組的小組長葉蓮娜女士。還有，遠從臺灣來的代表團季錚先生等四位學者專家。另外，葉卡捷琳堡歷史博物館館長妮娜女士和蘇茲達里女修道院院長瑪莉安修女，她們也以榮譽觀察員身分受邀出席。」被介紹到的貴賓們亦都一一揮手或起立致意。

羅賓洛夫按照會議程式管制進程，「首先，請說明官勃朗斯坦館長報告今天召開這個"秘密宗座會議"的目的。」

羅馬人開會時，在門楣上懸掛"玫瑰"表示會議需要保密。與會者明白凡是在掛玫瑰的會議上，通報的內容都是機密的。今天的宗座教堂大會議室正門與兩邊側門上全懸掛著玫瑰，這項沿襲羅馬天主教的傳統，其涵意自然大家就明白了。

馬雷修士在報到時，也曾私下提醒過臺灣來的四位代表。他解釋說，玫瑰暗示著秘密，一種最古老的玫瑰，"五瓣玫瑰"呈對稱的五邊形，就像維納斯女神指路的明星，因而就與「女性氣質」產生了關聯。而且，玫瑰還代表了「正確的方向」。東正教徒特別重視對聖母的崇拜，瑪利亞在信徒心中是他們與天主之間最理想的"中保"[1]。

---

1 "中保"從希伯來語詞源上看是中間人的意思，在甲乙雙方之間，對甲方代表乙方，對乙方代表甲方；宗教上的內涵是在上帝面前代表人，在人面前代表上帝。

　　上午九點十五分，勃朗斯坦開始了本次會議的背景說明：「我們今天會議的主題是大家最近耳熟能詳的：尋找齊全十二尊 "俄羅斯血娃" 的一項祈福使命。兩年前，大牧首的兩位使者從一骨董商手中得到上半張羊皮紙，上面分別記載在明斯克和斯摩稜斯克、阿斯特拉罕的幾個小村莊教堂裡共有三尊比較大的血娃，在與烏克蘭和哈薩克交界邊境附近的幾座教堂內，也有四尊。」

　　他停頓一下後又說道：「這一年來，大牧首已差遣助理使者馬雷修士花費了很大功夫才將這七尊血娃都找了回來，現已存放在基督復活教堂裡地下室的一個秘密石棺內，目前下半張羊皮紙上記載的另外有五尊，也藉由臺灣來的黎克文教授熱心協助，在這一、兩週內也都陸陸續續找齊。」坐在一旁的黎克文教授聽後，臉上露出會心的一笑，暗自忖道：「真是天曉得，這些血娃怎麼會分散得如此之遙遠。」

　　勃朗斯坦接著說：「十三世紀蒙古大軍入侵俄羅斯，十二尊血娃合而為一，產生了強大的力量，阻止了入侵者。但是殺戮之氣實在太重，蒙哥大汗也給她起了一個毒咒，"血娃分開是為了喝更多的血，除非重新聚合。" 所以，將十二尊血娃拆開後分散至全國各地，以致從歷代沙皇至蘇聯到如今，俄國人民被外國侵略或自相殺戮者數以千萬計，忒地是慘絕人寰。」

　　會議桌上一片寂靜，只聽到勃朗斯坦再繼續說道：「現在十二尊血娃已全部尋獲，秘密放置在莫斯科主座 "耶穌救世主大教堂" 內，正等待臺北故宮博物院送 "巴拉拉卡古琴" 至俄羅斯展出之際，再由大牧首正式主持祈福，十二尊聚

集在一起，才能解開那百年國運魔咒！」

「但是，儘憑一次祈福儀式有什麼用呢？」在座的一位基輔教區主教舉手發言問道，「那並不能證明什麼呀，科學家恐怕都不能證實它的可信性。」

勃朗斯坦稍皺了下眉頭，反駁道：「恰恰相反，他們完全能夠證明它的可信度不亞於《聖經》。就如同有人能獲得感應互動，若未親眼目睹則會令人覺得匪夷所思！」

「這到底是什麼意思呢？」在座的另一位明斯克教區主教也有點不解地隨後舉手問道，「並不一定要親眼所見，才能相信它是真實的；也不是每一件真實的物體都能看得見。」

「千百年以來的辛苦以及幾乎冒著生命危險所獲得來的成果，當然有它非凡的意義，也必然是真實的。」羅賓洛夫以司儀身分幫著勃朗斯坦回應那位明斯克主教接續提出的問題，並表達了一些看法：「俄羅斯血娃和巴拉拉卡古琴，只不過講述了上帝的奇蹟而已。你相信那個，就成了你信仰的來源，但至少，這個訊息流傳了下來。而且，人世間訊息的流傳，也並不會為誰的嘆息而停留。」

這些話題代表著有一些主教們對俄羅斯血娃的神蹟抱持一種懷疑的態度，解釋雖不是很清楚，但一時之間場上鴉雀無聲，大家將還未問清楚的一些疑慮暫且保留，遂又開始聽著勃朗斯坦繼續的報告，「現在，敬請大牧首米亞斯尼科夫大主教帶領我們祈福，請大家起立致敬。」

這時，大牧首米亞斯尼科夫緩緩地從他的座位站了起來，他身批紅色大主教禮袍、戴著一頂紅色的大牧首高冠、右手拿著一枝鍍金約二公尺高的權杖，在場的所有人也馬上

跟著起立致敬。米亞斯尼科夫那頂大牧首紅色高冠，也就是代表至高尊榮的法冠，它是由兩片三角瓜子形的硬布料所組成，鋪以金絲，高約三十公分，後邊有兩條飄帶，垂在背後。一般主教級的高級神職人員坐在寶座、講道、降福教友、遊行時，均戴這種高冠，一種權位的象徵。黎克文記得在臺灣，他每個禮拜都會到教堂去做禮拜，遇到感恩節、復活節與耶誕夜，他必定都會到台中教區主教丁神父的座堂作彌撒，主持的丁神父則會配戴紫色的高冠與禮袍，儀態莊嚴，不怒而威，令他印象深刻，猶如現在的大牧首模樣。

饒大輝很不喜歡這個場合帶給他的感覺，他本身沒有信仰任何的宗教，對現在這種氣氛，無法產生共鳴，也就不停地一直自我解嘲，「我的智商正一秒一秒的下降，」

「俄羅斯的這個故事害得我們陷入無解的僵局，」洪紹寬也有點始有所悟的感慨，「請原諒我，說這句話我別無他意。」他看看季錚和黎克文，仍都正襟危坐，面無表情，不得不作些聲明。

洪紹寬比較關心的是攸關他即將到來的事業前途，能否升任故宮博物院處長的關鍵就繫乎在此次臺北故宮將到俄羅斯參加聯展的成果了。其他人表情如何，他就沒有太在意。

黎克文終於開腔了，「不是每個靈魂都能拯救，特別是那些心中沒有信仰的人。」他是講給誰來聽，大家心中自然有數。季錚轉頭看看他，笑笑點點頭，他知道是講誰。

大牧首米亞斯尼科夫開始了他的正式祈福儀式，那是相當莊重典雅的遵古禮儀，他首先說：「悲憫是人類最好品質，因為這會使世界少一點冷漠和更為公平，人們必須學會悲

憫，原諒他人。」

　　黎克文聽到這段話，深有所感的反應，「悲憫確實在改變我們的世界；人只要具備悲憫心，每一個困境，就一定會有它的出路。就像上帝關了一扇門，就會另開一扇窗。」

　　這次的祈福儀式中，米亞斯尼科夫以他俄羅斯東正教大牧首的身份，帶領大家為神聖的俄羅斯祖國祈求“萬世太平”。一般而言，俄羅斯政治領袖着意把自己塑造成一個虔誠的基督徒，以獲取民眾的支持，並且以東正教的信仰力量去穩定地廣人稀的俄羅斯社會。米亞斯尼科夫深深了解政治與宗教之間的互補關係，所以，他也要藉由這個古老的傳說，從而公開這個祈福儀式，不但破解百年魔咒，亦轉化成他與政府間密不可分的紐帶。

　　每年的十二月廿五日，天主教耶誕節之後的十三天，就是第二年的元月七日，基督教另一個耶誕節就到了，這就是東正教的耶誕節。全俄羅斯九千多座教堂裡會有二百五十萬的信徒湧進參加祈禱。米亞斯尼科夫宣布：「即將到來的東正教耶誕節，我將率領全國各地區主教們，在莫斯科紅場為偉大的俄羅斯祖國作第二次的大祈福，屆時我會將十二尊血娃和巴拉拉卡古琴一併陳列出來，並請總統和羅馬教皇來此作見證，破解百年魔咒。大家一起讚美天主！聖三位一體：聖父、聖子及聖靈。」

　　洪紹寬聽到大牧首講得最後這一番話後，內心就有了想法，臺北故宮要到俄羅斯巡展的時間就應該訂在今年十二月份了，但這段期間正是俄國的嚴冬，我們的國寶還要考慮展出場地的環境恆溫控制。這些問題回去以後，還得找專門人

員再作詳盡的研究。

　　當米亞斯尼科夫劃完聖號後，羅賓洛夫教授站了起來，「我代表大牧首宣布，今天的祈福儀式到此結束，我們期待今年耶誕節的大祈福更為圓滿，阿門。」

　　季錚帶著臺灣代表團幾個人也站了起來，與隔壁不遠處的俄羅斯科學院第三研究所所長巴爾夫斯基、俄羅斯外交事務發展協會小組長葉蓮娜、葉卡捷琳堡歷史博物館館長妮娜、蘇茲達里女修道院院長瑪莉安修女以及冬宮勃朗斯坦館長、羅賓洛夫教授、馬雷修士等一一握手致意，季錚也是順便與他（她）們辭行，準備明天就要搭機回臺灣了，這將近三個多禮拜的俄羅斯奇遇記可是令他們終身難忘的經歷。

　　第二天一早季錚他們開始出發，直到第三天中午，才從香港轉機回到桃園國際機場。黎克文回到臺灣放下行李換了件衣服後的第一件事，就直奔台中市北區的“法蒂瑪教堂”，探望天主教台中教區主教丁樹勳神父。一見面，他就對丁樹勳神父說道：「我這次到俄羅斯，經歷了我一生中最奇特的經驗，一點點信仰就可以製造奇蹟，世界的變化果然神秘！有些地方永遠不能被遺忘。」

　　他在要上飛機前就曾向丁神父告過假，會有一個月時間不能每週日來教堂望彌撒了，他要代表學校去俄羅斯出差。丁神父見到他回到臺灣，爽朗地笑了笑，「快一個月沒見面了，歡迎回來，渴望您將此次俄羅斯的體驗說來分享，親愛的主內弟兄。」

　　黎克文輕咳一聲後說道：「首先，我要說的是很多事情“往往會在根本沒有意義的狀況下硬找出隱藏的意義”…。

就如同這次，俄羅斯東正教大牧首要完成千年以來俄羅斯教會裡的一場艱辛的使命，這種歷史上的大善舉，是真正的耶穌使徒始能克盡全功的。雖然，有人必須付出殉教的代價。」

　　丁神父雙眼流露出慈藹的目光，看著黎克文說道：「人之善往往僅是偽裝之惡，但昇華到最高境界時，卻又是全真、全善了。最近我常想，我們總認為死亡還在遙遠的未來，從未想到死亡就在眉梢。當死亡突然來臨時，人們都措手不及。因而，世間總會有許多對上主不敬的言語或行動，來不及在生前被寬恕。」

　　「是的，我以前也在想，如果上主是無所不在，又是萬能且仁慈的，那祂怎會在乎人類的愚昧和傲慢？」這是黎克文他最早對天主的看法，後來在法蒂瑪教堂受洗後，每個禮拜聽丁神父講道理，固執的想法已經有一點改變；再經過這次俄羅斯之行，親自感受到"許願血娃"的神蹟，他已經折服了，「天下萬國，普世權威，一切榮耀，永歸於禰。」他講出了一句《聖經》上對上主的讚美頌詞。

　　丁神父微笑地點點頭說道：「在習慣的生活模式中偶而脫離一下常軌，改變一下，也許眼前又會出現另一種從未想像過的風景。有時候，人們的命運會相互奇妙的交錯。」

　　黎克文平時除了在中興大學擔任工學院長的行政工作外，也兼了些研究所的課程，竟日都是與學界人士一起活動，這次到俄羅斯的旅程充滿了新奇與冒險，讓他十來年平靜的生活起了重大的變化，因而有感而發的藉用一部電影裡的一句對白，表述他這次旅程的心得：「人只有兩種選擇，忙著活，或忙著死。就像前幾個月，我在大坑橋下埋葬我的寵物

時，那天我忽然明白了，誰也逃不過死亡！」

丁神父始終維持他一貫親切和藹的笑容說道：「死神無所不在，生死早有定數。死亡沒有意外可言，只有無可倖免。」

「那這麼說，上主都無法掌控死亡嗎？」黎克文這種學者思辨的本性又流露出來了，「你如何能想到，突然有一天早晨醒來後，腰桿就打不直，眼睛也看得模模糊糊，才意會到自己年紀已老邁，隨時就要回到上主的懷抱裡了？」

「人類的救贖是要通過死亡來完成，當年耶穌就是為人類贖罪而屈膝於死神的腳下。」丁神父緩緩地提出他的解釋，「但，三天後耶穌復活了，上主當然能掌控死亡。死亡是生命的一部分，這是一個上主訂定的自然法則，祂當然不願意破壞它。」

黎克文此次在俄羅斯的旅程中，對於他所看到正教會大牧首要為他們國家所作祈福解厄舉動的努力過程，深覺敬佩與感動，但還是有些懷疑，「他們想再創造一個上帝嗎？還是自己來扮演上帝？」

「這樣的問題很難回答，…但人類不是一直都在這樣想嗎？」丁神父的問題直接了當的解釋了答案。

黎克文剛從家裡出來時是換了一套剪裁合身的深灰色亞曼尼西裝，這是他前陣子才訂做好的一套，還沒穿過。每次到教堂他都對服儀特別講究，他認為這是見上帝時必須具備的一種端莊儀表和禮貌，「我穿著這套西裝見上帝，肯定會很體面，也使我更靠近祂了。況且，這套西裝它自己也不會覺得委屈。」

丁神父聽後，哈哈地笑說，「我希望到時候您躺著時也

能穿著它，但若能站著見上帝才是光彩。我別無他意，兄弟，我永遠深信上帝是存在的。」

「人說"花開一季、人活一世"，樂天隨緣一些，就會輕鬆自在一些。」黎克文現在雖然是上帝的虔誠信徒，但他非常樂天知命。

丁神父指著自己穿的神父服裝，「上主不會為我穿什麼衣服而改變對我的憐愛；我就是赤裸著身子，也不會改變我對祂的尊崇。」

「上帝憐憫我，我就屬於祂，我會不斷地加強對上帝的信念。」黎克文從小原本是一位無神論者，但隨著父母親早年在臺灣困頓的生活中，因為要吃飽肚子，信教始有麵粉的施捨，才不得不進教堂。漸漸的從物質到心靈，不斷昇華後的信仰，再經過這次的俄羅斯之行，他對自己都有深深的感動。

「正確判斷來自經驗，而經驗來自多數的錯誤判斷。尤其，你不要去恨你的敵人，那會讓你的判斷失準。」丁神父從他的人生經驗中歸納出這條法則，他覺得告訴黎克文應該會很受用，「神所傳遞的知識是普遍性的適用於任何真實的信仰。」

「是的，有麝自然香。」黎克文總結丁神父的話語，也提出這次經驗最後的論證，「我們絕對要相信上帝的應許。」

丁神父看著黎克文，露出一股微笑著小聲說著：「歷史總是由勝利者來譜寫的。當兩個文明交鋒時，失敗者的文明史就會被刪除，勝利者會編寫頌揚自己而貶低被征服者的歷史。正如拿破崙所言『什麼是歷史？只不過是編造的謊言罷

了』。歷史的本質就是一家之言。但是，上帝的應許卻是不容懷疑的，您說得對極了。」

丁神父和黎克文兩人的好交情，不單是在教堂裡公開的場合，私底下，他們倆每一個月都會小聚一下，找個小酒館喝點啤酒。

「俄國詩人普希金說過，世上唯一無刺的玫瑰就是友情。友情經得起平淡，卻經不起風雨；感情經得起風雨，卻經不起平淡。」黎克文自從去過俄羅斯後，滿口都離不開俄國的人與物。

「詩人普希金的地位就如同中國的詩仙李白。這個大詩人我知道，他是俄羅斯偉大的民族詩人，是俄羅斯現實主義文學的奠基人，是俄羅斯文學語言的創造者，更是十九世紀世界詩壇的一座高峰。」丁神父也曾讀過普希金的詩作，非常的喜歡他的一些浪漫主義敘事詩，尤其是他那句經典名言：「失敗之前無所謂高手，在失敗的面前，誰都是凡人。」

「從足趾可以認出獅子，從耳朵可以識別是頭驢子或是匹馬，」黎克文又回了一句普希金的詩句後，兩人相互對視，然後一陣大笑。

黎克文看看天色，時候也不早了，教堂該作晚課了，遂站起來告辭說道：「丁神父，我會從平凡的生活中找出隱藏的力量。下次再見吧。」

尾　　聲

人的影響短暫而微弱，但受影響的人則廣泛而深遠。

　　中興大學工學院的辦公室裡，院長黎克文正坐在他的位置上看一份稿件，手機響了起來，「這個週末中午到我家，我們從俄羅斯回來後大家該再見個面了，」這是季錚在電話中熱情地邀約，「饒大輝與洪紹寬我也都通知到了，他們確定可以參加。」他們四個人才剛回到臺灣約一個多禮拜就要見面聚會，應該是季錚有重要事情轉達。

　　季錚的家是一棟舊式庭園兩層的洋樓，座落在臺北近郊的新店山區，整幢房舍看來很有歷史價值。按著門牌地址倒也蠻好找到的。

　　這個週末中午，也是他們回到臺灣後的第一次見面，季錚約好了俄羅斯之行的另外三位夥伴一起到家裡，季嫂親自下廚準備了一桌子的酒菜。經歷了這次的俄羅斯冒險任務後，四個人幾乎成了生死之交的鐵哥們。季錚很高興地說道：「這次的任務，我們國安局受到層峰的讚賞，認為是一次合作圓滿的任務，替臺灣爭取到了最大的利益，前天我也獲得了一枚獎章獎勵，」黎克文馬上站起來鼓掌，饒大輝與洪紹寬也立即舉起手中的高腳杯，祝賀道：「恭喜啊，副座！」

　　季錚的確很高興，再過一年就可以申請光彩優渥的退休，手上的重擔將可以交棒了，於是面向著洪紹寬問道：「紹寬，您的新職發表了嗎？」

　　「我非常感謝兄弟們這次任務的配合與協助，我們院長也非常滿意我的工作，下個月我就將要接任本院器物處處長一職了，原來的胡秀真處長將升任副院長了。」同樣地，大家又是一陣恭賀聲。

　　接著，饒大輝則說了：「哈哈，我卻沒有升到官，目前我還是當我的航太所副所長，不但如此，我們院長還多丟了兩樣研究工作給我呢！」

　　季錚問道：「方便講嗎？什麼工作？」饒大輝右手食伸向嘴邊比了比，小聲地說道：「對不起，暫時不方便說，卻是和我們這次到俄羅斯有相關聯的，容我賣個關子吧！」

　　最後，該由黎克文講講回來這個禮拜的感想了，對於他具有與"俄羅斯血娃"能相互產生感應的能力，神奇玄妙的難以解釋，大家始終都很好奇，「我只是一個陷入不尋常處境的尋常人，在許多其他人特別是使者羅賓洛夫教授的幫助下，我才取得了異乎尋常的結果。」

　　事實上，若不是這次到俄羅斯去一趟，黎克文自己也不知道他的這項天生的超感應能力，因而又說道：「我回來後，除了向有關單位的長官作任務回報外，也到了我的教堂作過懺悔，因為我們都犯了殺人未遂的罪，再就是在我身上所應驗的這些…，人類還是有太多未可知與解釋不清的事情。」

　　季錚笑笑說道：「真主一手持可蘭經，另一手卻是拿著一把劍；耶穌也警告人不要作偽善的施捨和禱告，」他舉起

手中的高腳杯，準備要一飲而盡，但他要先講完這句話，「你打我的右臉，我連左臉也轉給你。你強逼我走一哩路，我就走二哩。你拿我的內衣，我連外衣也讓給你。這是太過了些！只有耶穌才能作到！」飲盡了杯中的高粱酒。

黎克文點點頭，也乾了手中的那小杯酒，「陳義過高的論調有點不切實際，我們還是生活在人間，人要不斷地學習謙卑。」

「是的，偉大始於渺小。」饒大輝的心情並沒有因為將要增加工作量，而感到特別的壓力，他能從工作中獲得許多樂趣。「人要慶幸有工作可做，當哪天想要工作時，卻發現竟無所事事，那才真會感到悲哀呀！」黎克文又補充了一句。

「層峰要求我說，在退休之前，還要帶你們再去一次俄羅斯完成最後的工作，就是在年底耶誕節前後，俄羅斯大牧首的耶誕祈福之行。」季錚預告了今年耶誕節的下一個任務，充滿地自信說道：「我有敢於入世的膽量，下界的苦我要一概承擔。」黎克文對季錚所講的這句《浮士德》裡的詩句，心想著，「既要退休就退休嗎，幹嘛還要再承攬下一個任務？」馬上就套用中國一位禪師說過的一句話講了出來：「婆娑世界裡沒有什麼可以長久計較的。…帶著漂亮的身影鞠躬退休，會給後人無限的懷念與尊敬的。當然，想要完成拯救世界的任務，但也要確定這個世界喜歡你。不然，就提早退出場吧，副座。」

季錚不以為忤的哈哈大笑：「人的影響短暫而微弱，但受影響的人則廣泛而深遠。眾人添柴火燄高啊！」

附錄一：年表

　　俄國古代採用 "創世紀年"。最初記載曆法的《編年史》將西元前五五○八年定爲"創世紀年"的元年，新年從三月一日開始。西元一四九二年以後改爲從九月一日開始。一六九九年十二月十五日，彼得一世下令採用儒略曆（舊曆），將 "創世紀年" 七二○八年十二月卅一日之次日改爲一七○○年元月一日。

　　俄羅斯歷史年表[1]：

時　　間	大事紀及說明
西元一至二世紀	羅馬歷史學家塔西陀（Publius 或 Gaius Cornelius Tacitus，55 年？—117 年？）在《日爾曼尼亞志》一書中首次提到斯拉夫維涅德人
西元六世紀	斯拉夫人已經不斷被拜占庭和敘利亞作家所提及。他們居住在多瑙河和維斯瓦河之間。其東部分支稱安特人，是東斯拉夫人的祖先。
西元八六二年	瓦良格人酋長留裡克（Ryurik, Grand Duke Novgorod 在位時期：862 年~879 年）兄弟應諾夫哥羅德貴族邀請，幫助平息叛亂，在諾夫哥羅德自稱王公，建立了瓦良格人的留裡克王朝。
諾夫哥羅德大公與基輔羅斯時期	留裡克 Ryurik, Grand Duke Novgorod，在位時期：862 年~879 年。 諾夫哥羅德大公：屬於來自白德蘭半島北部的諾曼人。 奧列格 Oleg，在位時期：879 年~912 年。 諾夫哥羅德大公：留裡克的族人，因留裡克之子伊戈

1 摘自 "ALINA" 新浪博克網 "百度搜索"，俄羅斯歷史年表，2014/11/15。

	爾年幼而執政。征服斯摩棱斯克，882 年起成爲基輔大公，定都基輔。 伊戈爾 Igor，在位時期：912 年~945 年。 諾夫哥羅德大公。根據古羅斯編年史記載爲留裡克之子，娶普斯科夫的諾曼公主奧爾嘉。在他之後開始了留裡克王朝七百多年的統治。西元 941 年，伊戈爾第一次遠征拜占庭，被 "希臘火" 打敗。
西元九四四年	伊戈爾第二次遠征拜占庭，迫使拜占庭接受新的商約。兩國還簽訂了反對共同敵人的軍事同盟。945 年被殺，由妻子攝政輔佐兒子直到 964 年。
斯維亞托斯拉夫一世 Svyatoslav I "the Warlike"	在位時期：964 年~972 年
諾夫哥羅德大公	伊戈爾之子。娶斯拉夫族女僕瑪魯莎
雅羅波克一世 Yaropolk I	在位時期：972 年~978 年
斯維亞托斯拉夫一世之子	諾夫哥羅德和基輔大公。娶拜占廷皇帝羅曼紐斯二世的女兒安娜。因爲宮廷衛士斯文納得的兒子被雅羅波克的弟弟奧列格所殺，斯文納得挑唆雅羅波克和奧列格開戰，戰鬥中弟弟弗拉基米爾跑到斯堪的納維亞招募新兵，將雅羅波克擊敗，被迫棄位。
弗拉基米爾一世（聖王）　Vladimir I	在位時期：978 年~1015 年
斯維亞托波爾克一世 Svyatopolk I	在位時期：1015 年~1019 年
諾夫哥羅德和基輔大公	父親爲弗拉基米爾或者雅羅波克，母親是一個被諾曼人搶來的拜占廷尼姑。在和弟弟雅羅斯拉夫的戰鬥中陣亡。
雅羅斯拉夫一世 Yaroslav I	在位時期：1019 年~1054 年
弗拉基米爾第六子諾夫哥羅德和基輔大公	娶瑞典國王奧拉夫的女兒英格麗德。兒子有伊利亞（諾夫哥羅德大公，1020 年死）、弗拉基米爾（諾夫哥羅德大公，1043 年死）、伊茲亞斯拉夫（基輔大公）、斯維亞托斯拉夫二世（基輔大公，篡位者）、維斯葉沃羅德（基輔大公）、維亞切斯拉夫（斯摩棱斯克大公）和伊戈爾（弗拉基米爾大公）。
伊茲亞斯拉夫一世 Izyaslav I Yaroslavich	在位時期：1054 年~1078 年

雅羅斯拉夫之子	諾夫哥羅德和基輔大公
維斯耶沃羅德一世 Vsevolod I Yaroslavich	在位時期：1078 年~1093 年
斯維亞托波爾克二世 Svyatopolk II Izyaslavich	在位時期：1093 年~1113 年
伊茲亞斯拉夫一世之子	諾夫哥羅德和基輔大公
弗拉基米爾二世 Vladimir II Monomakh	在位時期：1113 年~1125 年
維斯耶沃羅德之子	諾夫哥羅德和基輔大公
穆斯季斯拉夫二世 Mstislav II Vladimirovich	在位時期：1125 年~1132 年
弗拉基米爾二世長子	諾夫哥羅德和基輔大公
雅羅波克二世 Yaropolk II Vladimirovich	在位時期：1132 年~1139 年
弗拉基米爾二世第五子	諾夫哥羅德和基輔大公
維亞切斯拉夫一世 Vyacheslav I Vladimirovich	在位時期：1139 年、1150 年、1151 年~1154 年、1161 年~1167 年
弗拉基米爾二世之子	因爲政治交易而多次即位、退位
維斯耶沃羅德二世 Vsevolod II	在位時期：1139 年~1146 年
斯維亞托波爾克二世的孫子	基輔大公
伊戈爾二世 Igor II of Novgorod-Severskiy	在位時期：1146 年
維斯耶沃羅德二世之弟	基輔大公
伊茲亞斯拉夫二世 Izyaslav II Mstislavich	在位時期：1146 年~1149 年，1151 年~1154 年
穆斯季斯拉夫二世之子	基輔大公
1147 年	編年史上第一次提及莫斯科

尤里一世（尤里·多爾戈魯基） Yuriy I of Suzdal, "Dolgorukiy"	在位時期：1149 年~1151 年，1155 年~1157 年
弗拉基米爾二世第七子	基輔大公。莫斯科城奠基人
羅斯季斯拉夫一世 Rostislav I Mstislavich	在位時期：1154 年~1155 年，1159 年~1161 年
斯摩棱斯克大公（1128-1168）	穆斯季斯拉夫二世第四子，尤里·多爾戈魯基堂弟
康斯坦丁一世 Konstantine I Vsevolodovich	在位時期：1216 年~1219 年
維斯耶維羅德三世長子	
雅羅斯拉夫二世 Yaroslav II Vsevolodovich	在位時期：1238 年~1246 年
維斯耶維羅德三世第五子	從 1238 年起，基輔羅斯和俄羅斯各公國開始接受金帳汗國統治
斯維亞斯托拉夫三世 Svyatoslav III Vsevolodovich	在位時期：1246 年~1248 年
維斯耶維羅德三世第七子	
米哈伊爾一世 雅羅斯拉維奇 Mikhail I Yaroslavich	在位時期：1248 年
雅羅斯拉夫二世第四子	
安德列一世 雅羅斯拉維奇 Andrey I Yaroslavich	在位時期：1249 年~1252 年
雅羅斯拉夫二世第三子	
亞歷山大一世 雅羅斯拉維奇（亞歷山大·涅夫斯基） Alexander I Yaroslavich	在位時期：1252 年~1263 年
雅羅斯拉夫二世第二	其子達尼埃爾建立莫斯科大公國

子	
雅羅斯拉夫三世　雅羅斯拉維奇　Yaroslav III Yaroslavich	在位時期：1263 年~1272 年
雅羅斯拉夫二世第六子	特維爾大公
瓦西里一世　雅羅斯拉維奇 Vasiliy I Yaroslavich	在位時期：1272 年~1276 年
雅羅斯拉夫二世第八子	
季米特里一世　亞歷山德羅維奇 Dmitriy I Alexandrovich	在位時期：1276 年~1281 年，1283 年~1294 年
亞歷山大·涅夫斯基次子	
安德列二世　亞歷山德羅維奇　Andrey II Alxandrovich	在位時期：1281 年~1283 年，1294 年~1304 年
亞歷山大·涅夫斯基第三子	
安德列二世	安德列二世去世後，基輔羅斯時代結束，俄羅斯的統治權轉入其侄子、莫斯科大公達尼埃爾手中，莫斯科公國時代開始。

莫斯科公國大公：

　　1276 年~1303 年　達尼埃爾

　　1303 年~1325 年　尤里·達尼洛維奇

　　1325 年~1340 年　伊凡一世

　　1340 年~1353 年　謝苗一世（高傲王）

　　1353 年~1359 年　伊凡二世

　　1359 年~1389 年　季米特里·伊凡諾維奇(頓河科伊）

　　1389 年~1425 年　瓦西里一世

　　1425 年~1462 年　瓦西里二世（瞎子王）

　　1462 年~1505 年　伊凡三世（全羅斯的大公）

　　1505 年~1533 年　瓦西里三世

　　1533 年~1547 年　伊凡四世

俄羅斯沙皇：

　　1547 年~1584 年　伊凡四世（伊凡雷帝或伊凡大帝）

　　1584 年~1598 年　費多爾・伊萬諾維奇（尤里克王朝亡）

　　1598 年~1605 年　伯里斯・戈東諾夫

　　1605 年~1606 年　偽沙皇季米特里

　　1605 年~1613 年　空位時期

羅曼諾夫王朝開始：

　　1613 年~1645 年　米哈伊爾・羅曼諾夫

　　1645 年~1676 年　阿列克謝・米哈伊洛維奇

　　1676 年~1682 年　費多爾・阿列克謝耶維奇

　　1682 年~1689 年　伊凡五世

　　1689 年~1721 年　彼得一世

俄羅斯皇帝和沙皇：

　　1721 年~1725 年　彼得一世（彼得大帝）

　　1725 年~1727 年　葉卡捷琳娜一世

　　1727 年~1730 年　彼得二世

　　1730 年~1740 年　安娜·伊萬諾夫娜

　　1740 年~1741 年　伊凡六世

　　1741 年~1761 年　葉麗薩維塔·彼得羅芙娜

　　1761 年~1762 年　彼得三世

　　（羅曼諾夫王朝的荷爾斯泰因-哥道普分支開始）

1762 年~1796 年　葉卡捷琳娜二世（葉卡捷琳娜大帝）

1796 年~1801 年　巴維爾一世

1801 年~1825 年　亞歷山大一世

1825 年~1855 年　尼古拉一世

1855 年~1881 年　亞歷山大二世

1881 年~1894 年　亞歷山大三世

1894 年~1917 年　尼古拉二世（沙皇時代結束）

1918 年 7 月 16 日，在葉卡捷琳堡處決了尼古拉二世全家　俄羅斯王朝結束

附錄二：蘇聯建政以來侵占或侵入
鄰近國家領土概要

年　代	入侵的國家或地區
1919	烏克蘭與白俄羅斯（Ukraine ＆ Belorussia）
1920	亞塞拜然與亞美尼亞（Azerbaidzhan ＆ Armenia）
1921	喬治亞（Georgia）
1924	土庫曼與烏茲別克（Turkmen ＆ Uzbek）
1929	塔吉克（Tadzakh）
1936	哈薩克（Kazakh）
1956	匈牙利（Hungary）
1968	捷克
1970	70年代向阿富汗、阿拉伯中東地區、非洲、古巴及越南等地擴張勢力
1980-1982	波蘭

資料來源：路復國（2003），《蘇聯國防武力轉變之研究》，國防大學
　　　　　碩士論文，頁94。

附錄三：俄羅斯（前蘇聯）地圖

本圖繪製於 1991 年 10 月　◎摘自《蘇聯簡史》（1993）台北：五南